THE ROUGH GUIDE

DUTCH

PHRASEBOOK

Compiled by

LEXUS

ROUGH
GUIDES

www.roughguides.com

Credits

Compiled by Lexus with Susan Ridder
Lexus Series Editor: Sally Davies
Rough Guides Reference Director: Andrew Lockett
Rough Guides Series Editor: Mark Ellingham

First edition published in 1999 by Rough Guides Ltd.
This updated edition published in 2006 by
Rough Guides Ltd,
80 Strand, London WC2R 0RL
345 Hudson St, 4th Floor, New York 10014, USA
Email: mail@roughguides.co.uk.

Distributed by the Penguin Group.

Penguin Books Ltd, 80 Strand, London WC2R 0RL
Penguin Putnam, Inc., 375 Hudson Street, NY 10014, USA
Penguin Group (Australia), 250 Camberwell Road,
Camberwell, Victoria 3124, Australia
Penguin Books Canada Ltd, 10 Alcorn Avenue, Toronto,
Ontario, Canada M4V 1E4
Penguin Group (New Zealand), Cnr Rosedale and Airborne Roads,
Albany, Auckland, New Zealand

Typeset in Bembo and Helvetica to an original design by Henry Iles.
Printed in Italy by LegoPrint S.p.A

© Lexus Ltd 2006
256pp.

British Library Cataloguing in Publication Data
A catalogue for this book is available from the British Library.

ISBN 13: 978-1-84353-633-8
ISBN 10: 1-84353-633-1

3 5 7 9 8 6 4 2

The publishers and authors have done their best to ensure the
accuracy and currency of all information in The Rough Guide
Dutch Phrasebook however, they can accept no responsibility for
any loss or inconvenience sustained by any reader using the book.

Online information about Rough Guides can be
found at our website www.roughguides.com

CONTENTS

Introduction

The Rough Guide Dutch phrasebook is a highly practical introduction to the contemporary language. Laid out in clear A-Z style, it uses key-word referencing to lead you straight to the words and phrases you want – so if you need to book a room, just look up 'room'. The Rough Guide gets straight to the point in every situation, in bars and shops, on trains and buses, and in hotels and banks.

The main part of the Rough Guide is a double dictionary: English-Dutch then Dutch-English. Before that, there's a section called **Basic Phrases** and to get you involved in two-way communication, the Rough Guide includes, in this new edition, a set of **Scenario** dialogues illustrating questions and responses in key situations such as renting a car and asking directions. You can hear these and then download them free from **www.roughguides.com/phrasebooks** for use on your computer or MP3 player.

Forming the heart of the guide, the **English-Dutch** section gives easy-to-use transliterations of the Dutch words wherever pronunciation might be a problem. Throughout this section, cross-references enable you to pinpoint key facts and phrases, while asterisked words indicate where further information can be found in a section at the end of the book called **How the Language Works**. This section sets out the fundamental rules of the language, with plenty of practical examples. You'll also find here other essentials like numbers, dates, telling the time and basic phrases. In the **Dutch-English** dictionary, we've given you not just the phrases you'll be likely to hear (starting with a selection of slang and colloquialisms) but also many of the signs, labels, instructions and other basic words you may come across in print or in public places.

Near the back of the book too the Rough Guide offers an extensive **Menu Reader**. Consisting of food and drink sections (each starting with a list of essential terms), it's indispensable whether you're eating out, stopping for a quick drink, or browsing through a local food market.

   goeie reis!
   have a good trip!

Basic
Phrases

Basic Phrases

yes
ja
ya

no
nee
nay

OK
oké

hello
hallo

good morning
goedemorgen
KHooyuh-morkHuh

good evening
goedenavond
KHooyuh-ahvont

good night
goedenacht
KHooyuh-nakHt

goodbye
tot ziens
zeens

please
alstublieft
alstoobleeft

yes, please
ja, graag
ya KHrahKH

thank you
(pol) dank u wel
oo vel
(fam) dankjewel
dank-yevel

thanks
bedankt

no, thanks
nee, bedankt
nay

thank you very much
(pol) dank u vriendelijk
oo vreendelik
(fam) dank je vriendelijk
yuh

don't mention it
graag gedaan
KHrahKH KHedahn

how do you do?
aangenaam kennis te maken
ahnkKHenahm kennis tuh mahkuh

how are you?
hoe gaat het met u?
hoo KHaht uht met oo

fine, thanks
uitstekend, dank u
owtstaykent

pleased to meet you
aangenaam (kennis te maken)
ahnkKHenahm (kennis tuh mahkuh)

8

excuse me
(to get past, to get attention) pardon
(to say sorry) neemt u mij niet
kwalijk
naymt ʊʊ mī neet kv**ah**lik

(I'm) sorry sorry

sorry?
(didn't understand) pardon, wat
zei u?
vat zī ʊʊ

I see/I understand
ik begrijp het
beKH**rī**p

I don't understand
ik begrijp het niet
neet

do you speak English?
spreekt u Engels?
spr**ay**kt ʊʊ

I don't speak Dutch
ik spreek geen Nederlands
spr**ay**k KH**ay**n n**ay**derlants

could you speak more slowly?
kunt u wat langzamer
spreken?
koont ʊʊ vat l**a**nkzahmer spr**ay**kuh

could you repeat that?
zou u dat kunnen herhalen?
zow ʊʊ dat k**oo**nnuh herh**ah**luh

could you write it down?
kunt u het opschrijven?
koont ʊʊ uht **o**psKHr**oo**vuh

I'd like ...
ik wil graag ...
vil KHr**ah**KH

can I have a ...?
mag ik een ... (hebben)?
maKH ik uhn ... (h**e**bbuh)

do you have ...?
heeft u ...?
h**ay**ft ʊʊ

how much is it?
wat kost het?
vat

cheers!
(toast) proost!
prohst
(thanks) bedankt!

it is ...
het is ...

where is ...?
waar is ...?
vahr

is it far from here?
is het ver hier vandaan?
vair heer vand**ah**n

9

Scenarios

1. Accommodation

is there an inexpensive hotel you can recommend?
▶ kunt u mij een goedkoop hotel aanbevelen?
[kOOnt OO mī uhn KHootkohp hotel ahnbevayhluh]

---

sorry, ze zitten allemaal vol ◀
[sorry zuh zittuh alluhmahl vol]
I'm sorry, they all seem to be fully booked

---

can you give me the name of a good middle-range hotel?
▶ kunt u mij de naam van een goed hotel in de middenklasse geven?
[kOOnt OO mī duh nahm van uhn KHoot hotel in duh midduh-klassuh KHayvuh]

---

eens even kijken, wilt u een hotel in het centrum? ◀
[ayns ayvuh kīkuh vilt OO uhn hotel in uht sentrOOm]
let me have a look, do you want to be in the centre?

---

if possible
▶ als het kan
[als uht kan]

---

vindt u het erg om iets buiten de stad te zitten? ◀
[vint OO uht airKH om eets bOWtuh duh stat tuh zittuh]
do you mind being a little way out of town?

---

not too far out
▶ niet te ver weg
[neet tuh vair veKH]

where is it on the map?
▶ waar is het op de kaart?
[vahr is uht op duh kahrt]

can you write the name and address down?
▶ wilt u de naam en het adres opschrijven?
[vilt OO duh nahm en uht ahdres opsKHrīvuh]

I'm looking for a room in a private house
▶ ik ben op zoek naar een kamer in een particulier huis
[ik ben op zook nahr uhn kahmer in uhn partikOOleer hOWs]

2. Banks

bank account	bankrekening	[bank-raykuhning]
to change money	geld wisselen	[KHelt visseluh]
cheque	cheque	[shek]
to deposit	storten	[stortuh]
euro	euro	[urroh]
pin number	pincode	[pinkohduh]
pound	pond	[pont]
to withdraw	opnemen	[opnaymuh]

can you change this into euros?
▶ kunt u dit in euro's wisselen?
[koont oo dit in urrohs visseluh]

hoe wilt u het geld? ◀
[hoo vilt oo uht KHelt]
how would you like the money?

small notes
▶ kleine biljetten
[klīnuh bilyettuh]

big notes
▶ grote biljetten
[grohtuh bilyettuh]

do you have information in English about opening an account?
▶ heeft u informatie in het Engels over het openen van een bankrekening?
[hayft oo informahtsee in het engels over het openuh van uhn bank-raykuhning]

ja, wat voor rekening wilt u? ◀
[yah vat vohr raykuhning vilt oo]
yes, what sort of account do you want?

I'd like a current account
▶ ik wil graag een betaalrekening
[ik vil KHrahKH uhn betahl-raykuhning]

uw paspoort, alstublieft ◀
[oo paspohrt alstoobleeft]
your passport, please

can I use this card to draw some cash?
▶ kan ik met deze kaart geld opnemen?
[kan ik met dayzuh kahrt KHelt opnaymuh]

dat kunt u bij het loket doen ◀
[dat koont oo bī uht loket doon]
you have to go to the cashier's desk

I want to transfer this to my account at ...
▶ ik wil dit naar mijn rekening bij de ... overschrijven
[ik vil dit nahr mīn raykuhning bī duh ... oversKHrīvuh]

, maar we moeten u wel de kosten voor het telefoongesprek in
rekening brengen ◀
[KHoot mahr vuh mootuh oo vel duh kostuh vohr uht tayluhfohn-KHesprek in
raykuhning brenguh]
OK, but we'll have to charge you for the phonecall

14

3. Booking a room

shower	douche	[doosh]
telephone in the room	telefoon op de kamer	[telefohn op duh kahmer]
payphone in the lobby	publieke telefoon in de lobby	[ꝏbleekuh telefohn in duh lobby]

---

do you have any rooms?
▶ heeft u nog kamers vrij?
[hayft ꝏ noKH kahmers vrī]

voor hoeveel personen? ◀
[vohr hoovayl persohnuh]
for how many people?

---

for one / for two
▶ voor één persoon/voor twee personen
[vohr ayn persohn/vohr tvay persohnuh]

---

ja, wij hebben nog kamers vrij ◀
[yah vī hebbuh noKH kahmers vrī]
yes, we have rooms free

▶ voor hoe lang?
[vohr hoo lang]
for how many nights?

just for one night ◀
voor maar één nacht ◀
[vohr mahr ayn naKHt]

---

how much is it?
▶ wat kost het?
[vat kost uht]

---

negentig euro met badkamer en zeventig euro zonder badkamer ◀
[nayKHentiKH **urr**oh met **bat**-kahmer en **zay**ventiKH **urr**oh **zon**der bat-kahmer]
90 euros with bathroom and 70 euros without bathroom

---

does that include breakfast?
▶ is dat inclusief het ontbijt?
[is dat inklꝏseef uht ontbīt]

---

can I see a room with bathroom?
▶ zou ik een kamer met een badkamer kunnen zien?
[zow ik uhn kahmer met uhn batkahmer kꝏnnuh zeen]

---

ok, I'll take it
▶ okay, ik neem hem
[okay ik naym uhm]

when do I have to check out?
▶ hoe laat moet ik de kamer verlaten?
[hoo laht moot ik duh kahmer verlahtuh]

---

is there anywhere I can leave luggage?
▶ kan ik mijn bagage ergens laten?
[kan ik mīn baKHahjuh airKHens lahtuh]

---

4. Car hire

automatic	automaat	[owtom**ah**t]
full tank	volle tank	[**v**olluh tank]
manual	met versnellingen	[met versn**e**llinguh]
rented car	huurauto	[hoor-**ow**toh]

I'd like to rent a car
▸ ik wil graag een auto huren
[ik vil KHrahKH uhn **ow**to h**oo**ren]

voor hoe lang? ◂
[vohr hoo lang]
for how long?

---

two days
▸ twee dagen
[tvay d**a**hKHuh]

I'll take the ...
▸ ik neem de ...
[ik naym duh]

---

is that with unlimited mileage?
▸ is dat zonder kilometerbeperking?
[is dat z**o**nder k**ee**lomaytuh-buhp**ai**rking]

ja ◂
[yah]
yes

---

mag ik uw rijbewijs even zien? ◂
[maKH ik oo r**ī**bevīs **ay**vuh zeen]
can I see your driving licence please?

---

en uw paspoort ◂
[en oo p**a**spohrt]
and your passport

---

is insurance included?
▸ is de verzekering erbij inbegrepen?
[is duh verz**ay**kering erbī **i**nbegraypuh]

---

ja, maar de eerste honderd euro moet u zelf betalen ◂
[yah mahr duh **ay**rstuh h**o**nderd **ur**roh moot oo zelf bet**ah**luh]
yes, but you have to pay the first 100 euros

---

kunt u een borgsom van honderd euro betalen? ◂
[koont oo uhn b**o**rKHsom van h**o**nderd **ur**roh bet**ah**luh]
can you leave a deposit of 100 euros?

---

and if this office is closed, where do I leave the keys?
▸ waar laat ik de sleutel als dit kantoor gesloten is?
[vahr laht ik duh sl**ur**tel als dit kant**oh**r gesl**oh**tuh is]

---

u kunt ze in die bus stoppen ◂
[oo koont zuh in dee boos st**o**ppuh]
you drop them in that box

download these scenarios as MP3s from:

5. Communications

ADSL modem	ADSL-modem	[ah-day-es-el-modem]
at	apestaartje	[**ah**puh-stahrtyuh]
dial-up modem	dial-up-modem	[dial-up modem]
dot	punt	[poont]
Internet	Internet	[**i**nternet]
mobile (phone)	mobieltje	[mob**ee**ltyuh]
password	paswoord	[p**a**swohrt]
telephone socket adaptor	telefoonaansluiting-adapter	[telef**oh**n-**ah**nsl**ow**ting-ahdapter]
wireless hotspot	draadloze hotspot	[dr**ah**tlohzuh hotspot]

is there an Internet café around here?
▶ is hier een internetcafé in de buurt?
[is heer uhn internet-kahfay in duh boort]

can I send email from here?
▶ kan ik hier email versturen?
[kan ik heer email verst**oo**ruh]

can you help me log on?
▶ kunt u mij helpen met inloggen?
[koont oo mī helpuh met **i**n-logguh]

can you put me through to...?
▶ kunt u mij met ... verbinden?
[koont oo mī met ... verbinduh]

zero	nul	[nool]
one	een	[ayn]
two	twee	[tvay]
three	drie	[dree]
four	vier	[veer]
five	vijf	[vīf]
six	zes	[zes]
seven	zeven	[**za**yvuh]
eight	acht	[aKHt]
nine	negen	[**na**yguh]

where's the at sign on the keyboard?
▶ waar op het toetsenbord staat het apenstaartje?
[vahr op uht t**oo**tsuh-bort staht uht **ah**puh-stahrtyuh]

can you switch this to a UK keyboard?
▶ kunt u dit in een Brits toetsenbord veranderen?
[koont oo dit in uhn Brits t**oo**tsuh-bort veranderuh]

I'm not getting a connection, can you help?
▶ ik kan geen verbinding krijgen, kunt u me even helpen?
[ik kan KHayn verbinding krīKHuh koont oo muh **a**yvuh helpuh]

where can I get a top-up card for my mobile?
▶ waar kan ik een opwaardeerkaart voor mijn mobieltje kopen?
[vahr kan ik uhn **o**pvahrdayr-kahrt vohr mīn mob**ee**ltyuh k**oh**puh]

6. Directions

hi, I'm looking for the Leidseplein
▶ dag, ik ben op zoek naar het Leidseplein
[daКН ik ben op zook nahr uht līdsuhplīn]

hi, the Leidseplein, do you know where it is?
dag, weet u waar het Leidseplein is?
[daКН vayt ∞ vahr uht līdsuhplīn is]

sorry, nooit van gehoord ◀
[sorry noyt van КНehohrt]
sorry, never heard of it

hi, can you tell me where the Leidseplein is?
▶ dag, kunt u me zeggen waar het Leidseplein is?
[daКН k∞nt ∞ muh zeКНuh vahr uht līdsuhplīn is]

ik ben hier ook vreemd ◀
[ik ben heer ohk vraymt]
I'm a stranger here too

where?	which direction?
waar?	welke richting?
[vahr]	[velkuh riКНting]

▶ bij het tweede stoplicht linksaf
[bī uht tvayduh stoplikНt linksaf]
left at the second traffic lights

▶ om de hoek   ▶ daarna is het de eerste straat rechts
[om duh hook]   [dahrnah is uht duh ayrstuh straht reКНts]
around the corner   **then it's the first street on the right**

afslaan	links	straat	verder
[afslahn]	**on the left**	[straht]	[**vair**der]
turn off		**street**	**further**
	rechts		
daar	[reКНts]	tegenover	vlakbij
[dahr]	**on the right**	[tayКНen-**over**]	[vlakbī]
over there		**opposite**	**near**
	rechtuit		
even voorbij	[reКНt-owt]	terug	volgende
[**ay**vuh **vohr**bī]	**straight**	[ter∞КН]	[**vol**КНenduh]
just after	**ahead**	**back**	**next**

7. Emergencies

accident	ongeluk	[**o**nKHel**oo**k]
ambulance	ambulance	[amb**oo**l**a**nsuh]
consul	consul	[**k**onsul]
embassy	ambassade	[ambass**ah**duh]
fire brigade	brandweer	[**b**rantvayr]
police	politie	[pol**ee**tsee]

help!
▶ help!

can you help me?
▶ kunt u me helpen?
[k**oo**nt ∞ muh **h**elpuh]

please come with me! it's really very urgent
▶ komt u alstublieft mee! het is erg dringend
[komt ∞ alst**oo**bl**ee**ft may! uht is air**KH** dr**i**ngent]

I've lost (my keys)
▶ ik ben (mijn sleutels) verloren
[ik ben (muhn sl**u**rtels) verl**oh**ruh]

(my car) is not working
▶ (mijn auto) doet het niet
[(muhn **o**wto) doot uht neet]

(my purse) has been stolen
▶ (mijn portemonnee) is gestolen
[(muhn portuhmohn**ay**) is KHest**oh**luh]

I've been mugged
▶ ik ben beroofd
[Ik ben ber**oh**ft]

hoe heet u? ◀
[hoo hayt ∞]
what's your name?

ik moet uw paspoort even zien ◀
[ik moot ∞ p**a**spohrt **ay**vuh zeen]
I need to see your passport

I'm sorry, all my papers have been stolen
▶ sorry, al mijn papieren zijn gestolen
[sorry al muhn pap**ee**ruh zin KHest**oh**luh]

8. Friends

hi, how're you doing?
▶ hallo, hoe is het?
[hallo hoo is uht]

goed, en met jou? ◀
[KHoot en met yow]
OK, and you?

yeah, fine   not bad
▶ prima   ▶ best
[preemah]

d'you know Mark?
▶ ken je Mark?
[ken yuh mark]

and this is Hannah   ▶ ja, wij kennen elkaar
▶ en dit is Hannah   [yah vī kennuh elkahr]
                            yeah, we know each other

where do you know each other from?
▶ hoe kennen jullie elkaar?
[hoo kennuh yoollee elkahr]

we met at Thijs' place
▶ we hebben elkaar bij Thijs ontmoet
[vuh hebbuh elkahr bī tīs ontmoot]

that was some party, eh?   geweldig ◀
▶ dat was nog eens een feest hè?   [KHeveldikH]
[dat vas noKH ayns uhn fayst hay]   the best

are you guys coming for a beer?
▶ gaan jullie mee een biertje drinken?
[KHahn yoollee may uhn beertyuh drinkuh]

▶ okay, laten we gaan   ▶ nee, ik heb een afspraak met Sanne
[okay lahtuh vuh KHahn]   [nay ik hep uhn afsprahk met sannuh]
cool, let's go   no, I'm meeting Sanne

see you at Thijs' place tonight   tot dan ◀
▶ ik zie je bij Thijs vanavond   see you
[ik zee yuh bī tīs vanahvont]

9. Health

I'm not feeling very well
▶ ik voel me niet lekker
[ik vool muh neet lekker]

can you get a doctor?
▶ kunt u een dokter halen?
[kuunt oo uhn dokter hahluh]

waar doet het pijn? ◀
[vahr doot uht pin]
where does it hurt?

it hurts here
▶ hier doet het pijn
[heer doot uht pin]

▶ is het een constante pijn?
[is uht uhn konstantuh pin]
is the pain constant?

it's not a constant pain
▶ het is geen constante pijn
[uht is KHayn konstantuh pin]

can I make an appointment?
▶ kan ik een afspraak maken?
[kan ik uhn afsprahk mahkuh]

can you give me something for ...?
▶ kunt u me iets voor ... geven?
[koont oo muh eets vohr .. KHayvuh]

yes, I have insurance
▶ ja, ik ben verzekerd
[yah ik bin verzaykert]

antibiotics	antibiotica	[antee-beeohteeka]
antiseptic ointment	antiseptische zalf	[antee-septeesuh zalf]
cystitis	blaasontsteking	[blahs-ontstayking]
dentist	tandarts	[tantarts]
diarrhoea	diarree	[dee-ahray]
doctor	dokter	
hospital	ziekenhuis	[zeekuh-hows]
ill	ziek	[zeek]
medicine	medicijn	[maydeesīn]
painkillers	pijnstillers	[pīnstillers]
pharmacy	apotheek	[ahpotayk]
to prescribe	voorschrijven	[vohrsKHrīvuh]
thrush	vaginale infectie	[vaKHinahluh infektee]

10. Language difficulties

a few words	een paar woorden	[uhn pahr **voh**rduh]
interpreter	tolk	
to translate	vertalen	[ver**tah**luh]

uw creditcard is geweigerd ◀
[ഠ **kray**ditkard is KHuh-**vī**KHert]
your credit card has been refused

what, I don't understand; do you speak English?
▶ wat? ik begrijp het niet, spreekt u Engels?
[vat? ik beKHrīp uht neet spraykt ഠ **e**ngels]

deze is niet geldig ◀
[**day**zuh is neet KHe**l**diKH]
this isn't valid

could you say that again?   **slowly**
▶ wilt u dat nog eens zeggen?   langzaam ◀
[vilt ഠ dat noKH ayns **ze**KHuh]   [**la**ngzahm]

I understand very little Dutch
▶ ik begrijp niet zoveel Nederlands
[ik beKHrīp neet zo**vay**l **nay**derlants]

I speak Dutch very badly
▶ ik spreek slecht Nederlands
[ik sprayk sleKHt **nay**derlants]

u kunt met deze kaart niet betalen ◀
[ഠ kഠont met **day**zuh kahrt neet be**tah**luh]
you can't use this card to pay

▶ begrijpt u het?   **sorry, no**
[beKHrīpt ഠ uht]   ▶ nee, sorry
do you understand?   [nay sorry]

is there someone who speaks English?
▶ is er iemand die Engels spreekt?
[is er **ee**mant dee **e**ngels spraykt]

oh, now I understand   **is that ok now?**
▶ o, nu begrijp ik het   ▶ is het zo goed?
[oh nഠo beKHrīp ik uht]   [is uht zoh KHoot]

download these scenarios as MP3s from:

11. Meeting people

hello
▶ hallo

hallo, ik heet Annemarie ◀
[hallo ik hayt annuh-mahree]
hello, my name's Annemarie

Graham, from England, Thirsk
▶ ik ben Graham, ik kom uit Thirsk in Engeland
[ik ben graham ik kom OWt thirsk in enguhlant]

dat ken ik niet, waar is dat? ◀
[dat ken ik neet vahr is dat]
don't know that, where is it?

not far from York, in the North; and you?
▶ niet ver van York, in het noorden; en u?
[neet vair van york in uht nohrduh; en OO]

ik kom uit Amsterdam; bent u hier alleen? ◀
[ik kom OWt amsterdam; bent OO heer allayn]
I'm from Amsterdam; here by yourself?

no, I'm with my wife and two kids
▶ nee, ik ben met mijn vrouw en twee kinderen
[nay ik ben met mïn vrow en tvay kinderuh]

what do you do?
▶ wat doet u?
[vat doot OO]

ik werk met computers ◀
[ik vairk met 'computers']
I'm in computers

me too
▶ ik ook
[ik ohk]

here's my wife now
▶ daar komt mijn vrouw
[dahr komt mïn vrOW]

leuk u ontmoet te hebben ◀
[lurk OO ontmoot tuh hebbuh]
nice to meet you

12. Post offices

airmail	luchtpost	[luKHtposst]
post card	ansichtkaart	[anzicht-kahrt]
post office	postkantoor	[posstkantohr]
stamp	postzegel	[posstzayKHel]

what time does the post office close?
▶ hoe laat sluit het postkantoor?
[hoo laht slowt uht posstkantohr]

door de week om vijf uur ◀
[dohr duh vayk om vīf 00r]
five o'clock weekdays

is the post office open on Saturdays?
▶ is het postkantoor op zaterdag open?
[is uht postkantohr op zahterdaKH open]

tot twaalf uur ◀
[tot tvahlf 00r]
till midday

I'd like to send this registered to England
▶ ik wil dit graag aangetekend naar Engeland versturen
[ik vil dit KHrahKH ahnKHetaykent nahr enguhlant verstuhruh]

jazeker, dat is dan tien euro ◀
[yahzayker dat is dan teen urroh]
certainly, that will cost 10 euros

and also two stamps for England, please
▶ en ook twee postzegels voor Engeland, alstublieft
[en ohk tvay posstzayKHels vohr enguhlant alst00bleeft]

do you have some airmail stickers?
▶ heeft u een paar airmailstickers voor me?
[hayft 00 uhn pahr airmailstickers vohr muh]

do you have any mail for me?
▶ is er post voor mij?
[is er posst vohr mī]

binnenland	brieven	buitenland	pakketjes
domestic	**letters**	**international**	**parcels**

13. Restaurants

bill	menu	table
rekening	menukaart	tafel
[**ray**kuhning]	[muhn∞-kahrt]	[**tah**fel]

can we have a non-smoking table?
▶ mogen we een niet-roken tafel hebben?
[**moh**KHuh vuh uhn **neet**-rohkuh **tah**fel hebbuh]

there are two of us
▶ we zijn met zijn tweeën
[vuh zin met zuhn t**vay**uh]

there are four of us
▶ we zijn met zijn vieren
[vuh zin met zuhn **vee**ruh]

what's this?
▶ wat is dit?
[vat is dit]

dat is vis ◀
it's a type of fish

het is een plaatselijke specialiteit ◀
[uht is uhn **plaht**suh-luhkuh spay-shah-leetit]
it's a local speciality

kom maar mee, dan laat ik het u zien ◀
[kom mahr may dan laht ik uht ∞ zeen]
come inside and I'll show you

we would like two of these, one of these, and one of those
▶ we willen graag twee van deze, één van deze en één van die
[vuh **vil**luh KHrahKH tvay van **day**zuh ayn van **day**zuh en ayn van dee]

▶ en te drinken?	red wine	white wine
[en tuh drinkuh]	rode wijn	witte wijn
and to drink?	[**roh**duh vin]	[**vit**tuh vin]

a beer and two orange juices
▶ één bier en twee sinaasappelsap
[ayn beer en tvay **see**naas-appelsap]

some more bread please
▶ nog wat brood, alstublieft
[noKH vat broht alst∞bleeft]

▶ heeft het gesmaakt?
[hayft uht KHes**mah**kt]
how was your meal?

excellent!, very nice!
▶ uitstekend! heerlijk!
[owtst**ay**kent! **hayr**lik]

▶ wilt u nog iets anders?
[vilt ∞ noKH eets **an**ders]
anything else?

just the bill thanks
▶ alleen de rekening graag
[al**layn** duh **ray**kuhning KHrahKH]

14. Shopping

kan ik u helpen? ◀
[kan ik OO **help**uh]
can I help you?

can I just have a look around?
▶ mag ik even rondkijken?
[maкн ik **ay**vuh r**o**nt-kīkuh]

yes, I'm looking for ...
▶ ja, ik zoek een ...
[yah ik zook uhn ...]

how much is this?
▶ wat kost dit?
[vat kost dit]

tweeёndertig euro ◀
[tvay-uhn-**der**tiкн **ur**roh]
thirty-two euros

OK, I think I'll have to leave it; it's a little too expensive for me
▶ dankuwel; laat dan maar, dat is iets te duur voor mij
[dankOOvel; laht dan mahr dat is eets tuh **dOO**r vohr mī]

wat vindt u hiervan? ◀
[vat vint OO **heer**van]
how about this?

can I pay by credit card?
▶ kan ik met een creditcard betalen?
[kan ik met uhn **kray**ditkard bet**ah**luh]

it's too big
▶ het is te groot
[uht is tuh **groht**]

it's too small
▶ het is te klein
[uht is tuh klīn]

it's for my son – he's about this high
▶ het is voor mijn zoon; hij is ongeveer zo lang
[uht is vohr muhn zohn; hī is **o**nкнevayr zoh lang]

▶ kan ik u nog met iets anders helpen?
[kan ik OO noкн met eets **a**nders **help**uh]
will there be anything else?

that's all thanks
▶ nee, dat is alles, dankuwel
[nay dat is **a**lles dankOOvel]

make it twenty euros and I'll take it
▶ kunt u er twintig euro van maken? dan neem ik het
[kOOnt OO er tv**i**ntiкн **ur**roh van **mah**kuh dan naym ik uht]

fine, I'll take it
▶ goed, ik neem het
[кнoot ik naym uht]

gesloten	kassa	omwisselen	uitverkoop
closed	**cash desk**	**to exchange**	**sale**

download these scenarios as MP3s from:

15. Sightseeing

art gallery	galerie	[galluhree]
bus tour	bustocht	[boostokHt]
city centre	centrum	[sentroom]
closed	gesloten	[kHeslohtuh]
guide	gids	[kHids]
museum	museum	[moosay-uhm]
open	open	[open]

I'm interested in seeing the old town
▶ ik zou graag het oude deel van de stad willen zien
[ik zow kHrahkH uht owduh dayl van duh stad villuh zeen]

are there guided tours?
▶ worden er rondleidingen gehouden?
[vorduh er rondlïdinguh kHuh-howduh]

het spijt me, het is volgeboekt ◀
[uht spït muh uht is vol-kHuhbookt]
I'm sorry, it's fully booked

how much would you charge to drive us around for four hours?
▶ hoeveel rekent u om ons vier uur lang rond te rijden?
[hoovayl raykent oo om ons veer oor lang rond tuh rïduh]

can we book tickets for the concert here?
▶ kunnen we hier kaartjes voor het concert reserveren?
[koonnuh vuh heer kahrtyuhs vohr uht konsairt rayservayruh]

▶ ja, op welke naam?
[yah op velkuh nahm]
yes, in what name?

▶ welke creditcard?
[velkuh krayditkard]
which credit card?

where do we get the tickets?
▶ waar kunnen we de kaartjes krijgen?
[vahr koonnuh vuh duh kahrtyuhs krïkHuh]

die kunt u bij de ingang afhalen ◀
[dee koont oo bï duh inkHang af-hahluh]
just pick them up at the entrance

is it open on Sundays?
▶ is het zondag open?
[is uht zondakH open]

how much is it to get in?
▶ wat kost een toegangskaartje?
[vat kost uhn tookHangs-kahrtyuh]

are there reductions for groups of 6?
▶ wordt er korting gegeven aan groepen van zes?
[vort er korting kHekHayvuh ahn kHroopuh van zes]

that was really impressive!
▶ dat was heel indrukwekkend!
[dat vas hayl indrookvekkend]

16. Trains

to change trains	overstappen	[**o**ver-stappuh]
platform	perron	[perr**o**n]
return	retour	[ret**oo**r]
single	enkele reis	[**e**nkeluh rīs]
station	station	[staht**sho**n]
stop	station	[staht**sho**n]
ticket	kaartje	[**kah**rtyuh]

how much is ...?
▶ wat kost ...?
[vat kosst ...]

a single, second class to ...
▶ een enkele reis, tweede klas naar ...
[ayn **e**nkeluh rīs tv**ay**duh klas nahr ...]

two returns, second class to ...
▶ twee retourtjes tweede klas naar ...
[tvay ret**oo**rtyuhs tv**ay**duh klas nahr ...]

for today	for tomorrow	for next Tuesday
▶ voor vandaag	▶ voor morgen	▶ voor aanstaande dinsdag
[vohr vand**ah**KH]	[vohr m**o**r-KHuh]	[vohr **ah**nstahnduh d**i**nsdaKH]

voor de ICE International moet u toeslag betalen ◀
[vohr duh 'i-c-e international' moot ∞ t**oo**slaKH bet**ah**luh]
there's a supplement for the ICE International

wilt u een stoel reserveren? ◀
[vilt ∞ uhn stool rayserv**ay**ruh]
do you want to make a seat reservation?

u moet overstappen in Utrecht ◀
[∞ moot **o**ver-stappuh in **∞**treKHt]
you have to change at Utrecht

is this seat free?
▶ is deze plaats vrij?
[is d**ay**zuh plahts vrī]

excuse me, which station are we at?
▶ pardon, op welk station zijn we?
[pard**o**n op velk staht**sho**n zīn vuh]

is this where I change for Maastricht?
▶ moet ik hier overstappen voor Maastricht?
[moot ik heer **o**ver-stappuh vohr mahs-tr**i**KHt]

English

→

Dutch

A

a, an* een [uhn], 'n
about: about 20 ongeveer
  twintig [onKHevayr]
  it's about 5 o'clock het is
  ongeveer vijf uur [oor]
  a film about Holland een film
  over Nederland [ohver]
above boven [bohvuh]
abroad het buitenland
  [bowtuhlant]
absolutely! (I agree) zeker!
  [zayker]
absorbent cotton de watten
  [vattuh]
accelerator het gaspedaal
  [KHaspedahl]
accept accepteren [akseptayruh]
accident het ongeluk
  [onKHelook]
  there's been an accident er is
  een ongeluk gebeurd [KHeburt]
accommodation de kamers
  [kahmers]
accurate precies [presees]
ache de pijn [pīn]
  my back aches mijn rug doet
  pijn [muhn rooKH doot]
across: across the road aan
  de overkant van de straat [ahn
  duh ohverkant van duh straht]
adapter de adapter
address het adres
  what's your address? wat is
  uw adres? [vat is oo]
address book het adresboek
  [adresbook]

adhesive tape het plakband
  [plakbant]
admission charge de
  toegangsprijs [tooKHangsprīs]
adult de volwassene
  [volvassenuh]
advance: in advance vooruit
  [vohrowt]
aeroplane het vliegtuig
  [vleeKHtowKH]
after na
  after you na u [oo]
  after lunch na het middageten
  [middaKH-aytuh]
afternoon de middag [middaKH]
  in the afternoon 's middags
  [smiddaKHs]
  this afternoon vanmiddag
  [vanmiddaKH]
aftershave de aftershave
aftersun cream de aftersun
  crème [aftersoon krem]
afterwards naderhand
  [nahderhant]
again opnieuw [opnew]
against tegen [tayKHuh]
age de leeftijd [layftīt]
ago: a week ago een week
  geleden [uhn vayk KHelayduh]
  an hour ago een uur geleden
  [oor]
agree: I agree ik ben het er
  mee eens [may ayns]
AIDS de AIDS
air de lucht [looKHt]
  by air per vliegtuig
  [vleeKHtowKH]
air-conditioning de air-
  conditioning

airmail: by airmail per luchtpost [l00KHtposst]

airmail envelope de luchtpost-enveloppe [–envelop]

airplane het vliegtuig [vleeKHt0wKH]

airport het vliegveld [vleeKHvelt]
to the airport, please naar het vliegveld, alstublieft [nahr – alst00bleeft]

airport bus de bus naar het vliegveld [b00s]

aisle seat de plaats bij het middenpad [plahts bī uht midduhpat]

alarm clock de wekker [vekker]

alcohol alcohol

alcoholic: is it alcoholic? bevat het alcohol? [bevat]

all alle [alluh]
all of it alles
all of them allemaal [allemahl]
that's all, thanks dat is alles, dank u wel [00 vel]

allergic: I'm allergic to ... ik ben allergisch voor ... [allairkHees vohr]

allowed: is it allowed? is het toegestaan? [t00KHestahn]

all right goed [KH00t]
I'm all right met mij gaat het goed [mī KHaht uht KH00t]
are you all right? gaat het? [KHaht uht]

almond de amandel

almost bijna [bīna]

alone alleen [allayn]

alphabet het alfabet

a [ah]
b [bay]
c [say]
d [day]
e [ay]
f [ef]
g [KHay]
h [ha]
i [ee]
j [yay]
k [ka]
l [el]
m [em]
n [en]
o [o]
p [pay]
q [k00]
r [air]
s [es]
t [tay]
u [00]
v [vay]
w [way]
x [ix]
y [Ī]
z [zet]

already al

also ook [ohk]

although hoewel [hoovel]

altogether helemaal [haylemahl]

always altijd [altīt]

am*: I am ik ben

am: at 7am 's morgens om zeven uur [smorkHuhs – zayvuh 00r]

amazing (very good) verbazingwekkend [verbazing-vekkent]
that's amazing! (surprising) hoe is het mogelijk! [hoo is uht mohkHelik]

ambulance de ziekenwagen [zeekuh-vakHuh]
call an ambulance! bel een ziekenwagen!

America Amerika [amayrika]

American Amerikaans [amayrikahns]
I'm American ik kom uit Amerika [owt]

among onder

amount de hoeveelheid [hoovaylhīt]
(money) het bedrag [bedrakH]

amp: a 13-amp fuse een stop
van dertien ampère [dairteen
ampairuh]

and en

angry boos [bohs]

animal het dier [deer]

ankle de enkel

anniversary (wedding) de
trouwdag [trowdakH]

annoy: this man's annoying
me deze man valt me lastig
[dayzuh man valt muh lastikH]

annoying vervelend [vervaylent]

another (a different one) een
ander

(one more) nog een [nokH ayn]

can we have another room?
kunnen we een andere kamer
krijgen? [koonnuh vuh uhn
anderuh kahmer krikHuh]

another beer, please nog een
bier, alstublieft [nokH uhn beer
alstoobleeft]

antibiotics antibiotica [antibi-
ohtica]

antifreeze het antivriesmiddel
[antivreesmiddel]

antihistamine tablets de
antihistamine-tabletten
[antihistameenuh-tablettuh]

antique: is it an antique? is het
antiek? [anteek]

antique shop de antiekwinkel
[anteekvinkel]

antiseptic antiseptisch
[antiseptees]

any: have you got any bread/
tomatoes? heeft u ook
brood/tomaten? [hayft oo ohk

sorry, I don't have any ... het
spijt me, ik heb geen ... [spit
muh ik hep kHayn]

anybody iemand [eemant]

does anybody speak English?
spreekt er iemand Engels?
[spraykt]

there wasn't anybody there
er was niemand
[vas neemant]

anything iets [eets]

dialogues

anything else? nog iets
(anders)? [nokH]
nothing else, thanks nee
dat is alles, dank u wel [nay
das alles dank oo vel]

would you like anything to
drink? wilt u iets drinken?
[vilt oo eets]
I don't want anything,
thanks nee, dank u wel

apart from afgezien van
[afkHezeen]

apartment de flat

apartment block het
flatgebouw [fletkHebouw]

aperitif de aperitief [apayriteef]

apology de verontschuldiging
[voront-skHooldikHing]

appendicitis de
blindedarmontsteking
[blinduh-darmontstayking]

appetizer het voorgerecht
[vohrkHerekHt]

apple de **a**ppel
appointment de afspraak
[**a**fsprahk]

dialogue

good morning, how can I
help you? goedemorgen,
waar kan ik u mee van
dienst zijn? [KHoodem**o**rKHuh
vahr kan ik oo may van deenst
zīn]
I'd like to make an
appointment ik wil graag
een afspraak maken [vil
KHrahKH uhn **a**fsprahk m**ah**kuh]
what time would you like?
hoe laat wilt u komen? [hoo
laht vilt oo]
three o'clock om drie uur
[**oo**r]
I'm afraid that's not
possible, is four o'clock
all right? dat is helaas niet
mogelijk, is vier uur goed?
[hel**ah**s neet m**oh**KHelik is veer
oor KH**oo**t]
yes, that will be fine ja, dat
is goed [ya]
the name was ...? en uw
naam was ...? [oo nahm vas]

apricot de abrikoos [abrik**oh**s]
April april [**ah**pril]
are*: we are wij zijn [vī zīn]
you are (pol) u bent [oo]
(sing, fam) jij bent [yī]
they are zij zijn [zī zīn]
area het gebied [KHeb**ee**t]

area code het netnummer
[**net**noommer]
arm de arm
arrange: will you arrange it for
us? regelt u het voor ons?
[**ray**KHelt oo uht vohr]
arrival de aankomst [**ahn**komst]
arrive aankomen [**ahn**komuh]
when do we arrive? wanneer
komen we aan? [**vann**ayr
k**oh**muh vuh ahn]
has my fax arrived yet? is
mijn fax al gearriveerd? [mīn
fax al KHuh-arriv**ay**rt]
we arrived today wij zijn
vandaag aangekomen [vī zīn
vand**ah**KH **ahn**KHekomuh]
art de kunst [k**oo**nst]
art gallery de kunstgalerij
[k**oo**nst-KHahlerī]
artist (man/woman) de
kunstenaar/kunstenares
[k**oo**nstenahr/koonstenar**es**]
as: as big as zo groot als
[KHroht]
as soon as possible zo snel
mogelijk [m**oh**KHelik]
ashtray de asbak
ask vragen [vra**KH**uh]
I didn't ask for this ik heb
hier niet om gevraagd [hep
heer neet om KHevr**ah**KHt]
could you ask him to ...? kunt
u hem vragen of hij ...? [koont
oo uhm vr**ah**KHuh of ee]
asleep: she's asleep ze slaapt
[zuh slahpt]
aspirin de aspirine [aspir**ee**nuh]
asthma **a**stma

astonishing
 verbazingwekkend [verbazing-
 vekkent]
at: at the hotel in het hotel
 at the station op het station
 [stashon]
 at six o'clock om zes uur [00r]
 at Jan's bij Jan [bī]
athletics atletiek [atleteek]
ATM de ATM [ah-tay-em]
attractive aantrekkelijk
 [ahntrekkelik]
aubergine de aubergine
 [ohberJeenuh]
August augustus [OWKHuuslOO5]
aunt de tante [tantuh]
Australia Australië [owstrahli-uh]
Australian Australisch
 [owstrahlees]
 I'm Australian ik kom uit
 Australië [owt owstrahli-uh]
automatic (adj) automatisch
 [owtomahtees]
 (noun: car) de automaat
 [owtomaht]
autumn de herfst
 in the autumn in de herfst
avenue de laan [lahn]
average (ordinary) gemiddeld
 [KHemiddelt]
 (not good) middelmatig
 [middelmahtiKH]
 on average gemiddeld
 [KHemiddelt]
avocado de avocado
awake: is he awake? is hij al
 wakker? [is-ee al vakker]
away: go away! ga weg! [KHa
 veKH]

is it far away? is het ver weg?
 [vair]
awful afschuwelijk [afsKH00-
 uhlik]
axle de as

B

baby de baby
baby food babyvoedsel
 ['baby'voodsel]
baby-sitter de babysit
back (of body) de rug [rOOKH]
 (back part) de achterkant
 [aKHterkant]
 at the back aan de achterkant
 can I have my money
 back? kan ik mijn geld
 terugkrijgen? [muhn KHelt
 terOOKH-krīKHuh]
 to come back terugkomen
 [terOOKH-kohmuh]
 to go back teruggaan [terOOKH-
 KHahn]
backache rugpijn [rOOKHpīn]
bacon het spek
bad slecht [sleKHt]
 not bad niet slecht [neet]
 a bad headache een zware
 hoofdpijn [uhn zvaruh hohftpin]
badly slecht [sleKHt]
 (injured, damaged) zwaar [zvahr]
bag de tas
 (handbag) de hant-tas
baggage de bagage [baKHahJuh]
baggage checkroom het
 bagagedepot [baKHahJuh-depoh]
baggage claim de bagage-

afhaalruimte [baKH**ah**Juh-afhahlrOwmtuh]

bakery de bakkerij [bakkerī]

balcony het balkon

a room with a balcony een kamer met een balkon [uhn **kah**mer]

bald kaal [kahl]

ball de bal

ballet het ballet [ballet]

ballpoint pen de balpen

banana de banaan [ba**nahn**]

band (musical) de band [bent]

Bandaid® de pleister [pl**ī**ster]

bandage het verband [verbant]

bank (money) de bank

bank account de bankrekening

bar de bar

a bar of chocolate een reep chocolade [uhn rayp shokol**ah**duh]

barber's de herenkapper [**hay**ruhkapper]

barge (house boat) de woonboot [v**oh**nboht]

basket de mand [mant]

(in shop) het mandje [mant-yuh]

bath het bad [bat]

can I have a bath? kan ik een bad nemen? [naymuh]

bathroom de badkamer [batkahmer]

with a private bathroom met eigen badkamer [**ī**KHuh]

bath towel de badhanddoek [bathandook]

bathtub de badkuip [batk**O**wp]

battery (for radio etc) de batterij

[batterī]

(for car) de accu [akkOO]

bay de baai [bī]

be* zijn [zīn]

beach het strand [strant]

on the beach op het strand

beans de bonen [**boh**nuh]

French beans de prinsessenbonen

runner beans de pronkbonen

broad beans de tuinbonen [t**Ow**nbohnuh]

beard de baard [bahrt]

beautiful mooi [moy]

because omdat

because of ... vanwege ... [vanv**ay**KHuh]

bed het bed [bet]

I'm going to bed now ik ga nu naar bed [KHa nOO nahr]

bed and breakfast logies en ontbijt [l**o**Jees en ontb**ī**t]

bedroom de slaapkamer [sl**ah**pkahmer]

beef het rundvlees [r**OO**ntvlays]

beer het bier [beer]

two beers, please twee pils, alstublieft [alstOObleeft]

before voor [vohr]

begin beginnen [beKH**i**nnuh]

when does it begin? wanneer begint het? [vann**ay**r beKH**i**nt]

beginner de beginneling [beKH**i**nneling]

beginning: at the beginning in het begin [beKH**i**n]

behind achter [a**KH**ter]

behind me achter me [muh]

beige beige

English → Dutch

Belgian Belgisch [belKHees]
Belgium België [belKHi-uh]
believe geloven [KHelohvuh]
below onder
belt de riem [reem]
bend (in road) de bocht [boKHt]
berth (on ship) de hut [hoot]
beside: beside the ... naast
  de ... [nahst duh]
best best
better beter [bayter]
  are you feeling better? (pol)
  voelt u zich nu beter? [voolt oo
  ziKH noo]
  (fam) voel je je nu beter? [vool
  yuh yuh]
between tussen [toossuh]
beyond verder dan [vairder]
bicycle de fiets [feets]
big groot [KHroht]
  too big te groot [tuh]
  it's not big enough het is
  niet groot genoeg [heet KHroht
  KHenooKH]
bike de fiets [feets]
  (motorbike) de motorfiets
bikini de bikini
bill de rekening [raykening]
  (US: banknote) het bankbiljet
  [bankbil-yet]
  could I have the bill, please?
  kan ik afrekenen, alstublieft?
  [alstoobleeft]
bin de afvalbak
bin liners de afvalzakken
  [afvalzakkuh]
bird de vogel [vohKHel]
birthday de verjaardag [ver-
  yahrdaKH]

happy birthday! hartelijk
gefeliciteerd! [hartelik
KHefelisitayrt]
biscuit het koekje [kook-yuh]
bit: a little bit een klein beetje
  [uhn klīn bayt-yuh]
  a big bit een groot stuk [KHroht
  stook]
  a bit of ... een beetje ... [bayt-
  yuh]
  (a piece) een stukje ...
  [stook-yuh]
  a bit expensive vrij duur [vrī
  door]
bite (by insect) de insectenbeet
  [insektuhbayt]
  (by dog) de beet [bayt]
bitter (taste etc) bitter
black zwart [zvart]
blanket de deken [daykuh]
bleach (for toilet) het
  bleekmiddel [blaykmiddel]
bless you! gezondheid!
  [KHezont-hit]
blind blind [blint]
blinds de rolgordijnen
  [rolkHordīnuh]
blister de blaar [blahr]
blocked (road) versperd
  [verspairt]
  (pipe, sink) verstopt [verstopt]
blond blond [blont]
blood bloed [bloot]
  high blood pressure de hoge
  bloeddruk [hohkHuh
  bloot-drook]
blouse de bloes [bloos]
blow-dry föhnen [furnuh]
  I'd like a cut and blow-dry ik

English → Dutch

BI

37

wil graag geknipt en geföhnd worden [vil KHrahKH KHek-nipt en KHefurnt vorduh]
blue blauw [blow]
blusher de rouge
boarding pass de instapkaart [instapkahrt]
boat de boot [boht]
boat trip de boottocht [bohttoKHt]
body het lichaam [liKHahm]
boiled egg het gekookt ei [KHekohkt ī]
boiler de boiler
bone het bot
bonnet (of car) de motorkap
book het boek [book]
(verb: transport) reserveren [raysairvayruh]
(table, tickets etc) bespreken [bespraykuh]
can I book a seat? kan ik een zitplaats reserveren? [uhn zitplahts]

dialogue

I'd like to book a table for two ik wil graag een tafel voor twee personen bespreken [vil KHrahKH uhn tahfel vohr tvay persohnuh bespraykuh]
for what time? voor hoe laat? [vohr hoo laht]
half past seven half acht
that's fine dat kan
and your name? en wat is uw naam? [vat is oo nahm]

bookshop, bookstore de boekwinkel [bookvinkel]
boot (footwear) de laars [lahrs] (of car) de kofferbak
border (of country) de grens [KHrens]
bored: I'm bored ik verveel me [vervayl muh]
boring saai [sī]
born: I was born in Manchester/1960 ik ben in Manchester/1960 geboren [KHebohruh]
borrow lenen [laynuh]
may I borrow ...? kan ik ... lenen?
both beide [bīduh]
bother: sorry to bother you het spijt me dat ik u lastig val [spīt muh dat ik oo lastikH val]
bottle de fles
a bottle of house red een fles rode huiswijn [uhn fles rohduh howsvīn]
bottle-opener de flesopener
bottom (of person) de bips
at the bottom of ... (hill) aan de voet van ... [ahn duh voot] (road) aan het eind van ... [īnt]
bowl het bord [bort]
box de doos [dohs]
box office het loket
boy de jongen [yonguh]
boyfriend de vriend [vreent]
bra de b.h. [bay-hah]
bracelet de armband [armbant]
brake de rem
brandy de cognac

bread het brood [broht]
white bread het wittebrood [**vitte**broht]
brown bread het bruinbrood [**brown**broht]
wholemeal bread het volkorenbrood [volk**oh**ruhbroht]
rye bread het roggebrood [**ro**KHuhbroht]
break breken [**bray**kuh]
I've broken the ... ik heb de ... gebroken [hep duh ... KHebr**oh**kuh]
I think I've broken my wrist ik geloof dat ik mijn pols gebroken heb [KHul**oh**f dat ik muhn]
break down kapot gaan [KHahn]
I've broken down ik heb autopech [hep **ow**topeKH]
breakdown autopech
breakdown service de wegenwacht [**vay**KHuhvakHt]
breakfast het ontbijt [ontb**ī**t]
break-in: I've had a break-in er is bij mij ingebroken [bī mī **in**KHebrokuh]
breast de borst
breathe ademen [**ah**demuh]
breeze de bries [brees]
bridge (over river) de brug [brmKH]
brief kort
briefcase de aktentas [**akt**uhtas]
bright (light etc) fel
bright red felrood [felr**oh**t]
brilliant (great) geweldig [KHev**e**ldiKH]
(idea) heel goed [hayl KH**oo**t]

(person) briljant [bril-yant]
bring meebrengen [**may**brenguh]
I'll bring it back later ik breng het terug [ter**oo**KH]
Britain Groot-Brittannië [KHroht-brittannee-uh]
British Brits
brochure de brochure [brosh**oo**ruh]
broken kapot
(leg etc) gebroken [KHebr**oh**kuh]
brooch de broche [brosh]
brother de broer [broor]
brother-in-law de zwager [**zvah**KHer]
brown bruin [brown]
bruise de blauwe plek [bl**ow**uh]
brush de borstel
(artist's) het penseel [pens**ay**l]
bucket de emmer
buffet car de restauratiewagen [resto**wrah**tsee-vah**KH**uh]
buggy (for child) de wandelwagen [**vand**elvahKHuh]
building het gebouw [KHeb**ow**]
bulb (flower) de bloembol [**bloom**bol]
(light bulb) de gloeilamp [KHl**oo**-eelamp]
bulb fields de bollenvelden [**boll**uhvelduh]
bumper de bumper [b**oo**mper]
bunk (on train) de couchette
(on ship) de kooi [koy]
bureau de change het wisselkantoor [**viss**elkantohr]
burglary de inbraak [**in**brahk]
burn de brandwond [**brant**vont]
(verb) verbranden [ver**brand**uh]

burnt: this is burnt dit is
aangebrand [**ah**nkHebrant]
burst: a burst pipe een
gesprongen leiding [uhn
kHesprronguh līding]
bus de bus [boos]
 what number bus is it to ...?
 wat is het busnummer van
 de bus naar ...? [vat is uht
 boosnoommer van duh boos nahr]
 when is the next bus to ...?
 hoe laat gaat de volgende
 bus naar ...? [hoo laht kHaht duh
 vol**kH**enduh]
 what time is the last bus? hoe
 laat vertrekt de laatste bus?
 [vertrekt duh lahtstuh]

dialogue

> **does this bus go to ...?**
> is dit de bus naar ...? [duh
> boos nahr]
> **no, you need a number ...**
> nee, u moet met bus
> nummer ... [nay oo moot met
> boos noommer]

business zaken [zahkuh]
bus station het busstation
[boos-stashon]
bus stop de bushalte [boos-
haltuh]
bust het borstbeeld [borstbaylt]
busy druk [drook]
 I'm busy tomorrow morgen
 kan ik niet [morkHuh kan ik neet]
but maar [mahr]
butcher's de slager [slahkHer]

butter de boter [botter]
button de knoop [k-nohp]
buy kopen [kohpuh]
 where can I buy ...? waar kan
 ik ... kopen? [vahr]
by: by bus/car per bus/auto
[boos/owto]
 written by ... geschreven
 door ... [kHeskHrayvuh dohr]
 by the window bij het raam
 [bī uht rahm]
 by the sea aan zee [ahn zay]
 by Thursday voor donderdag
 [vohr donderdakH]
bye tot ziens [zeens]

C

cabbage de kool [kohl]
cabin (on ship) de hut
 [hoot]
café het café [kafay]
cagoule de anorak
cake de taart [tahrt]
cake shop de banketbakkerij
 [banketbakkerī]
call het telefoongesprek
 [telefohn-kHesprek]
 (verb: to phone) bellen [belluh]
 what's it called? hoe heet
 het? [hoo hayt]
 he/she is called ... hij/zij
 heet ... [hī/zī]
 please call the doctor zou u
 de dokter willen bellen? [zow
 oo duh dokter villuh]
 **please give me a call at
 7.30am tomorrow** zou u me

morgen om half acht kunnen
wekken? [zow ∞ muh morKHuh
om hal-f aKHt koonnuh vekkuh]
please ask him to call me zou
u hem willen vragen om mij
te bellen? [villuh vrahKHuh om mī
tuh]
call back: I'll call back later
ik kom straks wel terug [vel
ter∞KH]
(phone back) ik bel later wel
terug [lahter]
call round: I'll call round
tomorrow ik kom morgen
even langs [morKHuh ayfvuh]
camcorder de camcorder
camera de camera, het
fototoestel [fototoostel]
camera shop de fotowinkel
[fotovinkel]
camp kamperen [kampayruh]
can we camp here? kunnen
we hier kamperen? [koonnuh
vuh heer]
camping gas de camping gas
[gahs]
campsite de camping
can het blik
a can of beer een blikje bier
[uhn blik yuh beer]
can*: can you ...? (pol) kunt
u ...? [k∞nt ∞]
(fam) kun je ...? [k∞n yuh]
can I have ...? mag ik ...
hebben? [maKH ik]
I can't ... ik kan niet ... [neet]
Canada Canada
Canadian Canadees [kanadays]
I'm Canadian ik kom uit

Canada [owt]
canal (in city) de gracht [KHraKHt]
(shipping) het kanaal [kanahl]
canal bus de rondvaartboot
[rontvahrtboht]
canal trip de tocht met de
rondvaartboot [toKHt met duh]
cancel annuleren [ann∞layruh]
candies het snoepgoed
[sn∞pKHoot]
candle de kaars [kahrs]
cannabis de marihuana
[mar∞wahna]
canoe de kano
canoeing kanoën [kahnowuh]
can-opener de blikopener
cap (hat) de pet
(of bottle) de dop
car de auto [owto]
by car met de auto
carafe de karaf
a carafe of house white,
please een karaf witte
huiswijn, alstublieft [vittuh
howsvīn alst∞bleeft]
caravan de caravan
caravan site de camping
carburettor de carburateur
[karb∞raturr]
card (birthday etc) de kaart
[kahrt]
here's my (business) card
hier is mijn visitekaartje [heer
is muhn viseetuh-kahrt-yuh]
cardigan het vest
cardphone de kaarttelefoon
[kahrt-telefohn]
careful voorzichtig
[vohrziKHtiKH]

be careful! wees voorzichtig!
[vays vohrziKHtiKH]
caretaker (man/woman) de
toezichthouder/toezicht-
houdster [toozikHt-howder/
toozikHt-howtster]
car ferry het autoveer
[owtovayr]
carnation de anjer [anyer]
car park het parkeerterrein
[parkayr-terrīn]
carpet het tapijt [tapīt]
car rental de autoverhuur
[owtoverhoor]
carriage (of train) de wagon
[vakHon]
carrier bag de plastic tas
[plestik]
carrot de wortel [vortel]
carry dragen [drahKHuh]
carry-cot de reiswieg [rīsveekH]
carton het pak
carwash de autowasserette
[owtovasserettuh]
case (suitcase) de koffer
cash (noun) het contant geld
[KHelt]
will you cash this for
me? kunt u dit voor mij
verzilveren? [koont oo dit vohr mī
verzilveruh]
cash desk de kassa
cash dispenser de
geldautomaat [KHeltowtomaht]
cassette de cassette [kassettuh]
cassette recorder de cassetterecorder [kassettuh–]
castle het kasteel [kastayl]
casualty department de

eerste hulpafdeling [ayrstuh
hoolpafdayling]
cat de kat
catch vangen [vanguh]
where do we catch the bus
to ...? waar kunnen we de
bus nemen naar ...? [vahr
koonnuh vuh duh boos naymuh
nahr]
cathedral de kathedraal
[kahtaydrahl]
Catholic katholiek [kahtohleek]
cauliflower de bloemkool
[bloomkohl]
cave de grot [KHrot]
CD de CD [say-day]
ceiling het plafond [plahfon]
celery de selderij [selderī]
cemetery de begraafplaats
[beKHrahfplahts]
centigrade Celsius [selsi-oos]
centimetre de centimeter
[sentimayter]
central centraal [sentrahl]
central heating de centrale
verwarming [sentrahluh
vervarming]
centre het centrum [sentroom]
how do we get to the city
centre? hoe komen we in het
centrum? [hoo kohmuh vuh
sentroom]
certainly zeker [zayker]
certainly not beslist niet [neet]
chair de stoel [stool]
champagne de champagne
[shampan-yuh]
change (small change) het
kleingeld [klīn-KHelt]
(money back) het wisselgeld

42

[vissel-KHelt]
(verb: money) wisselen [visseluh]
can I change this for ...? kan
ik dit ruilen voor ...? [rowluh
vohr]
I don't have any change ik
heb helemaal geen
kleingeld [hep helemahl KHayn
klīn-KHelt]
**can you give me change for a
100-guilder note?** kunt u een
biljet van honderd gulden
wisselen? [koont oo uhn bil-yet
van hondert KHoolduh visseluh]

dialogue

**do we have to change
(trains)?** moeten we
overstappen? [mootuh vuh
ohverstappuh]
**yes, change at Utrecht/no,
it's a direct train** ja, u moet
in Utrecht overstappen/
nee, de trein gaat
rechtstreeks [ya oo moot in
ootreKHt– /nay duh trīn KHaht
reKHtstrayks]

changed: to get changed
zich omkleden [ziKH
omklayduh]
charge (cost) de prijs [pris]
(verb) rekenen [raykenuh]
cheap goedkoop [KHootkohp]
**do you have anything
cheaper?** heeft u iets
goedkopers? [hayft oo eets
KHootkohpers]

check (US: noun) de cheque
[shek]
(bill) de rekening [raykening]
check (verb) nakijken [nahkīkuh]
**could you check the ...,
please?** kunt u de ...
nakijken, alstublieft? [koont oo
duh – alstoobleeft]
check book het chequeboek
[shekbook]
check card de betaalpas
[betahlpas]
check in (at hotel) zich melden
[ziKH]
(at airport) inchecken [Inchekuh]
**where do we have to
check in?** waar moeten we
inchecken? [vahr mootuh vuh
Inchekuh]
check-in de check-in-balie
['chcck-in'-bahlee]
cheek de wang [vang]
cheerio! tot ziens! [zeens]
cheers! (toast) proost! [prohst]
(thanks) bedankt!
cheese de kaas [kahs]
cheese shop de kaaswinkel
[kahsvinkel]
chemist's de apotheek
[ahpohtayk]
(non dispensing) de drogisterij
[drohKHisterī]
cheque de cheque [shek]
do you take cheques? kan
ik met een cheque betalen?
[betahluh]
cheque book het chequeboek
[shekbook]
cheque card de betaalpas
[betahlpas]

cherry de kers [kairs]

chess het schaakspel [sKHaahkspel]

chest de borstkas [borstkas]

chewing gum de kauwgum [kow-KHoom]

chicken de kip

chickenpox de waterpokken [vahterpokkuh]

child het kind [kint]

children de kinderen [kinderuh]

child minder de kinderoppas

children's pool het kinderbad [kinderbat]

children's portion de kinderportie [kinderporsee]

chin de kin

china het porselein [porselïn]

Chinese Chinees [sheenays]

chips de (patat) friet [freet]
(US) de chips [ships]

chocolate de chocolade [shokolahduh]

milk chocolate de melkchocolade [melkshokolahduh]

plain chocolate de pure chocolade [poor]

a hot chocolate de warme chocolademelk [varmuh shokolahduh-melk]

choose kiezen [keezuh]

Christian name de voornaam [vohrnahm]

Christmas kairstmis

Christmas Eve kerstnacht [kairstnaKHt]

merry Christmas! vrolijk

kerstfeest! [vrohlik kairstfayst]

chrysanthemum de chrysant [kreesant]

church de kerk

cider de cider [seeder]

cigar de sigaar [seeKHahr]

cigarette de sigaret [seeKHaret]

cigarette lighter de aansteker [ahnstayker]

cinema de bioscoop [bioskohp]

cinnamon de kaneel [kahnayl]

circle de cirkel
(in theatre) het balkon

city de stad [stat]

city centre het stadscentrum [stats-sentroom]

clean (adj) schoon [sKHohn]

can you clean these for me? zou u deze voor me kunnen schoonmaken? [zow oo dayzuh vohr muh koonnuh sKHohnmahkuh]

cleaning solution (for contact lenses) de lensvloeistof [lensvloo-eestof]

cleansing lotion de reinigingsmelk [rïnikHings-melk]

clear helder
(obvious) duidelijk [dowdelik]

clever slim, knap [k-nap]

cliff de steile rots [stïluh]

cling film de vershoudfolie [vairs-howtfohlee]

clinic de kliniek [kleeneek]

cloakroom de garderobe [KHarderobuh]

clock de klok

clogs de klompen [klompuh]

close (verb) sluiten [slowtuh]

dialogue

what time do you close?
hoe laat sluit u? [hoo laht
slowt ∞]
**we close at 8pm on
weekdays and 6pm on
Saturdays** door de week
sluiten we om acht uur en
op zaterdag om zes uur
[dohr duh vayk slowtuh vuh om
aкнt ∞r en op zahterdaкн]
do you close for lunch?
gaat u tussen de middag
dicht? [кнaht ∞ tøsssuh duh
middaкн dikнt]
**yes, between 1 and
3.30pm** ja, tussen een en
half vier [ya]

closed gesloten [кнeslohtuh]
cloth (fabric) de stof
(for cleaning etc) de doek [dook]
clothes de kleren [klayruh]
clothes line de drooglijn
[drohкнlīn]
clothes peg de wasknijper
[vask-nīper]
cloud de wolk [volk]
cloudy bewolkt [bevolkt]
clutch de koppeling
coach (bus) de touringcar
[tooringkar]
(on train) het rijtuig [rītowкн]
coach station het busstation
[boos-stashon]
coach trip de bustocht [boos-
toкнt]
coast de kust [koost]

on the coast aan de kust [ahn]
coat de jas [yas]
coathanger de kleerhanger
[klayrhanger]
cockroach de kakkerlak
cocoa de warme
chocolademelk [varmuh
shokolahduh-melk]
coconut de kokosnoot
[kohkosnoht]
code (for phoning) het
netnummer [netnoommer]
**what's the (dialling) code
for Amsterdam?** wat is
het netnummer voor
Amsterdam? [vat vohr]
coffee de koffie [koffee]
two coffees, please twee
koffie, alstublieft [alstɷbleeft]
coin de munt [moont]
cold koud [kowt]
I'm cold ik heb het koud [hep]
I have a cold ik ben
verkouden [verkowduh]
collapse: he's collapsed hij is
in elkaar gezakt [hī is in elkahr
кнezakt]
collar (on coat) de kraag [krahкн]
(on shirt) het boord [bohrt]
collect ophalen [ophahluh]
I've come to collect ... ik
kom ... ophalen
collect call het collect gesprek
[кнesprek]
college de beroepsschool
[beroops-sкнohl]
colour de kleur [klur]
**do you have this in other
colours?** heeft u dit ook in

andere kleuren? [hayft oo dit ohk in anderuh kluruh]
colour film de kleurenfilm [kluruhfilm]
comb de kam
come komen [kohmuh]

dialogue

where do you come from?
waar komt u vandaan?
[vahr komt oo vandahn]
I come from Edinburgh ik
kom uit Edinburgh [owt]

come back terugkomen [terOOKH-kohmuh]
I'll come back tomorrow ik kom morgen terug [morKHuh terOOKH]
come in binnenkomen [binnenkohmuh]
comfortable comfortabel [komfortahbel]
company (business) het bedrijf [bedrīf]
compartment (on train) de coupé [koopay]
compass het kompas
complain klagen [klahKHuh]
complaint de klacht [klaKHt]
I have a complaint ik heb een klacht [hep uhn]
completely helemaal [haylemahl]
computer de computer
concert het concert [konsairt]
concussion de hersenschudding [hersuh-skHOOding]
conditioner (for hair) de crèmespoeling [krem-spooling]
condom het condoom [kondohm]
conference de conferentie [konferensee]
confirm bevestigen [bevestiKHuh]
congratulations! gefeliciteerd! [KHefaylisitayrt]
connecting flight de aansluitende vlucht [ahnslowtenduh vlOOKHt]
connection (travel) de aansluiting [ahnslOWting]
conscious bij bewustzijn [bī bevOOstzin]
constipation de constipatie [konstipahtsee]
consulate het consulaat [konsOOlaht]
contact contact opnemen [opnaymuh]
contact lens de contactlens
contraceptive het voorbehoedsmiddel [vohrbehoots-middel]
convenient gelegen [KHelayKHuh]
that's not convenient dat is niet gelegen [neet]
cook koken [kohkuh]
not cooked niet gaar [neet KHahr]
cooker het fornuis [fornOWs]
cookie het koekje [kook-yuh]
cooking utensils het kookgerei [kohk-KHerī]
cool koel [kool]

Co

46

cork de kurk [koork]

corkscrew de kurkentrekker [koorkuhtrekker]

corner: on the corner op de hoek [duh hook]

in the corner in de hoek

cornflakes de cornflakes

correct (right) correct

corridor de gang [KHang]

cosmetics de cosmetica [kosmaytika]

cost: how much does it cost? wat kost het? [vat]

cot het kinderbedje [kinderbet-yuh]

cotton het katoen [katoon]

cotton wool de watten [vattuh]

couch (sofa) de bank

couchette de slaapcoupé [slahpkoopay]

cough de hoest [hoost]

cough medicine het hoestdrankje [hoostdrank-yuh]

could: could you ...? zou u ... kunnen? [zow oo ... koonnuh]

could I have ...? kan ik ... krijgen? [krīkHuh]

I couldn't ... ik kon niet ... [neet]

country het land [lant]

(countryside) het platteland [plattelant]

countryside het platteland

couple (two people) het paar [pahr]

(married) het echtpaar [eKHtpahr]

a couple of ... een paar ... [uhn]

courgette de courgette

courier de koerier [kooreer]

course: of course natuurlijk [natoorlik]

of course not natuurlijk niet [neet]

cousin (male/female) de neef/ nicht [nayf/niKHt]

cow de koe [koo]

crab de krab

cracker (biscuit) de cracker

craft shop de kunstnijverheidswinkel [koonstnīverhids-vinkel]

crash de botsing

I've had a crash ik heb een botsing gehad [hep uhn botsing KHehat]

crazy gek [KHek]

cream (in cake) de room [rohm]

(lotion) de crème [krem]

(colour) roomkleurig [rohmkluriKH]

whipped cream de slagroom [slaKH-rohm]

crèche de crèche

credit card de creditcard

do you take credit cards? kan ik met een creditcard betalen? [betahluh]

dialogue

can I pay by credit card? kan ik met een creditcard betalen?

which card do you want to use? met welke kaart wilt u betalen? [velkuh kahrt

vilt ∞]
Access/Visa
yes, sir ja, meneer [ya
men**ayr**]
what's the number? wat
is het nummer? [vat is uht
n**∞**mmer]
and the expiry date? en
de vervaldatum? [en duh
vervaldat**∞**m]

crisps de chips [ships]
crockery het aardewerk
[**ahr**deverk]
crocus de krokus [kroh**k∞**s]
crossing (by sea) de overtocht
[**oh**vertoкнt]
crossroads het kruispunt
[kr**ow**sp∞nt]
crowd de menigte [**may**niкнtuh]
crowded druk [dr∞k]
crown (on tooth) de kroon
[krohn]
crutches de krukken [kr**∞**kkuh]
cry huilen [**how**luh]
cucumber de komkommer
[komk**om**mer]
cup de kop
  a cup of ..., please een
  kop ..., alstublieft [alst∞bleeft]
cupboard de kast
cure genezen [кнen**ay**zuh]
curly krullend [kr**∞**llent]
current de stroom [strohm]
curry de kerrie [**ker**ree]
curtains de gordijnen
[кнord**ī**nuh]
cushion het kussen [k**∞**ssuh]
custom de gewoonte

[кнev**oh**ntuh]
Customs de douane
[doow**ah**nuh]
cut de snijwond [sn**ī**vont]
  (verb) snijden [sn**ī**duh]
  I've cut myself ik heb me
  gesneden [hep muh кнesn**ay**duh]
cutlery het bestek
cycling fietsen [**feet**suh]
cyclist de fietser [**feet**ser]

D

dad pa, papa
daffodil de narcis [n**ar**sis]
daily dagelijks [**dah**кнeliks]
damage beschadigen
[besкн**ah**diкн**uh**]
damaged beschadigd
[besкн**ah**diкнt]
  I'm sorry, I've damaged this
  neem me niet kwalijk, ik heb
  dit beschadigd [naym muh neet
  kv**ah**lik ik hep]
damn! verdomme! [verd**om**muh]
damp vochtig [v**o**кнtiкн]
dance de dans
  (verb) dansen [**dan**suh]
  would you like to dance? wil
  je dansen? [vil yuh]
dangerous gevaarlijk
[кнev**ahr**lik]
Danish Deens [dayns]
dark donker
  it's getting dark het wordt
  donker [vort]
date*: what's the date today?
welke datum is het vandaag?

[velkuh dahtoom is uht vandahKH]
let's make a date for next
Monday laten we een
afspraak voor aanstaande
maandag maken [lahtuh vuh
uhn afsprahk vohr ahnstahnduh
mahndakH mahkuh]
dates (fruit) de dadels [dahdels]
daughter de dochter [doKHter]
daughter-in-law de
schoondochter [sKHohndoKHter]
dawn de zonsopgang
[zonsopKHang]
at dawn bij zonsopgang [bī]
day de dag [daKH]
the day after de volgende dag
[volKHenduh]
the day after tomorrow
overmorgen [ohvermorKHuh]
the day before de dag ervoor
[ervohr]
the day before yesterday
eergisteren [ayrKHisteruh]
every day iedere dag [eederuh]
all day de hele dag [hayluh]
in two days' time over twee
dagen [ohver tvay dahKHuh]
have a nice day! prettige dag!
[prettiKHuh]
day trip de dagexcursie [daKH-
exkoorsee]
dead dood [doht]
deaf doof [dohf]
deal (business) de transactie
[trans-aksee]
it's a deal dat is afgesproken
[afKHesprohkuh]
decaffeinated coffee de
cafeïnevrije koffie [kafay-

eenuh-vrī-uh koffee]
December december
decide beslissen [beslissuh]
we haven't decided yet we
hebben nog geen beslissing
genomen [vuh hebbuh noKH
KHayn beslissing KHenohmuh]
decision de beslissing
deck (on ship) het dek
deckchair de dekstoel
[dekstool]
deep diep [deep]
definitely beslist
definitely not beslist niet
[noot]
degree (qualification) de graad
[KHraht]
delay de vertraging
[vertrahKHing]
deliberately opzettelijk
[opzettelik]
delicatessen de
delicatessenwinkel
delicious heerlijk [hayrlik]
deliver bezorgen [bezorkKHuh]
delivery (of mail) de
bestelling
Denmark Denemarken
[daynemarkuh]
dental floss de tandzijde
[tantzīduh]
dentist de tandarts

dialogue

it's this one here het is
deze hier [dayzuh heer]
this one? deze?
no, that one nee, die [nay

English → Dutch

De

dee]
here hier
yes ja [ya]

dentures het kunstgebit
[k**oo**nstkHebit]
deodorant de deodorant
department de afdeling
[**af**dayling]
department store het
warenhuis [**vah**ruh-hows]
departure het vertrek [ver**trek**]
departure lounge de
vertrekhal [ver**trek**hal]
depend: it depends het hangt
ervan af [**air**van]
it depends on ... het hangt af
van ...
deposit (as security) de
waarborgsom [**vah**rborkHsom]
(as part payment) de aanbetaling
[**ahn**betahling]
dessert het nagerecht [nah-
kHerekHt]
destination de bestemming
develop ontwikkelen
[ont**vik**keluh]

dialogue

could you develop
these films? kunt u deze
filmrolletjes ontwikkelen?
[koont oo **day**zuh filmrollet-yes]
yes, certainly ja zeker [ya
zayker]
when will they be ready?
wanneer zijn ze klaar?
[van**nayr** zin zuh klahr]

tomorrow afternoon
morgenmiddag [morkHuh-
middakH]
how much is the four-hour
service? wat kost de vier-
uur-service? [vat kost duh
veer-**oo**r-'service']

diabetic de suikerpatient
[**sow**kerpahshent]
diabetic foods de etenswaren
voor diabetici [**ay**tensvaruh vohr
diab**ay**tici]
dial draaien [**drah**-yuh]
dialling code het netnummer
[net**noo**mmer]
diamond de diamant [diam**ant**]
diaper de luier [**low**-yer]
diarrhoea de diarree [dee-ar**ray**]
do you have something for
diarrhoea? heeft u iets tegen
diarree? [hayft oo eets **tay**kHuh]
diary (business etc) de agenda
[ah**kHen**da]
(for personal experiences) het
dagboek [**da**kHbook]
dictionary het woordenboek
[**vohr**duhbook]
didn't* see not
die sterven [**stair**vuh]
diesel de diesel
diet het dieet [di**ayt**]
I'm on a diet ik ben op dieet
I have to follow a special diet
ik volg een speciaal dieet
[volkH uhn spesi**ahl**]
difference het verschil [ver**skHil**]
what's the difference? wat is
het verschil? [vat]

different: they are different
ze zijn verschillend [zuh zīn
verskHillent]
this one is different deze is
anders [dayzuh]
a different table een andere
tafel [uhn anderuh]
difficult moeilijk [moo-eelik]
difficulty de moeilijkheid
[moo-eelik-hīt]
dinghy (rubber) de rubberboot
[roobberboht]
dining room de eetzaal [aytzahl]
dinner (evening meal) het diner
[dinay]
to have dinner dineren
[dinayruh]
direct (adj) rechtstreeks
[reкHtstrayks]
is there a direct train? is er
een rechtstreekse trein? [uhn
reкHtstrayksuh trīn]
direction de richting [rikHting]
which direction is it? in welke
richting is het? [velkuh]
is it in this direction? is het in
deze richting? [dayzuh]
directory enquiries
inlichtingen [inlikHtinguh]
dirt het vuil [vowl]
dirty vuil
disabled gehandicapt
[кHehendikept]
is there access for the
disabled? is het voor
gehandicapten toegankelijk?
[vohr кHehendikeptuh tooкHankelik]
disappear verdwijnen
[verdvīnuh]

it's disappeared ik ben het
kwijt [kvīt]
disappointed teleurgesteld
[telurкHestelt]
disappointing teleurstellend
[telurstellent]
disaster de ramp
disco de disco
discount de korting
is there a discount? zit er
korting op?
disease de ziekte [zeektuh]
disgusting afschuwelijk
[afsкH00-uhlik]
dish (meal) het gerecht
[кHoreкHt]
(bowl) het bord [bort]
dishcloth de vaatdoek
[vahtdook]
disinfectant het
ontsmettingsmiddel
disk (for computer) de diskette
[diskettuh]
disposable diapers/nappies
de wegwerpluiers [veкHverp-
low-yers]
distance de afstand [afstant]
in the distance in de verte
[duh vairtuh]
district het district
disturb storen [stohruh]
diversion (detour) de
wegomlegging [veкH-
omleкHing]
diving board de duikplank
[dowkplank]
divorced gescheiden
[кHeskHīduh]
dizzy: I feel dizzy ik ben

duizelig [dowzelikH]
do doen [doon]
  what shall we do? wat zullen
  we doen? [vat zoolluh vuh doon]
  how do you do it? (pol) hoe
  doet u het? [hoo doot oo]
  (fam) hoe doe je het? [doo yuh]
  will you do it for me? wilt u
  het voor me doen? [vilt oo uht
  vohr muh doon]

dialogues

how do you do?
aangenaam, hoe maakt u
het? [ahnkHenahm hoo mahkt
oo]
nice to meet you
aangenaam kennis te
maken [tuh mahkuh]
what do you do? (work) wat
doet u? [vat doot oo]
I'm a teacher, and you? ik
ben leraar, en u? [layrahr]
I'm a student ik ben
student
what are you doing this
evening? wat doe je
vanavond? [vat doo yuh
vanahvont]
we're going out for a drink,
do you want to join us? we
gaan ergens iets drinken,
ga je met ons mee? [vuh
kHahn erkHens eets drinkuh kHa
yuh met ons may]

do you want mayonnaise?
wilt u mayonaise? [vilt oo

mahyohnaisuh]
I do, but she doesn't ik
wel, maar zij niet [vel mahr
zī neet]

docks de haven [hahvuh]
doctor de dokter, de arts
  we need a doctor we hebben
  een dokter nodig [vuh hebbuh
  uhn dokter nohdikH]
  please call a doctor zou u
  een dokter willen bellen?
  [zow oo uhn dokter villuh]

dialogue

where does it hurt? waar
doet het pijn? [vahr doot
uht pīn]
right here hier [heer]
does that hurt now? doet
dat pijn? [doot]
yes ja [ya]
take this to the chemist ga
hiermee naar de apotheek
[kHa heermay nahr duh apotayk]

document het document
  [dokooment]
dog de hond [hont]
doll de pop
domestic flight de
binnenlandse vlucht
  [binnuhlantsuh vlookHt]
don't!* niet doen! [neet doon]
  don't do that! dat moet je niet
  doen! [moot yuh]
  see not
door de deur [durr]

doorman de portier [porteer]

double dubbel [doobbel]

double bed tweepersoonsbed [tvaypersohns-bet]

double room de tweepersoonskamer [tvaypersohns-kahmer]

doughnut de doughnut

down neer [nayr]

down here hier beneden [heer benayduh]

put it down over there zet hier neer

it's down there on the right het is daar rechts [dahr reKHts]

it's further down the road het is verderop [verderop]

downmarket (restaurant etc) heel eenvoudig [hayl aynvOWdikH]

downstairs beneden [benayduh]

downstream stroomafwaarts [strohmafvahrts]

dozen het dozijn [dozīn]

half a dozen zes

drain (in sink) de afvoerbuis [afvoorbOWs]

(in road) het afvoerkanaal [afvoorkanahl]

draught beer bier van het vat [beer van uht vat]

draughty: it's draughty het is tochtig [toKHtiKH]

drawer de lade [lahduh]

drawing de tekening [taykening]

dreadful afschuwelijk [afsKHoo-uhlik]

dream de droom [drohm]

dress de jurk [yOOrk]

dressed: to get dressed zich aankleden [ziKH ahnklayduh]

dressing (for cut) het verband [verbant]

salad dressing de dressing

dressing gown de kamerjas [kahmer-yas]

drink (alcoholic) de borrel

(non-alcoholic) de drank

(verb) drinken [drinkuh]

a cold drink iets kouds te drinken [eets kOWts tuh]

can I get you a drink? wil je iets drinken? [vil yuh]

what would you like (to drink)? wat wilt u (drinken)? [vat vilt OO]

no thanks, I don't drink nee dank u, ik drink niet [nay dank OO ik drink neet]

I'll just have a drink of water ik wil graag een glas water [vil KHrahKH uhn KHlas vahter]

drinking water drinkwater [drinkvahter]

is this drinking water? is dit drinkwater?

drive rijden [rīduh]

we drove here we zijn met de auto [vuh zīn met duh OWto]

I'll drive you home ik zal je naar huis rijden [yuh nahr hOWs]

driver de bestuurder [bestOOrder]

driving licence het rijbewijs [rībevīs]

drop: just a drop, please (of drink) een klein beetje maar, alstublieft [uhn klīn bayt-yuh] mahr alstoobleeft]

drug (medicine) het medicijn
[medisīn]

drugs (narcotics) de drugs
[drOOgs]

drunk dronken [dronkuh]

drunken driving dronken
achter het stuur [aKHter uht
stOOr]

dry (adj) droog [drohKH]

dry-cleaner de stomerij
[stohmerī]

duck de eend [aynt]

due: he is due on Sunday hij
komt op zondag aan [hī – ahn]
when is the train due? hoe
laat komt de trein aan? [hoo
laht komt duh trīn]
**he was due to arrive
yesterday** hij had gisteren aan
moeten komen [hat KHisteruh
ahn mootuh]

dull (pain) vaag [vahKH]
(weather) saai [sī]

dummy (baby's) de fopspeen
[fopspayn]

during tijdens [tīdens]

dust het stof

dustbin de vuilnisbak
[vowlnisbak]

dusty stoffig [stoffikH]

Dutch Nederlands [nayderlants]
the Dutch de Nederlanders
[nayderlanders]

Dutchman de Nederlander
[nayderlander]

Dutchwoman de Nederlandse
[nayderlantsuh]

duty-free (goods) belastingvrij

[belastingvrī]

duty-free shop de tax-free-
winkel ['tax-free'-vinkel]

duvet het dekbed [dekbet]

dyke de dijk [dīk]

E

each* (every: neuter) elk
(common gender) elke [elkuh]
each book elk boek
each time elke keer [kayr]
each of them (people) ieder
van hen
how much are they each?
hoeveel zijn ze per stuk?
[hoovayl zīn zuh per stOOk]

ear het oor [ohr]

earache: I have earache ik heb
oorpijn [hep ohrpīn]

early vroeg [vrooKH]
early in the morning
's morgens vroeg [smorKHens]
I called by earlier ik ben een
poosje geleden langs geweest
[uh pohs-yuh KHelayduh langs
KHevayst]

earrings de oorringen [ohrringuh]

east het oosten [ohstuh]
in the east in het oosten

Easter Pasen [pahsuh]

eastern oostelijk [ohstelik]

easy gemakkelijk [KHemakkelik]

eat eten [aytuh]
we've already eaten, thanks
bedankt, maar wij hebben
al gegeten [mahr vuh hebbuh al
KHeKHaytuh]

eau de toilette de eau de toilette

economy class economy-class

eel de aal [ahl]

egg het ei [ī]

eggplant de aubergine [ohberJeenuh]

either: either ... or ... of ... of ...

either of them een van beide [ayn van bīduh]

elastic het elastiek [aylasteek]

elastic band het elastiekje [aylasteek-yuh]

elbow de elleboog [ellebohKH]

electric elektrisch [aylektrees]

electrical appliances de elektrische apparaten [aylektrishuh]

electric fire de elektrische kachel [kaKHel]

electrician de elektricien [aylektrishyen]

electricity de elektriciteit [aylektrisitīt]

elevator de lift

else: something else iets anders [eets]

somewhere else ergens anders [airKHens]

dialogue

would you like anything else? wilt u nog iets anders? [vilt oo noKH]
no, nothing else, thanks nee, dat is alles, dank u [nay – oo]

e-mail de e-mail

embassy de ambassade [ambassahduh]

emergency het spoedgeval [spootKHeval]

this is an emergency! dit is een spoedgeval!

emergency exit de nooduitgang [noht-owtkHang]

empty leeg [layKH]

end het einde [īnduh]

at the end of the street aan het einde van de straat

when does it end? wanneer is het afgelopen? [vannayr is het afKHelohpuh]

engaged (toilet, telephone) bezet (to be married) verloofd [verlohft]

engine (car) de motor

England Engeland [enguh-lant]

English Engels

I'm English ik kom uit Engeland [owt]

do you speak English? spreekt u Engels? [spraykt oo]

enjoy: to enjoy oneself plezier hebben [plezeer]

dialogue

how did you like the film? hoe vond je de film? [hoo vont yuh duh]
I enjoyed it very much, did you enjoy it? ik heb ervan genoten, vond jij hem goed? [hep airvan KHenohtuh vont yī uhm KHoot]

enjoyable aangenaam
[**ahn**kHenahm]

enlargement (of photo) de
vergroting [verkHr**oh**ting]

enormous reusachtig
[r0wsa**kH**tikH]

enough genoeg [KHen**oo**kH]
there's not enough er is niet
genoeg [neet]
it's not big enough het is niet
groot genoeg [KHroht]
that's enough dat is genoeg

entrance de ingang [**in**kHang]

envelope de enveloppe
[envel**op**]

epileptic de epilepticus
[aypil**e**ptik0s]

equipment de uitrusting [**ow**t-
r00sting]

eraser het gummetje
[KH**oo**mmet-yuh]

error de fout [f0wt]

especially vooral [v**oh**ral]

essential essentieel [essen**shay**l]
it is essential that ... het is
essentieel dat ...

EU de EU [ay-00]

Eurocheque de Eurocheque
[**u**rroshek]

Eurocheque card de
Eurochequekaart [**u**rroshek-
kahrt]

Europe Europa [urr**o**pa]

European (adj) Europees
[urro**pays**]

even zelfs
even if ... zelfs als ...

evening de avond [**ah**vont]
this evening vanavond

[van**ah**vont]
in the evening 's avonds
[sah**vonts**]

evening meal de
avondmaaltijd [**ah**vontmahltīt]

eventually uiteindelijk [0wt-
īndelik]

ever ooit [0yt]

dialogue

have you ever been to
Maastricht? ben je ooit in
Maastricht geweest? [yuh
0yt in mahstri**kH**t KHev**ayst**]
yes, I was there two years
ago ja, ik ben er twee
jaar geleden geweest [ya
– KHel**ay**duh KHev**ayst**]

every* (neuter) ieder [**ee**der]
(common gender) iedere
[**ee**deruh]
every hotel ieder hotel
every day iedere dag [da**kH**]

everyone iedereen [eeder**ayn**]

everything alles

everywhere overal [**oh**veral]

exactly! precies! [pres**ees**]

exam het examen

example het voorbeeld
[**voh**raylt]
for example bijvoorbeeld
[bīv**oh**rbaylt]

excellent uitstekend
[0wtst**ay**kent]
(food) heel lekker [hayl]
excellent! prima!

except behalve [beh**al**vuh]

excess baggage het overgewicht (van de bagage) [**oh**verKHevikHt (van duh bak**H**ah,Juh)]

exchange rate de wisselkoers [**viss**elkoors]

exciting (day) opwindend [**op**vindent]

(holiday) geweldig [KHevel**di**kH] (film) spannend [**span**nent]

excuse me (to get past, to get attention) pardon

(to say sorry) neemt u mij niet kwalijk [naymt oo mī neet kv**ah**lik]

exhaust (pipe) de uitlaat [**owt**laht]

exhausted (tired) uitgeput [**owt**kHepoot]

exhibition de tentoonstelling [tent**oh**nstelling]

exit de uitgang [**owt**kHang] where's the nearest exit? waar is de dichtstbijzijnde uitgang? [vahr is duh dikHtst-bīz**īn**duh]

expect verwachten [vervakHtuh]

expensive duur [d**oo**r]

experienced ervaren [erv**ah**ruh]

explain uitleggen [**owt**lekHuh] can you explain that? zou u dat uit kunnen leggen? [zow oo dat owt k**oo**nnuh lekHuh]

express (mail) expresse [express] (train) de sneltrein [**snel**trīn]

extension (telephone) het toestel [**too**stel]

extension 221, please toestel twee, twee, een, alstublieft

[tvay tvay ayn alstoobleeft]

extension lead het verlengsnoer [ver**leng**snoor]

extra: can we have an extra one? kunnen we er een extra krijgen? [k**oo**nnuh vuh er ayn extra krīkHuh]

do you charge extra for that? brengt u daar een extra bedrag voor in rekening? [oo dahr uhn extra bedrakH vohr in r**ay**kening]

extraordinary buitengewoon [bowtuhkHev**ohn**]

extremely uiterst [**OW**terst]

eye het oog [ohkH] will you keep an eye on my suitcase for me? wilt u even op mijn koffer letten? [vilt oo **ay**vuh op mīn **koff**er letuh]

eyebrow pencil het wenkbrauwpotlood [**venk**brow-potloht]

eye drops de oogdruppels [**oh**kH-drooppels]

eyeglasses (US) de bril [bril]

eyeliner de eyeliner

eye make-up remover de oogmake-up remover [ohkH-'make-up remover']

eye shadow de oogschaduw [**oh**kH-skHahdoo]

F

face het gezicht [KHezikHt]

factory de fabriek [fah**breek**]

Fahrenheit Fahrenheit

faint (verb) flauwvallen [**flow**valluh]
she's fainted ze is flauwgevallen [zuh is flowKHe**val**luh]
I feel faint ik voel me flauw [vool muh flOW]
fair (funfair) de kermis (trade) de beurs [boors] (adj) eerlijk [**ayr**lik]
fairly vrij [vrī]
fake de vervalsing
fall vallen [**val**luh]
she's had a fall zij is gevallen [zī is KHe**val**luh]
fall (US) de herfst [hairfst]
in the fall in de herfst [duh]
false vals
family het gezin [KHe**zin**]
famous beroemd [be**room**t]
fan (electrical) de ventilator [venti**lah**tor]
(handheld) de waaier [**vah**-yer] (sports) de supporter
fan belt de ventilatorriem [venti**lah**tor-reem]
fantastic fantastisch [fan**tas**tees]
far ver [vair]

dialogue

is it far from here? is het ver hier vandaan? [heer van**dahn**]
no, not very far nee, niet zo ver [nay neet]
well, how far? hoe ver dan? [hoo]

it's about 20 kilometres het is ongeveer twintig kilometer [onKHe**vayr** – **kilo**mayter]

fare de (vervoer)prijs [(ver**voor**)prīs]
farm de boerderij [boor**derī**]
fashionable modieus [modi-**OWs**]
fast snel
fat (person) dik (on meat) het vet
father de vader [**vah**der]
father-in-law de schoonvader [sKHOHn**vah**der]
faucet de kraan [krahn]
fault: sorry, it was my fault sorry, het was mijn fout [vas mīn fOWt]
it's not my fault het is niet mijn schuld [neet mīn sKHOOlt]
faulty defect [deh-**fekt**]
favourite favoriet [fahvo**reet**]
fax de fax (verb) faxen [**fax**uh]
February februari [faybrOO-**ahr**i]
feel voelen [**voo**luh]
I feel hot ik heb het warm [hep]
I feel unwell ik voel me niet goed [vool muh neet KHOOt]
I feel like going for a walk ik heb zin om een wandeling te maken [uhn **van**deling]
how are you feeling? hoe voelt u zich? [hoo voolt OO ziKH]
I'm feeling better ik voel me beter [muh **bay**ter]

felt-tip (pen) de viltstift [viltstift]
fence de omheining [omhīning]
fender (US: of car) de bumper
  [boomper]
ferry de veerboot [vayrboht]
festival het festival
fetch halen [hahluh]l
  I'll fetch him ik ga hem wel
  halen [kha uhm vel]
  will you come and fetch
  me later? kom je me straks
  ophalen? [yuh muh straks
  ophahluh]
feverish koortsachtig
  [kohrtsakhtikh]
few: a few een paar [uhn pahr]
  a few days een paar dagen
  [dahkhuh]
fiancé de verloofde [verlohfduh]
fiancée de verloofde
field het veld [velt]
fight het gevecht [khevekht]
figs de vijgen [vīkhuh]
fill in invullen [invoolluh]
  do I have to fill this in? moet
  ik dit invullen? [moot]
fill up vullen [voolluh]
  fill it up, please kunt u hem
  vol tanken, alstublieft [koont
  oo uhm vol tankuh alstoobleeft]
filling (in tooth) de vulling
  [voolling]
  (in sandwich) het beleg [belekh]
film de film

dialogue

do you have this kind of
film? heeft u dit type film?

[hayft oo dit teepuh]
yes, how many exposures?
ja, hoeveel opnamen? [ya
hoovayl]
36 zesendertig [zesendertikh]

film processing het
  ontwikkelen [ontvikkeluh]
filthy smerig [smayrikh]
find vinden [vinduh]
  I can't find it ik kan het niet
  vinden [neet]
  I've found it ik heb het
  gevonden [hep het khevonduh]
find out er achter komen
  [akhter]
  could you find out for me?
  zou u dat voor mij kunnen
  uitzoeken? [zow oo dat vohr mī
  koonnuh owtzookuh]
fine (weather) mooi [moy]
  (punishment) de bekeuring
  [bekuring]

dialogue

how are you? hoe gaat het
met u? [hoo khaht uht met oo]
I'm fine, thanks uitstekend,
dank u [owtstaykent]

is that OK? is dat goed?
[khoot]
that's fine, thanks zo is het
goed, dank u wel [oo vel]

finger de vinger [ving-er]
finish aflopen [aflohpuh]
  (completely) klaar zijn [klahr zīn]

I haven't finished yet ik ben nog niet klaar [nokh neet]

when does it finish? wanneer is het afgelopen? [vannayr is het afkhelohpuh]

fire het vuur [voor]

(blaze) de brand [brant]

fire! brand!

can we light a fire here? mogen we hier een vuur maken? [mohkhuh vuh heer uhn voor mahkuh]

it's on fire het staat in brand [staht]

fire alarm het brandalarm [brantalarm]

fire brigade de brandweer [brantvayr]

fire escape de brandtrap [brant-trap]

fire extinguisher het blusapparaat [bloos-appahraht]

first eerst [ayrst]

I was first ik was eerst [vas]

at first eerst

the first time de eerste keer [ayrstuh kayr]

first on the left de eerste straat links [straht]

first aid de eerste hulp [ayrstuh hoolp]

first-aid kit de verbanddoos [verbant-dohs]

first-class (travel etc) eerste klas [ayrstuh]

first floor de eerste verdieping [verdeeping]

(US) de begane grond [bekhahnuh khront]

first name de voornaam [vohrnahm]

fish de vis

fishmonger's de viswinkel [visvinkel]

fit (attack) de aanval [ahnval]

(healthy) fit

fit: it doesn't fit me het past me niet [muh neet]

fitting room de paskamer

fix (arrange) regelen [raykheluh]

can you fix this? (repair) kunt u dit repareren? [koont oo dit rayparayruh]

fizzy bruisend [browsent]

fizzy orange de sinas met prik [seenas]

flag de vlag [vlakh]

flannel het washandje [vashant-yuh]

flash (for camera) de flitser [flitser]

flat (apartment) de flat

(adj) plat

I've got a flat tyre ik heb een lekke band [hep uhn lekkuh bant]

flavour de smaak [smahk]

flea de vlo

Flemish Vlaams [vlahms]

flight de vlucht [vlookht]

flight number het vluchtnummer [vlookht-noommer]

flood de overstroming [ohverstrohming]

floor (of room) de vloer [vloor]

(storey) de verdieping [verdeeping]

on the floor op de grond [duh

KHront]

florist de bloemist [bloomist]

flour het meel [mayl]

flower de bloem [bloom]

flu de griep [KHreep]

fluent: he speaks fluent
Dutch hij spreekt vloeiend
Nederlands [hī spraykt vloo-yent
nayderlants]

fly de vlieg [vleeKH]
(verb) vliegen [vleeKHuh]

fog de mist

foggy: it's foggy het is mistig
[mistiKH]

folk dancing het volksdansen
[volksdansuh]

folk music de volksmuziek
[volksmoozeek]

follow volgen [volKHuh]
follow me volg mij [volKH mī]

food het voedsel [voodsel]
(in restaurant, at home) het eten
[aytuh]
(in shops) de levensmiddelen
[layvuhs-middeluh]

food poisoning de
voedselvergiftiging [voodsel-
verKHiftikHing]

food shop/store de
levensmiddelenzaak [layvuhs-
middeluhzahk]

foot (of person, measurement) de
voet [voot]
on foot te voet [tuh]

football het voetbal [vootbal]

football match de
voetbalwedstrijd [vootbal-
vedstrīt]

for: do you have something

for ...? (headache/diarrhoea etc)
heeft u iets voor ...? [hayft oo
eets vohr]

dialogues

who's the pea soup
for? voor wie is de
erwtensoep? [vohr vay]
that's for me die is voor
mij [dee is vohr mī]
and this? en dit?
that's for her dat is voor
haar [hahr]

where do I get the bus
for Artis? waar vandaan
vertrekt de bus naar Artis?
[vahr vandahn vertrekt duh boos
nahr]
the bus for Artis leaves
from the central station
de bus naar Artis vertrekt
vanaf het centraal station
[vanaf het sentrahl stahshon]

how long have you been
here? hoe lang bent u hier
al? [hoo lang bent oo heer]
I've been here for two
days, how about you? ik
ben hier nu twee dagen,
en u? [heer noo – oo]
I've been here for a week
ik ben hier nu een week
[vayk]

forehead het voorhoofd
[vohrhohft]

foreign buitenlands
[bowtuhlants]
foreigner de buitenlander
[bowtuhlander]
forest het bos
forget vergeten [verkHaytuh]
I forget, I've forgotten ik ben
het vergeten
fork de vork
(in road) de tweesprong
[tvaysprong]
form (document) het formulier
[formooleer]
formal (dress) formeel [formayl]
fortnight twee weken [tvay
vaykuh]
fortunately gelukkig
[KHelookkikH]
forward: could you forward
my mail? zou u mijn post
kunnen doorsturen? [zow oo
mīn posst koonnuh dohrstooruh]
forwarding address het adres
voor het nazenden van de
post [vohr het nahzenduh van duh
posst]
foundation (make-up) de
basiscrème [bahsiskrem]
fountain de fontein [fontīn]
foyer de foyer
fracture de breuk [browk]
France Frankrijk [frankrīk]
free vrij [vrī]
(no charge) gratis [KHrahtis]
is it free (of charge)? is het
gratis?
freeway de (auto)snelweg
[(owto)snelvekH]
freezer de diepvries [deepvrees]

French Frans
French fries de patat friet
[freet]
frequent vaak [vahk]
how frequent is the bus to
Nijmegen? hoe vaak gaat de
bus naar Nijmegen? [hoo vahk
KHaht duh boos nahr]
fresh (air) fris
(fruit, milk etc) vers [vairs]
fresh orange juice
vers sinaasappelsap
[seenahsappelsap]
Friday de vrijdag [vrīdakH]
fridge de koelkast [koolkast]
fried gebakken [KHebakkuh]
fried egg het gebakken ei [ī]
friend (male/female) de vriend/
vriendin [vreent/vreendin]
a friend of mine (male/female)
een vriend/vriendin van mij
[mī]
friendly vriendelijk [vreendelik]
from van
when does the next train from
Antwerp arrive? wanneer
komt de volgende trein uit
Antwerpen aan? [vannayr komt
duh volkHenduh trīn owt antverpuh
ahn]
from Monday to Friday
van maandag tot vrijdag
[mahndakH – vrīdakH]
from this Thursday vanaf
donderdag [vanaf]
from next Thursday (a week
on Thursday) vanaf volgende
week donderdag [volkHenduh
vayk]

dialogue

where are you from? waar
komt u vandaan? [vahr komt
oo vand**ah**n]
I'm from Slough ik kom uit
Slough [owt]

front de voorkant
[**voh**rkant]
in front vooraan [vohr**ah**n]
in front of the hotel voor het
hotel [vohr]
at the front aan de voorkant
[ahn duh]
frost de vorst [vorst]
frozen bevroren [bevr**oh**ruh]
frozen food de diepvrieseten
[deep-vrees**ay**tuh]
fruit het fruit [frowt]
fruit juice het vruchtensap
[vr**oo**KHtuhsap]
fry bakken [**ba**kkuh]
frying pan de koekenpan
[**koo**kuhpan]
full vol
it's full of ... het zit vol met ...
I'm full ik heb genoeg gegeten
[hep KHen**oo**KH KHeKH**ay**tuh]
full board volpension [vol
pensh**on**]
fun: it was fun het was leuk
[vas lurk]
funeral de begrafenis
[beKHr**ah**fuhnis]
funny (strange) vreemd
[vraymt]
(amusing) grappig
[KH**ra**ppiKH]

furniture het meubilair
[murbil**ay**r]
further verder [**vai**rder]
it's further down the road het
is een eindje verderop [uhn ïnt-
yuh vairder**op**]

dialogue

how much further is it to
Haarlem? hoe ver is het
nog naar Haarlem [hoo vair
is het noKH nahr]
about 5 kilometres
ongeveer vijf kilometer
[onKHev**ay**r – k**i**lomayter]

fuse de zekering [**zay**kering]
the lights have fused de
zekeringen zijn gesprongen
[zïn KHespr**o**nguh]
fuse box de stoppenkast
fuse wire het smeltdraad
[**sme**ltdraht]
future de toekomst [**too**komst]
in future van nu af aan [noo af
ahn]

G

game (cards etc) het spelletje
[sp**e**llet-yuh]
(match) de partij [part**ï**]
(meat) het wild [vilt]
garage (for fuel) het
benzinestation [benz**ee**nuh-
stashon]
(for repairs, parking) de garage

[KHahrahJuh]

garden de tuin [town]

garlic het knoflook [k-noflohk]

gas het gas [KHas]
(US: petrol) de benzine [benzeenuh]

gas cylinder (camping gas) de gasfles [KHasfles]

gasoline de benzine [benzeenuh]

gas-permeable lenses de poreuze lenzen [porowzuh]

gas station (for fuel) het benzinestation [benzeenuh-stahon]

gate het hek
(at airport) de gate

gay homo

gay bar het homocafé

gearbox de versnellingsbak [versnellingsbak]

gear lever de versnellingspook [versnellings-pohk]

gears de versnellingen [versnellinguh]

general algemeen [alkHemayn]

gents (toilet) het herentoilet [hayruh-twa-let]

genuine (antique etc) echt [eKHt]

German Duits [dowts]

Germany Duitsland [dowtslant]

get (fetch) halen [hahluh]
(find) krijgen [krīkHuh]
could you get me another one, please? wilt u er nog een voor mij halen, alstublieft? [vilt oo er nokH ayn vohr mī hahluh alstoobleeft]
how do I get to ...? hoe kom

ik in ...? [hoo]
do you know where I can get them? weet u waar ik ze kan krijgen? [vayt oo vahr ik zuh kan krīkHuh]

dialogue

can I get you a drink? wil je iets drinken? [vil yuh eets]
no, I'll get this one, what would you like? nee, ik betaal voor deze, wat wil je hebben? [nay ik betahl vohr dayzuh vat vil yuh]
a glass of red wine een glas rode wijn [KHlas rohduh vīn]

get back (return) terugkomen [terooKH-kohmuh]

get in (arrive) aankomen [ahnkohmuh]

get off uitstappen [owtstappuh]
where do I get off? waar moet ik uitstappen? [vahr moot]

get on (to train etc) instappen [instappuh]

get out (of car etc) uitstappen [owtstappuh]

get up (in the morning) opstaan [opstahn]

gift het cadeau [kahdoh]

gift shop de cadeauwinkel [kahdoh-vinkel]

gin de gin
(Dutch) de jenever [yenayver]
a gin and tonic, please een gin en tonic, alstublieft [uhn

– alstoobleeft]
girl het meisje [mĪshuh]
girlfriend de vriendin [vreendin]
give geven [KHayvuh]
  can you give me some
  change? kunt u mij wat
  wisselgeld geven? [koont oo mī
  vat visselKHell]
  I gave it to him ik heb het aan
  hem gegeven [hep uht ahn hem
  KHeKHayvuh]
  will you give this to ...? wil je
  dit aan ... geven? [vil yuh dit]

dialogue

how much do you want
for this? hoeveel wilt u
hiervoor hebben? [hoovayl
vilt oo heervohr]
25 guilders vijfentwintig
gulden [KHoolduh]
I'll give you 10 guilders ik
geef u tien gulden [KHayf
oo]

give back teruggeven [terooKH-
  KHayvuh]
glad blij [blī]
glass (material) het glas [KHilas]
  (for drinking) het (drink)glas
  a glass of wine een glas wijn
  [vīn]
glasses de bril
gloves de handschoenen
  [hantsKHoonuh]
glue de lijm [līm]
go gaan [KHahn]
  we'd like to go to the Efteling

we willen graag naar de
Efteling [vuh villuh KHrahKH nahr
duh]
where are you going? waar
gaat u heen? [vahr KHaht oo hayn]
where does this bus go?
waar gaat deze bus heen?
[vahr KHaht dayzuh boos]
let's go! we gaan! [vuh KHahn]
she's gone (left) ze is weg [zuh
is veKH]
where has he gone? waar is
hij heen? [vahr is hī hayn]
I went there last week ik ben
daar vorige week geweest
[dahr vohriKHuh vayk KHevayst]
hamburger to go de
hamburger om mee te
nemen [hamboorKHer om may tuh
naymuh]
go away weggaan [veKH-KHahn]
  go away! ga weg! [KHah veKH]
go back (return) teruggaan
  [torooKH-KHahn]
go down (the stairs etc) naar
  beneden gaan [nahr benayduh
  KHahn]
go in naar binnen gaan
go out (in the evening) uitgaan
  [owtKHahn]
  do you want to go out
  tonight? heb je zin om
  vanavond uit te gaan? [hep yuh
  zin om vanahvont owt tuh KHahn]
go through meemaken
  [maymahkuh]
go up (the stairs etc) naar boven
  gaan [nahr bohvuh KHahn]
goggles (for swimming) de

duikbril [dowkbril]
gold het goud [KHowt]
golf het golfen [golfuh]
golf course de golfbaan [golfbahn]
good goed [KHoot]
good! goed zo!
it's no good daar heb ik niets aan [dahr hep ik neets ahn]
goodbye tot ziens [zeens]
good evening goedenavond [KHooyuh-**ah**vont]
Good Friday Goede Vrijdag [KH**oo**duh vr**ī**dakH]
good morning goedemorgen [KHooyuh-m**or**KHuh]
good night goedenacht [KHooyuh-na**kH**t]
goose de gans [KHans]
got: we've got to leave we moeten nu weg [vuh m**oo**tuh noo vekH]
have you got any ...? heeft u ook ...? [hayft oo ohk]
government de regering [rek**Hay**ring]
gradually geleidelijk [KHel**ī**delik]
grammar de grammatica [KHramm**ah**tika]
gram(me) de gram [KHram]
granddaughter de kleindochter [kl**ī**ndoKHter]
grandfather de grootvader [KHr**oht**vahder]
grandmother de grootmoeder [KHr**oht**mooder]
grandson de kleinzoon [kl**ī**nzohn]
grapefruit de grapefruit

grapefruit juice het grapefruitsap
grapes de druiven [dr**ow**vuh]
grass het gras [KHras]
grateful dankbaar [dankbahr]
gravy de jus [Joo]
great (excellent) geweldig [KHeveld**i**kH]
that's great! dat is fantastisch! [fant**a**stees]
a great success een groot succes [uhn KHroht s**oo**kses]
Great Britain Groot-Brittannië [KHroht-britt**a**nni-uh]
Greece Griekenland [KHr**ee**kuhlant]
greedy gulzig [KH**oo**lzikH]
Greek Grieks [KHreeks]
green groen [KHroon]
green card (car insurance) het verzekeringsbewijs [verz**ay**kerings-bew**ī**s]
greengrocer's de groentewinkel [KHr**oo**ntevinkel]
grey grijs [KHr**ī**s]
grilled gegrild [KHeKHr**i**lt]
grocer's de kruidenier(swinkel) [kr0wduh**eer**(svinkel)]
ground de grond [KHront]
on the ground op de grond
ground floor de begane grond [bek**Hah**nuh]
group de groep [KHroop]
guarantee de garantie [KHahr**a**nsee]
is it guaranteed? is dat gegarandeerd? [KHeKHahran-d**ay**rt]

guest de gast [KHast]

guesthouse het pension [penshon]

guide (person) de gids [KHits]

guidebook de reisgids [rīskHits]

guided tour de rondleiding [rontlīding]

guilder de gulden [KHoolduh]

guitar de gitaar [KHitahr]

gum (in mouth) het tandvlees [tantvlays]

gun de revolver

gym de gymnastiekzaal [KHImnasteek-zahl]

H

Hague: the Hague Den Haag [hahKH]

hair het haar [hahr]

hairbrush de haarborstel [hahrborstel]

haircut de coupe [koop]

hairdresser's (men's) de herenkapper [hayruhkapper] (women's) de dameskapper [dahmeskapper]

hairdryer de haardroger [hahrdrohKHer]

hair gel de haargel [hahrJel]

hairgrips de haarspelden [hahrspelduh]

hair spray de haarlak [hahrlak]

half* half [hal-f]

half an hour een half uur [uhn hal-f oor]

half a litre een halve liter [halfvuh]

about half that ongeveer de helft daarvan [onKHevayr duh helft dahrvan]

half board halfpension [hal-f-penshon]

half-bottle de halve literfles [halfvuh]

half fare de halve prijs [prīs]

half-price tegen de halve prijs [layKHuh]

ham de ham

hamburger de hamburger [hamboorkHer]

hammer de hamer [hahmer]

hand de hand [hant]

handbag de handtas [hant-tas]

handbrake de handrem [hantrem]

handkerchief de zakdoek [zakdook]

handle (on door) de deurknop [dur-k-nop] (on suitcase etc) het handvat [hantvat]

hand luggage de handbagage [hantbakHahJuh]

hang-gliding het deltavliegen [deltavleeokHuh]

hangover de kater [kahter]

I've got a hangover ik heb een kater [hep]

happen gebeuren [KHeburuh]

what's happening? wat gebeurd er allemaal? [vat KHeboort er allemahl]

(what's on?) wat is er te doen? [tuh doon]

what has happened? wat is er gebeurd?

Ha

happy gelukkig [KHel**oo**kkiKH]
I'm not happy about this ik
ben hier niet erg blij mee
[heer neet erkH blī may]
harbour de haven [**hah**vuh]
hard hard [hart]
(difficult) moeilijk [**moo**-eelik]
hard-boiled egg het
hardgekookt ei [hartKHekohkt ī]
hard lenses de harde lenzen
[**hard**uh]
hardly nauwelijks [n**ow**eliks]
hardly ever haast nooit [hahst
noyt]
hardware shop de
ijzerwarenwinkel
[**ī**zervaruhvinkel]
hat de hoed [hoot]
hate haten [**hah**tuh]
have* hebben [**heb**buh]
can I have a ...? mag ik een ...
(hebben)? [maKH]
do you have ...? heeft u ...?
[hayft 00]
what'll you have? wat wil je
drinken? [vat vil yuh]
I have to leave now ik moet
nu weg [moot n00 veKH]
do I have to ...? moet ik ...?
can we have some ...?
kunnen we wat ... krijgen?
[**koo**nnuh vuh vat ... krī**KH**uh]
hayfever de hooikoorts
[**hoy**kohrts]
hazelnuts de hazelnoten
[**hah**zelnohtuh]
he* hij [hī]
head het hoofd [hohft]
headache de hoofdpijn

[**hoh**ftpīn]
headlights de koplampen
[**kop**lampuh]
headphones de koptelefoon
[**kop**telefohn]
health food shop de
reformwinkel [re**form**vinkel]
healthy gezond [KHezont]
hear verstaan [verst**ahn**]

dialogue

can you hear me? kun je
me verstaan? [koon yuh muh
verst**ahn**]
I can't hear you, could
you repeat that? ik kan je
niet verstaan, zou je dat
kunnen herhalen? [neet
verst**ahn** zow yuh dat **koo**nnuh
hair**hah**luh]

hearing aid het
gehoorapparaat [KHeh**ohr**-
apparaht]
heart het hart
heart attack de hartaanval
[**hart**ahnval]
heat de hitte [**hit**tuh]
heater (in room) de kachel
[**ka**KHel]
(in car) de verwarming
heating de verwarming
heavy zwaar [zvahr]
heel (of foot) de hiel [heel]
(of shoe) de hak
could you heel these? zou u
hier hakken onder kunnen
zetten? [zow 00 heer **hak**kuh

onder k**oo**nnuh]

heelbar de hakkenbar

height (of person) de lengte
[**leng**tuh]
(of mountain) de hoogte
[**hohKH**tuh]

helicopter de helikopter
[**hay**likopter]

hello hallo

helmet (for motorcycle) de
valhelm [**val**helm]

help de hulp [h**oo**lp]
(verb) helpen [**hel**puh]
help! help!
can you help me? kunt u me
helpen? [koont ∞ muh]
thank you very much for your
help heel hartelijk dank voor
uw hulp [hayl **har**telik dank vohr
∞]

helpful behulpzaam [beh**oo**lp-
zahm]

hepatitis de leverontsteking
[**lay**fver-ontstayking]

her*: I haven't seen her ik heb
haar niet gezien [hep hahr neet
KHe**seen**]
for her voor haar [vohr]
that's her dat is ze [zuh]
that's her bag dat is haar tas

herbal tea de kruidenthee
[kr**ow**duhtay]

herbs de kruiden [kr**ow**duh]

here hier [heer]
here is/are ... hier is/zijn ...
[zin]
here you are (offering: pol)
alstublieft [**a**lst∞bleeft]
(fam) alsjeblieft [**a**ls-yuhbleeft]

herring de haring [**hah**ring]

hers*: that's hers dat is van
haar [hahr]

hey! hé! [hay]

hi! (hello) hallo!

hide verbergen [ver**berK**Huh]

high hoog [hohKH]

highchair de kinderstoel
[**kinder**stool]

highway de (auto)snelweg
[(**ow**to)snelveKH]

hill de heuvel [**hur**vel]

him*: I haven't seen him ik heb
hem niet gezien [hep uhm neet
KHe**seen**]
for him voor hem [vohr hem]
that's him dat is hem [uhm]

hip de heup [hurp]

hire huren [**hoo**ruh]
for hire te huur [tuh hoor]
where can I hire a bike? waar
kan ik een fiets huren? [vahr
kan ik uhn feets]

his*: it's his car het is zijn auto
[zin]
that's his dat is van hem

hit slaan [slahn]

hitchhike liften [**lif**tuh]

hobby de hobby

hold vasthouden [**vast**-h**ow**duh]

hole het gat [KHat]

holiday de vakantie [va**kan**see]
on holiday op vakantie

Holland Nederland [**nay**derlant]

home het huis [h**ow**s]
at home (in my house etc) thuis
[t**ow**s]
(in England) bij ons in Engeland
[bi]

we go home tomorrow we gaan morgen terug naar huis [vuh KHahn morKHuh terOOKH nahr hOws]
honest eerlijk [ayrlik]
honey de honing [hohning]
honeymoon de huwelijksreis [hoo-liksrīs]
hood (US: car) de motorkap
hope: I hope so ik hoop het [hohp]
I hope not ik hoop van niet [neet]
hopefully hopelijk [hohpelik]
horn (of car) de toeter [tooter]
horrible afschuwelijk [afsKHOO-uhlik]
horse het paard [pahrt]
horse riding paardrijden [pahrt-rīduh]
hospital het ziekenhuis [zeekenhOws]
hospitality de gastvrijheid [KHastvrīhit]
thank you for your hospitality dank u voor uw gastvrijheid [oo vohr oo]
hot heet [hayt]
(spicy) pittig [pittiKH]
I'm hot ik heb het warm [hep het varm]
it's hot today het is warm vandaag
hotel het hotel
hotel room de hotelkamer [hotel-kahmer]
hour het uur [OOr]
house het huis [hOws]
house wine de huiswijn

[hOwsvīn]
hovercraft de hovercraft [hOOverkraft]
how hoe [hoo]
how many? hoeveel? [hoovayl]
how do you do? aangenaam kennis te maken [ahnKHenahm kennis tuh mahkuh]

dialogue

> how are you? hoe gaat het met u? [hoo KHaht uht met oo]
> fine, thanks, and you? uitstekend, dank u, en met u? [Owtstaykent]
>
> how much is it? wat kost het? [vat]
> 5.25 (guilders) vijf (gulden) vijfentwintig [KHOOlduh vīf-uhntwintikh]
> I'll take it dan neem ik het [naym]

humid vochtig [voKHtiKH]
hungry: I'm hungry ik heb honger [hep]
are you hungry? heeft u trek? [hayft oo]
hurry (zich) haasten [(ziKH) hahstuh]
I'm in a hurry ik heb haast [hep hahst]
there's no hurry er is geen haast bij [KHayn hahst bī]
hurry up! schiet op! [sKHeet]
hurt (verb) pijn doen [pīn doon]
it really hurts het doet echt

pijn [doot eKHt]
husband de echtgenoot [eKHt-KHenoht]
hyacinth de hyacint [hee-ahsint]
hydrofoil de vleugelboot [vlowKHelboht]

I

I* ik
ice het ijs [īs]
  with ice met ijs
  no ice, thanks zonder ijs graag [KHrahKH]
ice cream het ijsje [īshuh]
ice-cream cone het horentje [horent-yuh]
ice lolly de ijslollie [īslollee]
ice rink de ijsbaan [īsbahn]
ice skates de schaatsen [sKHahtsuh]
ice skating schaatsen [sKHahtsuh]
idea het idee [eeday]
idiot de idioot [eedi-yoht]
if als
ignition de ontsteking [ontstayking]
ill ziek [zeek]
  I feel ill ik voel me niet goed [vool muh neet KHoot]
illness de ziekte [zeektuh]
imitation (leather etc) kunst- [kōonst-]
immediately onmiddelijk [onmiddelik]
important belangrijk [belangrīk]
  it's very important het is erg belangrijk [erKH]

it's not important het is niet belangrijk [neet]
impossible onmogelijk [onmohKHelik]
impressive indrukwekkend [indrōok-vekkent]
improve verbeteren [verbayteruh]
  I want to improve my Dutch ik wil mijn Nederlands verbeteren [vil muhn nayderlants]
in: it's in the centre het is in het centrum [sentrōom]
  in my car in mijn auto
  in two days from now over twee dagen [over – dahKHuh]
  in five minutes over vijf minuten
  in May in mei [mī]
  in English in het Engels
  in Dutch in het Nederlands [nayderlants]
is he in? is hij thuis? [is-ee tows]
inch de duim [dowm]
include bevatten [bevattuh]
  does that include meals? zijn de maaltijden daarbij inbegrepen? [zin duh mahltiduh dahrbī inbeKHraypuh]
  is that included? is dat erbij inbegrepen? [erbī]
inconvenient ongelegen [onKHelayKHuh]
incredible ongelooflijk [onKHelohfelik]
Indian Indiaas [indiahs]
indicator de richtingaanwijzer

[riKHting-ahnvïzer]
indigestion
spijsverteringsproblemen
[spïsvertayrings-problaymuh]
Indonesia Indonesië [indonaysi-uh]
Indonesian Indisch [indees],
Indonesisch [indonaysis]
indoor pool het binnenbad
[binnuhbat]
indoors binnen [binnuh]
inexpensive goedkoop
[KHootkohp]
infection de infectie [infeksee]
infectious besmettelijk
[besmettelik]
inflammation de ontsteking
[ontstayking]
informal informeel [informayl]
information de informatie
[informahtsee]
  **do you have any information
  about ...?** heeft u ook
  informatie over ...? [hayft oo
  ohk – over]
information desk de
  informatiebalie [informahtsee-bahlee]
injection de injectie [in-yeksee]
injured gewond [KHevont]
  she's been injured ze is
  gewond [zuh]
in-laws de schoonouders
  [sKHohnoWders]
inner tube de binnenband
  [binnuhbant]
innocent onschuldig
  [onsKHooldiKH]
insect het insekt

insect bite de insektenbeet
[insektuhbayt]
  **do you have anything for
  insect bites?** heeft u iets
  tegen insektenbeten? [oo eets
  tayKHuh insektuh-baytuh]
insect repellent het
  insektenwerend middel
  [insektuh-vayrent]
inside binnen [binnuh]
  inside the hotel in het hotel
  let's sit inside laten we
  binnen zitten [lahtuh vuh]
insist aandringen [ahndringuh]
  I insist ik sta erop
insomnia de slapeloosheid
  [slahpelohs-hït]
instant coffee de oploskoffie
  [oploskoffee]
instead in plaats daarvan
  [plahts dahrvan]
  give me that one instead geef
  me die er maar voor in de
  plaats [KHayf muh dee er mahr vohr
  in duh plahts]
  instead of ... in plaats van ...
insulin de insuline [insooleenuh]
insurance de verzekering
  [verzaykering]
intelligent intelligent
  [intellikHent]
interested: I'm interested in ...
  ik ben geïnterresseerd in ...
  [KHeh-interresayrt]
interesting interessant
  that's very interesting dat is
  erg interessant [erkH]
international internationaal
  [internahshonahl]

interpret tolken [**to**lkuh]
interpreter de tolk
intersection het kruispunt
[kr**OW**sp**OO**nt]
interval (at theatre) de pauze
[**p**OWzuh]
into in
I'm not into ... ... interess**eert**
mij niet [mī neet]
introduce voorstellen
[**vohr**stelluh]
may I introduce ...? mag ik ...
aan u voorstellen? [maкн – ahn
oo]
invitation de uitnodiging
[**OW**tnohdikнing]
invite uitnodigen [**OW**tnohdiкнuh]
Ireland Ierland [**eer**lant]
Irish Iers [eers]
I'm Irish ik kom uit Ierland
[owt **eer**lant]
iron (for ironing) het strijkijzer
[**strī**kizer]
can you iron these for
me? kunt u deze voor me
strijken? [koont oo **day**zuh vohr
muh **strī**kuh]
is* is
island het eiland [**ī**lant]
it het
it is ... het is ...
is it ...? is het ...?
where is it? waar is het? [vahr]
it's him hij is het [hī]
it was ... het was ... [vas]
Italian Italiaans [eetal-**yahns**]
Italy Italië [i**tahl**i-uh]
itch: it itches het jeukt [yuwkt]

J

jack (for car) de krik
jacket het jack [yak]
(suit) het jasje [**yas**-yuh]
jam de jam [jem]
jammed: it's jammed het zit
vast
January januari [yan**oo**-**ahri**]
jar de pot
jaw de kaak [kahk]
jazz jazz
jealous jaloers [yal**oors**]
jeans de spijkerbroek
[**spī**kerbrook]
jellyfish de kwal [kval]
jersey de trui [trow]
jetty de aanlegsteiger [**ahn**leкн-
stīkнer]
jeweller's de juwelier [yoo-
uh**leer**]
jewellery de juwelen [yoo-**ay**luh]
Jewish Joods [yohts]
job de baan [bahn]
jogging joggen [**jo**кнuh]
to go jogging gaan joggen
[кнahn]
joke de grap [кнrap]
journey de reis [rīs]
have a good journey! goeie
reis! [кн**oo**-yuh]
jug de kan
a jug of water een kan water
[uhn kan **vah**ter]
juice het (vruchten)sap
[(vr**oo**кнtuh)sap]
July juli [**yoo**li]
jump springen [**spring**uh]

jumper de trui [trow]
jump leads de accukabels
[akkōokabels]
junction de kruising [krowsing]
June juni [yōoni]
just (only) alleen [allayn]
just two maar twee [mahr]
just for me alleen voor mij
[vohr mī]
just here hier [heer]
not just now nu even niet [nōo
ayvuh neet]
we've just arrived we zijn
net aangekomen [vuh zīn net
ahnkHekomuh]

K

keep houden [howduh]
keep the change zo is het
goed [KHoot]
can I keep it? mag ik het
houden? [maKH]
please keep it u kunt het
houden [ōo koont]
ketchup de ketchup
kettle de ketel [kaytel]
key de sleutel [slowtel]
the key for room 201, please
de sleutel voor kamer 201,
alstublieft [vohr kahmer tvay-
hondert-ayn alstōobleeft]
keyring de sleutelring
[slowtelring]
kidneys de nieren [neeruh]
kill doden [dohduh]
kilo de kilo
kilometre de kilometer

[kilomayter]
how many kilometres is it
to ...? hoeveel kilometer is
het naar ...? [hoovayl – nahr]
kind (generous) vriendelijk
[vreendelik]
that's very kind dat is erg
vriendelijk [erkH]

dialogue

which kind do you want?
welke soort wilt u? [velkuh
sohrt vilt ōo]
I want this/that kind ik
wil deze/die soort [vil
dayzuh/dee]

king de koning
kiosk de kiosk
kiss de kus [kōos]
(verb) kussen [kōossuh]
kitchen de keuken [kowkuh]
kitchenette de kleine keuken
[klīnuh]
knee de knie [k-nee]
knickers het damesslipje
[dahmes-slip-yuh]
knife het mes
knock kloppen [kloppuh]
knock down aanrijden
[ahnrīduh]
he's been knocked down
hij is aangereden [hī is
ahnkHerayduh]
knock over (object) omgooien
[omkHoyuh]
(pedestrian) omverrijden
[omverrīduh]

know (somebody, place) kennen
[**ken**nuh]
(something) weten [**vay**tuh]
I don't know ik weet het niet
[vayt het neet]
I didn't know that dat wist ik
niet [vist]
**do you know where I can
find ...?** weet u waar ik ...
kan vinden? [vayt oo vahr
– **vin**duh]

L

label het etiket
(for suitcase) de label
ladies' room, ladies' toilets het
damestoilet [**dah**mes-twa-let]
ladies' wear de dameskleding
[**dah**mes-klayding]
lady de dame [**dah**muh]
lager het pils
a glass of lager een pilsje [uhn
pilshuh]
lake het meer
lamb (meat) het lamsvlees
[**lams**vlays]
lamp de lamp
lane (on motorway) de rijstrook
[**rī**-strohk]
(small road) het weggetje
[**ve**KHet-yuh]
language de taal [tahl]
language course de taalcursus
[**tahl**-koorsoos]
large groot [KHroht]
last* (neuter) laatst [lahtst]
(common gender) laatste

[**laht**stuh]
last week vorige week
[**voh**riKHuh vayk]
last Friday afgelopen vrijdag
[**af**KHelopuh]
last night gisteravond
[KHister**ah**vont]
**what time is the last train to
Groningen?** hoe laat gaat de
laatste trein naar Groningen?
[hoo laht KHaht duh **laht**stuh trin
nahr]
late laat [laht]
sorry I'm late sorry dat ik zo
laat ben
the train was late de trein was
te laat [vas tuh]
we must go – we'll be late we
moeten gaan – anders komen
we te laat [vuh **moo**tuh KHahn]
it's getting late het wordt laat
[vort]
later later [**lah**ter]
I'll come back later ik kom
straks terug [ter**oo**KH]
see you later tot straks
later on later [**lah**ter]
latest laatste [**laht**stuh]
by Wednesday at the latest
niet later dan woensdag [neet
lahter]
laugh lachen [**la**KHuh]
launderette, laundromat de
wasserette [vasse**ret**tuh]
laundry (clothes) het wasgoed
[**vas**KHoot]
(place) de wasserij [vasse**rī**]
lavatory de w.c. [vay-**say**]
law de wet [vet]

lawn het grasveld [кнrasvelt]
lawyer (man/woman) de advocaat/advocate [advokaht/advokahtuh]
laxative het laxeermiddel [laxayrmiddel]
lazy lui [low]
lead (electrical) het (electrisch) snoer [(aylektrees) snoor]
(verb) leiden [līduh]
where does this road lead to? waar gaat deze weg naartoe? [vahr кнaht dayzuh vekh nahrtoo]
leaf het blad [blat]
leaflet de brochure [brohshooruh]
leak de lekkage [lekkahsh-uh]
(verb) lekken [lekkuh]
the roof leaks het dak lekt
learn leren [layruh]
least: not in the least helemaal niet [helemahl neet]
at least ten minste [minstuh]
leather het leer
leave vertrekken [vertrekkuh]
I am leaving tomorrow ik vertrek morgen [vertrek morкнuh]
he left yesterday hij is gisteren vertrokken [hī is кнisteruh vertrokkuh]
may I leave this here? kan ik dit hier laten liggen? [heer lahtuh liкнuh]
I left my coat in the bar ik heb mijn jas in de bar laten liggen [hep]
when does the bus for Breda leave? wanneer vertrekt

de bus naar Breda? [vannayr vertrekt duh boos nahr]
leeks de prei [prī]
left links
on the left, to the left aan de linkerkant [ahn duh]
turn left ga naar links [кнa nahr]
there's none left er is er geen een over [кнayn ayn ohver]
left-handed linkshandig [linkshandiкн]
left luggage (office) het bagagedepot [baкнahJuh-daypoh]
leg het been [bayn]
lemon de citroen [sitroon]
lemonade de limonade [limonahduh]
lemon tea de citroenthee [sitroontay]
lend lenen [laynuh]
will you lend me your ... ? kunt u mij uw ... lenen? [koont oo mī oo]
lens (of camera) de lens
lesbian lesbisch [lesbees]
less minder
less than minder dan
less expensive niet zo duur [neet zo]
lesson de les
let (allow) laten [lahtuh]
will you let me know? laat u het me weten? [laht oo het muh vaytuh]
I'll let you know ik laat het u weten
let's go for something to eat

laten we wat gaan eten [vuh vat KHahn **ay**tuh]

let off laten uitstappen [**lah**tuh **owt**stappuh]

will you let me off at ...? wilt u mij uit laten stappen bij ...? [vilt ∞ mī owt **lah**tuh stappuh bī]

letter de brief [breef]

do you have any letters for me? is er post voor me? [posst vohr muh]

letterbox de brievenbus [breevuhb∞s]

lettuce de sla

lever de hendel

library de bibliotheek [bibliotayk]

licence de vergunning [verKHoonning]

lid het deksel

lie (tell untruth) liegen [leeKHuh]

lie down gaan liggen [KHahn liKHuh]

life het leven [**lay**vuh]

lifebelt de reddingsgordel [reddingsKHordel]

lifeguard de strandwacht [strantvakHt]

life jacket het reddingsvest [reddingsvest]

lift (in building) de lift

could you give me a lift? zou u mij een lift kunnen geven? [zow ∞ mī uhn lift koonnuh KHayvuh]

would you like a lift? wil je een lift hebben? [vil yuh uhn lift hebbuh]

light het licht [liKHt]

(not heavy) licht

do you have a light? (for cigarette) heeft u een vuurtje? [hayft ∞ uhn v**oo**rt-yuh]

light green lichtgroen [liKHtKHr**oo**n]

light bulb de gloeilamp [KHl**oo**-eelamp]

I need a new light bulb ik heb een nieuwe gloeilamp nodig [hep uhn new-uh KHl**oo**-eelamp **noh**dikH]

lighter (cigarette) de aansteker [**ahn**steker]

lightning de bliksem

like houden van [**how**duh van]

I like it (food) ik vind het lekker [vint]

(situation, activity) ik vind het leuk [l**ow**k]

(view, ornament etc) ik vind het mooi [moy]

I like going for walks ik houd van wandelen [howt van **van**deluh]

I like you ik vind je aardig [yuh **ahr**dikH]

I don't like it (food) ik vind het niet lekker [neet]

(situation, activity) ik vind het niet leuk [l**ow**k]

(view, ornament etc) ik vind het niet mooi [moy]

do you like ...? hou je van ...? [how yuh van]

I'd like a beer ik wil graag een biertje [vil KHrahKH uhn **beert**-yuh]

I'd like to go swimming ik wil graag gaan zwemmen [KHahn

would you like a drink? wilt u iets drinken? [vilt oo eets]
would you like to go for a walk? zullen we een wandeling gaan maken? [zoolluh vuh uhn vandeling khahn mahkuh]
what's it like? hoe is dat? [hoo]
I want one like this ik wil er zo een [vil er zo ayn]
lily de lelie [laylee]
lime de limoen [limoon]
lime cordial de limoensiroop [limoonsirohp]
line (on paper) de regel [raykhel] (phone) de lijn [līn]
could you give me an outside line? kunt u mij een buitenlijn geven? [koont oo mī uhn bowtuhlīn khayvuh]
lips de lippen [lippuh]
lip salve de lippenzalf
lipstick de lippenstift
liqueur de likeur [likur]
listen luisteren [lowsteruh]
litre de liter
a litre of white wine een liter witte wijn
little klein [klīn]
just a little, thanks een klein beetje graag [bayt-yuh khrahkh]
a little milk een klein scheutje melk [skhurt-yuh]
a little bit more ietsje meer [eets-yuh mayr]
live leven [layvuh]
we live together we wonen samen [vuh vohnuh sahmuh]

dialogue

where do you live? waar woon je? [vahr vohn yuh]
I live in London ik woon in Londen

lively (town) druk [drook] (person) levendig [layvendikh]
liver de lever [layver]
loaf het brood [broht]
lobby (in hotel) de lounge
lobster de kreeft [krayft]
local in de omgeving [duh omkhayving]
can you recommend a local restaurant? kunt u een restaurant hier in de omgeving aanbevelen? [koont oo uhn restowrant heer in duh omkhayving ahnbevayluh]
local call het lokale gesprek [lokahluh khesprek]
lock het slot
(on canal) de sluis [slows]
(verb) op slot doen [doon]
it's locked het zit op slot
lock in insluiten [inslowtuh]
lock out buitensluiten [bowtuhslowtuh]
I've locked myself out ik heb mezelf buitengesloten [hep muhzelf bowtuhkheslohtuh]
locker (for luggage etc) de bagagekluis [bakhahJuh-klows]
lollipop de lollie [lollee]
London Londen
long lang
how long will it take to fix it?

78

hoe lang duurt het om het te maken? [hoo lang doort het om het tuh mahkuh]

how long does it take? hoe lang duurt het?

a long time een lange tijd [uhn languh tīt]

one day/two days longer een/twee dagen langer

long-distance call het interlokaal gesprek [interlokahl KHesprek]

look: I'm just looking, thanks ik kijk alleen wat rond [kik allayn vat ront]

you don't look well je ziet er niet zo goed uit [yuh zeet er neet zo KHoot owt]

look out! kijk uit!

can I have a look? mag ik even kijken? [makH ik ayvuh kīkuh]

look after zorgen voor [zorkHuh vohr]

look at kijken naar [kīkuh nahr]

look for zoeken [zookuh]

I'm looking for ... ik ben op zoek naar ... [zook nahr]

look forward to ergens naar uitkijken [erkHens nahr owtkīkuh]

I'm looking forward to it ik kijk ernaar uit [kīk ernahr owt]

loose (handle etc) los

lorry de vrachtwagen [vrakHt-vahKHuh]

lose verliezen [verleesuh]

I've lost my way ik ben verdwaald [verdvahlt]

I'm lost, I want to get to ... ik ben verdwaald, ik wil naar ... [vil nahr]

I've lost my bag ik ben mijn tas verloren [muhn tas verlohruh]

lost property (office) (het bureau voor) gevonden voorwerpen [(booroh vohr) KHevonduh vohrverpuh]

lot: a lot, lots veel [vayl]

not a lot niet veel [neet]

a lot of people veel mensen

a lot bigger veel groter [KHrohter]

lotion de lotion [lohshon]

loud luid [lowt]

lounge de lounge

love de liefde [leefduh]

(verb) houden van [howduh]

I love Holland ik hou van Nederland [how van nayderlant]

lovely prachtig [prakHtiKH]

low laag [lahKH]

luck het geluk [KHelook]

good luck! veel succes! [vayl sookses]

luggage de bagage [bakHahJuh]

luggage trolley het bagagewagentje [bakHahJuh-vahKHent-yuh]

lump (on body) de bult [boolt]

lunch de lunch [loonsh]

lungs de longen [long-uh]

Luxembourg Luxemburg [looxemboorkH]

luxurious luxueus [loox-urs]

luxury luxe [looxuh]

M

machine de machine
[masheenuh]
mackerel de makreel [makrayl]
mad (insane) gek [KHek]
(angry) boos [bohs]
magazine het tijdschrift
[tītsKHrift]
maid (in hotel) het kamermeisje
[kahmer-mīshuh]
maiden name de meisjesnaam
[mīshuhs-nahm]
mail de post [posst]
(verb) posten [posstuh]
is there any mail for me? is er
post voor mij? [vohr mī]
mailbox de brievenbus
[breevuhbɔɔs]
main hoofd- [hohft-]
main course het hoofdgerecht
[hohft-KHereKHt]
main post office het
hoofdpostkantoor [hohft-
posstkantohr]
main road de hoofdweg [hohft-
veKH]
mains switch de
elektriciteitsschakelaar
[aylektrisitīts-sKHahkelahr]
make (brand name) het merk
(verb) maken [mahkuh]
I make it 95 guilders ik kom
op vijfennegentig gulden
[KHɔɔlduh]
what is it made of? waar is
het van gemaakt? [vahr is het
van KHemahkt]

make-up de make-up
man de man
manager (hotel, business) de
manager
(restaurant) de chef
can I see the manager? mag
ik de chef even spreken?
[maKH ik duh shef ayvuh spraykuh]
manageress (hotel, business) de
manageress
(restaurant) de chef
many veel [vayl]
not many niet veel [neet]
map de kaart [kahrt]
network map de
transportkaart [transportkahrt]
March maart [mahrt]
margarine de margarine
[marKHah-reenuh]
marijuana de marihuana
[marɔɔwahna]
market de markt
marmalade de marmelade
[marmelahduh]
married: I'm married ik ben
getrouwd [KHetrowt]
are you married? bent u
getrouwd? [ɔɔ]
mascara de mascara [maskahra]
match (football etc) de wedstrijd
[vedstrīt]
matches de lucifers [lɔɔsifers]
material (fabric) de stof
matter: it doesn't matter het
geeft niet [KHayft neet]
what's the matter? wat is er?
[vat]
mattress de matras
May mei [mī]

may: may I have another one?
mag ik er nog een? [maKH ik er
noKH ayn]
may I come in? mag ik
binnenkomen?
may I see it? mag ik het even
zien? [ayvuh zeen]
may I sit here? mag ik hier
gaan zitten? [heer KHahn]
maybe misschien [missKHeen]
mayonnaise de mayonaise
[mah-yonaysuh]
me* me [muh]
(emphatic) mij [mī]
that's for me dat is voor mij
[vohr]
send it to me stuur het naar
mij [stōor het nahr]
me too ik ook [ohk]
meal de maaltijd [mahltīt]

dialogue

did you enjoy your meal?
heeft het gesmaakt? [hayft
uht KHesmahkt]
it was excellent, thank you
Ja, het was heerlijk, dank
u wel [ya het vas hayrlik dank
oo vel]

mean (verb) bedoelen [bedooluh]
what do you mean? wat
bedoelt u? [vat bedoolt oo]

dialogue

what does this word
mean? wat betekent dit

woord? [vat betaykent dit
vohrt]
it means ... in English in
het Engels betekent het ...

measles de mazelen [mahzeluh]
German measles de
rodehond [rohdehont]
meat het vlees [vlays]
mechanic de monteur [montur]
medicine het medicijn
[maydeesīn]
medium (size) gemiddeld
[KHemiddelt]
medium-dry medium-dry
medium-rare medium
medium-sized middelgroot
[middelKHroht]
meet afspreken [afspraykuh]
nice to meet you aangenaam
[ahnKHenahm]
where shall I meet you? waar
zullen we afspreken? [vahr
zoolluh vuh]
meeting de vergadering
[verKHahdering]
meeting place de
ontmoetingsplaats
[ontmootings-plahts]
melon de meloen [meloon]
men de mannen [mannuh]
mend maken [mahkuh]
could you mend this for me?
kunt u dit voor me maken?
[koont oo dit vohr muh]
men's room het herentoilet
[hayruh-twa-let]
menswear de herenkleding
[hayruh-klayding]

mention noemen [**noo**muh]

don't mention it geen dank [**KH**ayn]

menu het menu [men**oo**], de kaart [kahrt]

may I see the menu, please? kan ik de kaart krijgen? [duh kahrt krī**KH**uh]

see menu reader page 196

message de boodschap [**boh**tsk**H**ap]

are there any messages for me? heeft er iemand een boodschap voor me achtergelaten? [hayft er **ee**mant uhn **boh**tsk**H**ap vohr muh a**KH**terk**H**elahtuh]

I want to leave a message for ... ik wil graag een boodschap achterlaten voor ... [vil **KH**rah**KH**]

metal het metaal [may**tahl**]

metre de meter [**may**ter]

microwave (oven) de magnetron [ma**KH**naytron]

midday middag [**midda**k**H**]

at midday tussen de middag [**too**ssuh duh]

middle: in the middle in het midden [**midd**uh]

in the middle of the night middenin de nacht [duh na**KH**t]

the middle one de middelste [**midd**elstuh]

midnight middernacht [**midd**erna**KH**t]

at midnight om twaalf uur 's nachts [tvahlf **oo**r sna**KH**ts]

might: I might misschien

[miss**KH**een]

I might not misschien niet [neet]

I might want to stay another day ik wil misschien een dag langer blijven [vil miss**KH**een ayn da**KH** langer blīvuh]

migraine de migraine [meeg**rayn**uh]

mild zacht [za**KH**t]

mile de mijl [mīl]

milk de melk

milkshake de milkshake

mill de molen [**moh**luh]

millimetre de millimeter [**milli**mayter]

minced meat het gehakt [**KH**e**hakt**]

mind: never mind het geeft niks [**KH**ayft]

I've changed my mind ik ben van gedachten veranderd [**KH**eda**KH**tuh verandert]

dialogue

do you mind if I open the window? heeft u er bezwaar tegen als ik het raam open doe? [hayft **oo** er bez**vahr** tay**KH**uh als ik uht rahm **oh**puh doo]
no, I don't mind nee, ik vind het niet erg [nay ik vint uht neet air**KH**]

mine*: it's mine het is van mij [mī]

mineral water het spawater
[spah-vahter]

fizzy mineral water spa rood
[roht]

still mineral water spa blauw
[blow]

mints de mentholsnoepjes
[mentol-snoop-yes]

minute de minuut [min00t]

in a minute zo meteen
[metayn]

just a minute een ogenblikje
[uhn ohkHenblik-yuh]

mirror de spiegel [speeKHel]

Miss mevrouw [mevrow]

miss: I missed the bus ik
hebt de bus gemist [duh b00s
KHemist]

missing ontbrekend
[ontbraykent]

one of my ... is missing er
ontbreekt een van mijn ...
[ontbraykt ayn van muhn]

there's a suitcase missing er
is een koffer zoek [z00k]

mist de mist

mistake de fout [fowt]

I think there's a mistake ik
geloof dat er een fout in zit
[KHelohf dat er uhn fowt]

sorry, I've made a mistake
sorry, ik heb een fout
gemaakt [hep uhn fowt
KHemahkt]

misunderstanding het
misverstand [misverstant]

mix-up: sorry, there's been
a mix-up sorry, er is een
vergissing gemaakt [uhn

verKHissing KHemahkt]

mobile phone de GSM
[KHay-ess-em], de mobiele
telefoon [mobeeluh
telefohn]

modern modern [mohdairn]

modern art gallery het
museum van moderne kunst
[m00say-um van mohdairnuh
k00nst]

moisturizer de
vochtinbrengende crème
[voKHt-inbrenguhduh krem]

moment: I won't be a moment
ik ben zo terug [ter00KH]

monastery het
(mannen)klooster
[(mannuh)klohster]

Monday maandag
[mahndaKH]

money het geld [KHelt]

month de maand [mahnt]

monument het monument
[mohn00ment]

moon de maan [mahn]

moped de bromfiets
[bromfeets]

more* meer [mayr]

can I have some more water,
please? mag ik nog wat
water, alstublieft? [maKH ik
noKH vat vahter alst00bleeft]

more expensive/more
interesting duurder/
interessanter [d00rder]

more than 50 meer dan vijftig

more than that nog meer
[noKH]

a lot more veel meer [vayl]

dialogue

would you like some more? wilt u nog wat (meer)? [vilt ∞ noKH vat (mayr)]
no, no more for me, thanks nee, voor mij niet, dank u wel [nay vohr mī neet dank ∞ vel]
how about you? en u?
I don't want any more, thanks ik wil ook niet meer, dank u wel [vil ohk neet]

morning de morgen [morKHuh]
 this morning vanochtend [vanoKHtent]
 in the morning 's morgens [smorKHens]
mosquito de mug [m∞KH]
most: I like this one most of all deze bevalt me het beste [dayzuh bevalt muh het bestuh]
 most of the time meestal [maystal]
 most tourists de meeste toeristen [maystuh]
 mostly vooral [vohral]
mother de moeder [mooder]
mother-in-law de schoonmoeder [sKHohn-mooder]
motorbike de motorfiets [motorfeets]
motorboat de motorboot [motorboht]
motorway de (auto)snelweg

[(owto)snelveKH]
mountain de berg [berKH]
mouse de muis [mows]
moustache de snor
mouth de mond
mouth ulcer de mondzweer [montzvayr]
move bewegen [bevayKHuh]
 he's moved to another room hij is naar een andere kamer verhuisd [hī is nahr uhn anderuh kahmer verhowst]
 could you move your car? zou u uw auto kunnen verzetten? [zow ∞ ∞ owto koonnuh verzetten]
 could you move up a little? zou u wat op kunnen schuiven? [zow ∞ vat op koonnuh sKHowvuh]
 where has it moved to? waar is het heen verhuisd? [vahr is uht hayn verhowst]
 where has it been moved to? waar is het neergezet? [nayrKHezet]
movie de film
movie theater de bioscoop [bioskohp]
Mr mijnheer [muhnayr]
Mrs, Ms mevrouw [mevrow]
much veel [vayl]
 much better/worse veel beter/slechter [bayter/sleKHter]
 much hotter veel heter
 not much niet veel [neet]
 not very much niet zo veel
 I don't want very much ik wil niet zo veel

mud de modder

mug (for drinking) de beker
[**bay**ker]

I've been mugged ik ben
beroofd [be**rohft**]

mum ma, mama

mumps de bof

museum het museum
[m∞**say**um]

mushrooms de champignons
[shampin-**yon**]

music de muziek [m∞**zeek**]

musician (man/woman) de
musicus/musicienne
[**moo**sik∞s/m∞sish**ennuh**]

Muslim Mohammedaans
[mohammed**ahns**]

mussels de mosselen
[**moss**uhluh]

must*: I must ik moet [moot]

I mustn't drink alcohol ik
moet geen alcohol drinken
[**kh**ayn]

mustard de mosterd [**most**ert]

my* mijn [mīn]

myself: I'll do it myself ik doe
het zelf [doo]

by myself alleen [al**layn**]

N

nail (finger) de nagel [**nah**khel]

(metal) de spijker [**spī**ker]

nailbrush het nagelborsteltje
[**nah**khelborstelt-yuh]

nail varnish de nagellak
[**nah**khellak]

name de naam [nahm]

my name's John ik heet John
[hayt]

what's your name? wat is uw
naam? [vat is ∞ nahm]

what is the name of this
street? hoe heet deze straat?
[hoo hayt **day**zuh straht]

napkin het servet

nappy de luier [**low**-yer]

narcissus de narcis

narrow (street) nauw [now]

nasty (person, weather) akelig
[**ah**kelikh]

(accident) ernstig [**ernst**ikh]

national nationaal
[nasho**nahl**]

nationality de nationaliteit
[nashonali**tīt**]

natural natuurlijk [na**toor**lik]

nausea de misselijkheid
[**missel**ikhīt]

navy (blue) donkerblauw
[donkerb**low**]

near dichtbij [**dikht**bī], vlakbij
[**vlak**bī]

is it near ...? is het vlakbij ...?

do you go near ...? komt u
in de buurt van ...? [∞ in duh
b∞rt]

where is the nearest ...? waar
is de dichtstbijzijnde ...? [vahr
is duh **dikht**st-bī**zīn**duh]

nearby dichtbij [**dikht**bī]

nearly bijna [**bī**na]

necessary noodzakelijk
[noht**zah**kelik]

neck de nek

necklace de halsketting

necktie de stropdas

need: I need ... ik moet ...
[moot]
do I need to pay? moet ik
betalen? [betahluh]
needle de naald [nahlt]
negative (film) het negatief
[naykHateef]
neither: neither (one) of them
geen van beiden [KHayn van
bīduh]
neither ... nor ... noch ...
noch ... [noKH]
nephew de neef [nayf]
net (in sport) het net
Netherlands Nederland
[nayderlant]
never nooit [noyt]

dialogue

have you ever been to
Utrecht ? bent u wel eens
in Utrecht geweest? [oo vel
ayns in ootreKHt KHevayst]
no, never, I've never been
there nee, daar ben ik nog
nooit geweest [nay dahr ben
ik noKH noyt]

new nieuw [new]
news (radio, TV etc) het nieuws
[news]
newsagent's de tijdschriftenwinkel [tītsKHriftuh-vinkel]
newspaper de krant
newspaper kiosk de
krantenkiosk
New Year Nieuwjaar [new-
yahr]

Happy New Year! Gelukkig
Nieuwjaar! [KHeloOkkikH]
New Year's Eve
Oudejaarsavond [owduh-yahrs-
ahvont]
New Zealand Nieuw-Zeeland
[new-zaylant]
New Zealander: I'm a New
Zealander ik kom uit Nieuw-
Zeeland [owt]
next volgend [volKHent]
the next turning/street on
the left de volgende bocht/
straat links [volKHenduh boKHt/
straht]
at the next stop bij de
volgende halte [bī duh]
next week volgende week
[vayk]
next to naast [nahst]
nice (food) lekker
(looks) leuk [lowk]
(person) aardig [ahrdikH]
(view) mooi [moy]
niece de nicht [nikHt]
night de nacht [nakHt]
at night 's nachts [snakHts]
good night goedenacht
[KHooyuh-nakHt]

dialogue

do you have a single room
for one night? heeft u een
eenpersoonskamer voor
een nacht? [hayft oo uhn
aynpersohns-kahmer vohr ayn
nakHt]
yes, madam ja, mevrouw

[ya mevr**ow**]
how much is it per night?
wat kost het per nacht?
[**vat**]
it's 125 guilders
for one night het is
honderdvijfentwintig
gulden per nacht
[**KH**oolduh]
thank you, I'll take it dank
u wel, dan neem ik hem
[oo vel dan naym]

nightclub de nachtclub
[na**KH**tkloop]
nightdress de nachtjapon
[na**KH**t-yahpon]
night porter de nachtportier
[na**KH**tporteer]
no nee [nay]
I've no change ik heb geen
wisselgeld [hep **KH**ayn vissel**KH**elt]
there's no ... left er is geen ...
meer [mayr]
no way! het is niet waar! [neet
vahr]
oh no! (upset) o nee toch! [nay
to**KH**]
nobody niemand [**nee**mant]
there's nobody there er is
niemand
noise het lawaai [lav**ī**]
noisy: it's too noisy het is te
lawaaierig [tuh lav**ah**-yuhri**KH**]
non-alcoholic niet-alcoholisch
[neet-alko**ho**lees]
none niets [neets]
non-smoking compartment de
niet-roken coupé [neet-**roh**kuh

koop**ay**]
noodles de noedels [**noo**dels]
noon middag [**midda**KH]
at noon om twaalf uur
's middags [tvahlf oor smidda**KH**s]
no-one niemand [**nee**mant]
nor: nor do I ik ook niet [ohk
neet]
normal normaal [nor**mahl**]
north het noorden [**nohr**duh]
in the north in het noorden
to the north naar het noorden
[nahr]
north of Amsterdam ten
noorden van Amsterdam
northeast het noordoosten
[nohr**tohs**tuh]
northern noordelijk [**nohr**delik]
Northern Ireland Noord-
Ierland [nohrt-**eer**lant]
North Sea de Noordzee
[**nohrt**zay]
northwest het noordwesten
[nohrd**ves**tuh]
Norway Noorwegen
[**nohr**vayKHuh]
Norwegian Noors [nohrs]
nose de neus [nows]
nosebleed de neusbloeding
[**nows**blooding]
not* niet [neet]
I don't want to ik wil niet
it's not necessary het is niet
nodig [neet **noh**diKH]
I didn't know that dat wist ik
niet [vist]
no, I'm not hungry nee, ik heb
geen honger [nay ik hep KHayn]
not that one – this one niet

die – maar deze [dee mahr dayzuh]

note (banknote) het bankbiljet [bankbil-yet]

notebook (paper) het notitieboekje [nohteetsee-book-yuh]

notepaper (for letters) het schrijfpapier [sKHrīfpapeer]

nothing niets [neets]

nothing for me, thanks voor mij niet, dank u wel [vohr mī neet dank oo vel]

nothing else niets anders

novel de roman [rohman]

November november

now nu [noo]

number het nummer [noommer]

(figure) het cijfer [sīfer]

I've got the wrong number ik heb het verkeerde nummer gedraaid [hep het verkayrduh noommer KHedrīt]

what is your phone number? wat is uw telefoonnummer? [vat is oo telefohn-noommer]

number plate de nummerplaat [noommer-plaht]

nurse (man/woman) de verpleger/verpleegster [verplayKHer/verplayKHster]

nursery (for plants) de kwekerij [kwaykerī]

nut (for bolt) de moer [moor]

nutmeg de nootmuskaat [nohtmooskaht]

nuts de noten [nohtuh]

O

occupied (toilet, phone) bezet

o'clock* uur [ōr]

October oktober

odd (strange) vreemd [vraymt]

of* van

off (lights) uit [owt]

it's just off Leidseplein het is vlakbij het Leidseplein [vlakbī]

we're off tomorrow we vertrekken morgen [vuh vertrekkuh morKHuh]

offensive (language, behaviour) beledigend [belaydikHent]

office (place of work) het kantoor [kantohr]

officer (said to policeman) agent [ahKHent]

often vaak [vahk]

not often niet vaak [neet]

how often are the buses? hoe vaak gaan de bussen? [hoo vahk KHahn duh boossuh]

oil (for car) de olie [ohlee]

(for salad) de slaolie [slah-ohlee]

ointment de zalf

OK oké

are you OK? bent u in orde? [oo in orduh]

is that OK with you? vindt u dat goed? [vint oo dat KHoot]

is it OK to park here? mag ik hier parkeren? [maKH ik heer parkayruh]

that's OK, thanks het geeft niet dank u [KHayft neet dank oo]

I'm OK (nothing for me) ik heb genoeg gehad [hep кнеnooкн кнеhat]

(I feel OK) met mij is het goed [mī is het кноot]

is this train OK for ...? is dit de trein naar ...? [duh trīn nahr]

I said I'm sorry, OK? ik zei toch dat het me spijt? [zī toкн dat uht muh spīt]

old oud [owt]

dialogue

how old are you? hoe oud ben je? [hoo owt ben yuh]

I'm 25 ik ben vijfentwintig **and you?** en jij? [yī]

old-fashioned ouderwets [owderwets]

old town (old part of town) het oude stadsdeel [owduh statsdayl]

in the old town in het oude stadsdeel

olives de olijven [ohlīvuh]

omelette de omelet

on* op

on the street/beach op straat/het strand

is it on this road? ligt het aan deze weg? [likнt uht ahn dayzuh veкн]

on the plane in het vliegtuig

on Saturday op zaterdag

on television op de televisie [televeesee]

I haven't got it on me ik heb

het niet bij me [hep het neet bī muh]

this one's on me (drink) deze betaal ik [dayzuh betahl]

the light wasn't on het licht was niet aan [likнt vas neet ahn]

what's on (TV) tonight? wat is er vanavond op TV? [vanahvont op tayvay]

once (one time) een keer [ayn keer]

at once (immediately) meteen [metayn]

one* een [ayn]

the white one de witte [duh vittuh]

one-way ticket: a one-way ticket to ... een enkele reis naar... [uhn enkeluh ris nahr], een enkeltje naar... [enkelt-yuh]

onion de ui [ow]

only maar [mahr]

only one maar een [ayn]

it's only 6 o'clock het is pas zes uur [оor]

I've only just got here ik ben hier nog maar net aangekomen [heer noкн mahr net ahnкнеkohmuh]

on/off switch de aan/uit-schakelaar [ahn/owt-skнahkelahr]

open (adjective) geopend [кнuh-ohpent]

(verb: door) open doen [doon]

(of shop) openen [ohpenuh]

when do you open? wanneer gaat u open? [vannayr кнaht оо]

I can't get it open ik kan het niet open krijgen [neet ohpuh krīkHuh]

in the open air in de buitenlucht [duh bowtuhlOOKHt]

opening times de openingstijden [ohpenings-tiduh]

open ticket het ticket geldig voor onbepaalde duur [KHeldiKH vohr onbepahlduh dOOr]

opera de opera

operation (medical) de operatie [operhatsee]

operator (telephone: man/woman) de telefonist/telefoniste [telefonistuh]

opposite: the opposite direction de tegenovergestelde richting [taykHenohver-KHestelduh riKHting]

the bar opposite de bar hier tegenover [heer taykHenohver]

opposite my hotel tegenover mijn hotel

optician de opticien [opteeshen]

or of

orange (fruit) de sinaasappel [seenahsappel]

(colour) oranje [oran-yuh]

orange cordial de sinaasappellimonade [seenahs-appel-limonahduh]

orange juice het sinaasappelsap [seenahs-appelsap]

orchestra het orkest

order: can we order now? (in restaurant) kunnen we nu bestellen? [koonnuh vuh nOO]

I've already ordered, thanks

ik heb al besteld, dank u [hep al bestelt dank OO]

I didn't order this ik heb dit niet besteld [neet]

out of order defect

ordinary gewoon [KHevohn]

other andere [anderuh]

the other one de andere

the other day pas

I'm waiting for the others ik wacht op de anderen [vaKHt op duh]

do you have any others? heeft u ook andere? [hayft OO ohk]

otherwise anders

our* (common gender) onze [onzuh]

(neuter) ons

our flat onze flat

our house ons huis

ours* van ons

out: he's out hij is er niet [hī is er neet]

three kilometres out of town drie kilometer buiten de stad [kilomayter bowtuh duh stat]

outdoors buiten [bowtuh]

outside buiten [bowtuh

can we sit outside? kunnen we buiten zitten? [koonnuh vuh]

oven de oven [ohvuh]

over: over here hier [heer]

over there daar [dahr]

over 500 meer dan vijfhonderd [mayr]

it's over het is voorbij [vohrbī]

overcharge: you've

overcharged me u heeft teveel in rekening gebracht [00 hayft tevayl in raykening KHebraKHt]

overcoat de overjas [over-yas]

overlooking: I'd like a room overlooking the courtyard ik wil graag een kamer met uitzicht op de binnenplaats [vil KHrahKH uhn kahmer met owtzikHt op duh binnuhplahts]

overnight (travel) 's nachts [snaKHts]

overnight train de nachttrein [naKIt·trīn]

overtake inhalen [inhahluh]

owe: how much do I owe you? hoeveel krijgt u van me? [hoovayl krīKHt 00 van muh]

own: my own ... mijn eigen ... [mīn īKHuh]

are you on your own? bent u alleen? [00 allayn]

I'm on my own ik ben alleen

owner (man/woman) de eigenaar/eigenaresse [īKHenahr/ īKHenaressuh]

P

pack pakken [pakkuh]

a pack of ... een pakje ... [uhn pak-yuh]

package (parcel) het pakje

package holiday de volledig verzorgde vakantie [vullaydiKH verzorKHduh vahkansee]

packed lunch het lunchpakket

[loonshpakket]

packet: a packet of cigarettes het pakje sigaretten [pak-yuh seekHarettuh]

padlock het hangslot

page (of book) de bladzijde [blatzīduh]

could you page Mr ...? kunt u de heer ... oppiepen? [koont 00 duh hayr ... oppeepuh]

pain de pijn [pīn]

I have a pain here het doet hier pijn [doot heer]

painful pijnlijk [pīnlik]

painkillers de pijnstillers [pīnstillors]

paint de verf [vairf]

painting het schilderij [sKHilderī]

pair: a pair of ... een paar ... [uhn pahr]

Pakistani Pakistaans [pakistahns]

palace het paleis [palīs]

pale bleek [blayk]

pale blue lichtblauw [likHtblow]

pan de pan

panties het damesslipje [dahmuhs-slip-yuh]

pants (underwear: men's) de onderbroek [onderbrook]
(women's) het damesslipje [dahmuhs-slip-yuh]
(US: trousers) de broek [brook]

pantyhose de panty [pentI]

paper het papier [papeer]
(newspaper) de krant

a piece of paper een papiertje [uhn papeert-yuh]

paper handkerchiefs papieren zakdoekjes [papeeruh zakdookyuhs]

parcel het pakket

pardon (me)? (didn't understand/hear) pardon (wat zei u)? [vat zī 00]

parents de ouders [OWders]

parents-in-law de schoonouders [sкноhn-OWders]

park het park

(verb) parkeren [parkayruh]

can I park here? mag ik hier parkeren? [maкн ik heer]

parking lot het parkeerterrein [parkayr-terrīn]

part het deel [dayl]

partner (boyfriend, girlfriend etc) de partner

party (group) het gezelschap [кнеzelsкнap]

(celebration) het feest [fayst]

pass (in mountains) de bergpas [berкнpas]

passenger de passagier [passaJeer]

passport het paspoort [paspohrt]

past*: in the past in het verleden [verlayduh]

just past the information office net voorbij het informatiekantoor [vohrbī het informahtsee-kantohr]

path het pad [pat]

pattern het patroon [pahtrohn]

pavement de stoep [stoop]

on the pavement op de stoep

pay betalen [betahluh]

can I pay, please? kan ik afrekenen, alstublieft? [afraykenuh alstoobleeft]

it's already paid for het is al betaald [betahlt]

dialogue

who's paying? wie betaalt er? [vee]

I'll pay ik betaal [betahl]

no, you paid last time, I'll pay nee, jij hebt de afgelopen keer betaald, ik betaal [nay yī hebt duh afкнelohpuh kayr betahlt]

payphone (coin-operated) de munttelefoon [moont-telefohn]

(cardphone) de kaarttelefoon [kahrt-telefohn]

peaceful vredig [vraydikн]

peach de perzik [pairzik]

peanuts de pinda's [pindas]

pear de peer [payr]

peas de doperwten [dopertuh]

peculiar (taste, custom) merkwaardig [merkvahrdikн]

pedalboat de waterfiets [vahterfeets]

pedestrian crossing de voetgangersoversteekplaats [vootкнangers-ohverstayk-plahts]

pedestrian precinct het voetgangersgebied [vootкнangers-кнebeet]

peg (for washing) de wasknijper [vask-nīper]

(for tent) de haring [hahring]

pen de pen

pencil het potlood [**pot**loht]

penfriend (male/female) de penvriend/penvriendin [**pen**vreend/**pen**vreendin]

penicillin de penicilline [payneeseel**ee**nuh]

penknife het zakmes

pensioner de gepensioneerde [KHepenshon**ayr**-duh]

people mensen [**men**suh]

the other people in the hotel de andere mensen in het hotel [**an**deruh]

too many people te veel mensen [tuh vayl]

pepper (spice) de peper [**pay**per] (vegetable) de paprika [**pah**prika]

peppermint (sweet) de pepermunt [payperm**oo**nt]

per: per night per nacht [naKHt]

how much per day? hoeveel per dag? [h**oo**vayl per daKH]

per cent procent

perfect perfect

perfume de parfum [parf**oo**m]

perhaps misschien [miss**KH**een]

perhaps not misschien niet [neet]

period (of time) de periode [payri-**oh**duh] (menstruation) de menstruatie [menstroo-**aht**see]

perm het permanent

permit de vergunning [verKH**oo**rning]

person de persoon [pers**ohn**]

personal stereo de stereo [**stay**ree-o]

petrol de benzine [benz**ee**nuh]

petrol can het benzineblik [benz**ee**nuh-blik]

petrol station het benzinestation [benz**ee**nuh-stashon]

pharmacy de apotheek [apot**ayk**]

phone de telefoon [tele**foh**n] (verb) telefoneren [telefon**ay**ruh]

phone book het telefoonboek [tele**foh**nbook]

phone box de telefooncel [tele**foh**n-sel]

phonecard de telefoonkaart [tele**foh**nkahrt]

phone number het telefoonnummer [tele**foh**n-noomer]

photo de foto

excuse me, could you take a photo of us? pardon, wilt u misschien een foto van ons maken? [vilt oo missKH**ee**n uhn foto van ons **mah**kuh]

phrasebook de taalgids [**tahl**KHits]

piano de piano

pickpocket de zakkenroller

pick up: will you be there to pick me up? komt u me afhalen? [oo muh **af**hahluh]

picnic de picknick

picture (painting) het schilderij [sKH**ilder**i] (photo) de foto (drawing) de tekening [**tay**kening]

pie (meat) de pastei [past**i**]

(fruit) de vlaai [vlī]
piece het stuk [stook]
  a piece of ... een stuk ...
pill de pil
  I'm on the pill ik gebruik de
  pil [KHebrowk duh]
pillow het kussen [koossuh]
pillow case het kussensloop
  [koossuh-slohp]
pin de speld [spelt]
pineapple de ananas
pineapple juice het ananas-sap
pink roze [rozuh]
pipe (for smoking) de pijp [pīp]
  (for water) de leiding [līding]
pity: it's a pity het is jammer
  [yammer]
pizza de pizza [peetsah]
place de plaats [plahts]
  at your place bij jou thuis [bī
  yow tows]
  at his place bij hem thuis
plain (not patterned) effen
  (food) eenvoudig [aynvowdikH]
plane het vliegtuig
  [vleeKHtowKH]
  by plane met het vliegtuig
plant de plant
plaster cast het gipsverband
  [KHipsverband]
plasters de pleisters [plīsters]
plastic het plastic [plestik]
  (credit cards) het plastic (geld)
  [KHelt]
plastic bag de plastic tas
plate het bord
platform het perron
  which platform is it for
  Gouda? vanaf welk perron

gaat de trein naar Gouda?
  [vanaf velk perron KHaht duh trīn
  nahr KHowdah]
play (verb) spelen [spayluh]
  (noun: in theatre) het toneelstuk
  [tonaylstook]
playground de speelplaats
  [spaylplahts]
pleasant aangenaam
  [ahnKHenahm]
please alstublieft [alstoobleeft]
  yes, please ja, graag [ya
  KHrahkH]
  could you please ...? kunt
  u ..., alstublieft? [koont oo]
  please don't niet doen,
  alstublieft [neet doon]
pleased: pleased to meet you
  aangenaam (kennis te maken)
  [ahnKHenahm (kennis tuh mahkuh)]
pleasure: my pleasure graag
  gedaan [KHrahkH KHedahn]
plenty: plenty of ... volop ...
  there's plenty of time er is nog
  genoeg tijd [nokH KHenookH tīt]
  that's plenty, thanks dat is
  meer dan genoeg, dank u
  [mayr dan KHenookH dank oo]
pliers de buigtang [bowKHtang]
plug (electrical) de stekker
  (for car) de bougie [booJee]
  (in sink) de stop
plumber de loodgieter [loht
  KHeeter]
pm*: 2pm twee uur 's middags
  [oor smiddakHs]
  5pm vijf uur 's middags
  8pm acht uur 's avonds
  [sahvonts]

poached egg het gepocheerde ei [KHepohshayrduh ī]

pocket de zak

point: two point five twee komma vijf

there's no point het heeft geen zin [hayft KHayn]

points (in car) de contactpunten [kontakt-poontuh]

poisonous giftig [KHiftiKH]

police de politie [poleetsee]

call the police! bel de politie! [duh]

policeman de politieagent [poleetsee-ahKHent]

police station het politiebureau [poleetsee-booroh]

policewoman de politieagente [poleetsee-ahKHentuh]

polish de schoensmeer [sKHoonsmayr]

polite beleefd [belayft]

polluted verontreinigd [veront-riniKHt]

pond de vijver [vīver]

pony de pony [ponnee]

pool (for swimming) het zwembad [zvembat]

poor (not rich) arm

(quality) slecht [sleKHt]

pop music de popmuziek [popmoozeek]

pop singer (man/woman) de popzanger/popzangeres

popular populair [popoolayr]

pork het varkensvlees [varkensvlays]

port (for boats) de haven [hahvuh]

(drink) de port

porter (in hotel) de portier [porteer]

portrait het portret

posh (restaurant, people) chic

possible mogelijk [mohKHelik]

is it possible to ...? is het mogelijk om te ...? [tuh]

as ... as possible zo ... mogelijk

post (mail) de post [posst]

(verb) posten [posstuh]

could you post this for me? zou u dit voor mij kunnen posten? [zow oo dit vohr mī koonnuh]

postbox de brievenbus [breevuhbōos]

postcard de briefkaart [breefkahrt]

postcode de postcode [posstkohduh]

poster de poster

poste restante poste-restante [posst-restant]

post office het postkantoor [posstkantohr]

potato de aardappel [ahrdappel]

pots and pans de potten en pannen

pottery (objects) het aardewerk [ahrdeverk]

pound (money, weight) het pond [pont]

power cut de elektriciteitsstoring [aylektrisitīts–]

power point het stopcontact

practise: I want to practise my

Dutch ik wil mijn Nederlands oefenen [vil muhn **nay**derlants **oo**fenuh]

prawns de garnalen [KHarn**ah**luh]

prefer: I prefer ... ik heb liever ... [hep **lee**ver]

pregnant zwanger [zv**a**nger]

prescription (for medicine) het recept [res**e**pt]

present (gift) het cadeau [kahd**oh**]

president (of country) de president
(US: of company) de directeur [deer**e**ktur]

pretty mooi [moy]
it's pretty expensive het is vrij duur [vr**i** d**oo**r]

price de prijs [pr**i**s]

priest de priester [pr**ee**ster]

prime minister de minister-president

printed matter drukwerk [dr**oo**kverk]

priority (in driving) voorrang [**voh**r-rang]

prison de gevangenis [KHev**a**ngenis]

private particulier [partik**oo**leer]

private bathroom de eigen badkamer [**i**kHuh]

probably waarschijnlijk [**vahr**sKH**i**nlik]

problem het probleem [probl**ay**m]
no problem! geen probleem! [KH**ay**n]

program(me) het programma [proKH**ra**mma]

promise: I promise ik beloof het [bel**oh**f het]

pronounce: how is this pronounced? hoe spreek je dit uit? [hoo sprayk yuh dit owt]

properly (repaired, locked etc) goed [KH**oo**t]

protection factor de beschermingsfactor [besKH**e**rmings-faktor]

Protestant protestant

public holiday de feestdag [**fay**stdaKH]

public toilets de openbare toiletten [openb**ah**ruh tva-lettuh]

public transport het openbaar vervoer [openbahr verv**oo**r]

pudding (dessert) het toetje [**toot**-yuh]

pull trekken [tr**e**kkuh]

pullover de pullover [p**oo**lohver]

puncture de lekke band [**le**kkuh bant]

purple violet [vee-**oh**let]

purse (for money) de portemonnee [portuhmonn**ay**]
(US: handbag) de handtas [**hant**-tas]

push duwen [d**oo**wuh]

pushchair de wandelwagen [**va**ndelvahKHuh]

put zetten [**ze**ttuh]
where can I put ...? waar kan ik ... zetten? [v**ah**r]
could you put us up for the night? kunt u ons onderdak verlenen voor vannacht? [koont **oo** ons **o**nderdak verl**ay**nuh

vohr vannaкнt]

pyjamas de pyjama [pee-yahmah]

Q

quality de kwaliteit [kvalitīt]

quarantine de quarantaine [kahrantaynuh]

quarter het kwart [kvart]

quayside: on the quayside op de kade [duh kahduh]

question de vraag [vrahкн]

queue de rij [rī]

quick snel
that was quick dat was snel [vas]
what's the quickest way there? wat is de snelste weg daar naartoe? [vat is duh snelstuh veкн dahr nahrtoo]
fancy a quick drink? heb je zin om even wat te drinken? [hep yuh zin om ayvuh vat tuh]

quickly snel

quiet (place, hotel) rustig [roostiкн]

quiet! stilte! [stiltuh]

quite (fairly) tamelijk [tahmelik]
(very) heel [hayl]
that's quite right dat is zo
quite a lot heel wat [hayl vat]

R

rabbit het konijn [konīn]

race (for runners, cars) de race

racket (tennis, squash) het racket

radiator (in room) de radiator [rah-di-ahtor]
(of car) de radiateur [rah-diatoor]

radio de radio [rah-dio]
on the radio op de radio

rail: by rail per spoor [spohr]

railway de spoorweg [spohrveкн]

rain de regen [rayкнuh]
in the rain in de regen
it's raining het regent [rayкнent]

raincoat de regenjas [rayкнen-yas]

rape de verkrachting [verkraкнting]

rare (uncommon) zeldzaam [zeltzahm]
(steak) rood [roht]

rash (on skin) de huiduitslag [howt-owtslaкн]

raspberry de framboos [frambohs]

rat de rat

rate (for changing money) de koers [koors]

rather: it's rather good het is tamelijk goed [tahmelik кноot]
I'd rather ... ik heb liever ... [hep leever]

razor het scheerapparaat [sкнayr-apparaht]

razor blades de scheermesjes [sкнayr-meshus]

read lezen [layzuh]

ready klaar [klahr]
are you ready? ben je klaar? [yuh]

I'm not ready yet ik ben nog niet klaar [noкн neet]

dialogue

when will it be ready?
wanneer is het klaar?
[vanneer]

it should be ready in a couple of days als het goed is, is het over een paar dagen klaar [кноot – ohver uhn pahr daнкнuh]

real echt [eкнt]
really echt
I'm really sorry het spijt me echt [spīt muh]
that's really great dat is echt geweldig [кнeveldiкн]
really? (doubt) echtwaar? [eкнtvahr]
(polite interest) o ja? [ya]
rear lights de achterlichten [aкнter-liкнtuh]
rearview mirror de achteruitkijkspiegel [aкнterowtkik-speeкнel]
reasonable (prices etc) redelijk [raydelik]
receipt het ontvangstbewijs [ontvangst-bevīs]
(at cash desk) de kassabon
recently onlangs
reception de receptie [resepsee]
at reception bij de receptie [bī]
reception desk de receptie
receptionist de receptioniste

[resepshonistuh]
recognize herkennen [hairkennuh]
recommend: could you recommend ...? zou u ... aan kunnen bevelen [zow oo ... ahn koonnuh bevayluh]
record (music) de plaat [plaht]
red rood [roht]
red wine de rode wijn [rohduh vīn]
refund de vergoeding [verкнooding]
can I have a refund? kan ik het vergoed krijgen? [verкнoot krīкнuh]
region de streek [strayk]
registered: by registered mail per aangetekende post [ahnкнetaykenduh posst]
registration number het kentekennummer [kentaykuh-noommer]
relative het familielid [fameeleelit]
religion de godsdienst [кнotsdeenst]
remember: I don't remember ik kan het me niet herinneren [muh neet]
I remember ik weet het nog [vayt het noкн]
do you remember? weet jij het nog? [yī]
rent (for apartment etc) de huur [hoor]
(verb: car etc) huren [hooruh]
for rent te huur [tuh]
rented car de huurauto [hrowto]

repair repareren [raypar**ay**ruh]
 can you repair it? kunt u het
 maken? [koont oo het ma**h**kuh]
repeat herhalen [herha**h**luh]
 could you repeat that? zou u
 dat kunnen herhalen? [zow oo
 dat k**oo**nnuh]
reservation de reservering
 [raysairv**ay**ring]
 I'd like to make a reservation
 ik wil graag iets reserveren
 [vil KHrahKH eets raysairv**ay**ruh]

dialogue

> I have a room reservation
> ik heb een kamer
> gereserveerd [hep uhn
> ka**h**mer KHeraysaiv**ay**rt]
> yes sir, what name please?
> goed meneer, wat is de
> naam? [KHoot mu**h**nayr vat is
> duh nahm]

reserve (verb) reserveren
 [raysairv**ay**ruh]

dialogue

> can I reserve a table for
> tonight? kan ik voor
> vanavond een tafel
> reserveren? [vohr vana**h**vont
> uhn ta**h**fel]
> yes madam, for how many
> people? ja mevrouw,
> voor hoeveel personen?
> [ya mevr**ow** vohr hoov**ay**l
> pers**oh**nuh]

for two voor twee
and for what time? en voor
 hoe laat? [vohr hoo laht]
for eight o'clock voor acht
 uur [oor]
and could I have your
 name please? en mag ik
 uw naam even? [maKH ik oo
 nahm **ay**vuh]
see alphabet for spelling

rest: I need a rest ik wil graag
 even uitrusten [vil KHrahKH
 ayvuh **ow**troostuh]
 the rest of the group de rest
 van de groep [duh KHroop]
restaurant het restaurant
 [rest0**w**rant]
restaurant car de
 restauratiewagen
 [rest0wra**h**tsee-vah**KH**uh]
rest room het toilet [twa-le**t**]
retired: I'm retired ik ben
 gepensioneerd [KHepenshon**ayrt**]
return: a return to ... een
 retour naar ... [uhn ret**oo**r nahr]
return ticket het retourtje
 [ret**oo**rt-yuh]
reverse charge call het collect
 gesprek [KHe**s**prek]
reverse gear de
 achteruitversnelling
 [aKHter**ow**t-versnelling]
revolting walgelijk [**val**KHelik]
rib de rib
rice de rijst [rīst]
rich (person) rijk [rīk]
 (food) machtig [ma**KH**tiKH]
ridiculous belachelijk

[belaкнelik]

right (correct) juist [yOwst]
(not left) rechts [reкнts]
you were right je had gelijk
[yuh hat кнelīk]
that's right dat klopt
this can't be right dit kan
nooit goed zijn [noyt кноot zīn]
right! oké! [okay]
is this the right road for ...? is
dit de weg naar ...? [duh veкн
nahr]
on the right, to the right
rechts
turn right ga naar rechts [кна
nahr]
right-hand drive met het stuur
aan de rechterkant [stoor ahn
duh reкнterkant]
ring (on finger) de ring
I'll ring you ik bel je [yuh]
ring back terugbellen [terooкн-
belluh]
ripe (fruit) rijp [rīp]
rip-off: it's a rip-off het is
afzetterij [afzetterī]
rip-off prices nepprijzen
[nepprīzuh]
risky riskant
river de rivier [riveer]
road de weg [veкн]
is this the road for ...? is dit
de weg naar ...? [duh veкн nahr]
down the road verderop
[verderop]
road accident het wegongeluk
[veкн-onкнelooкн]
road map de wegenkaart
[vayкнenkahrt]

roadsign het verkeersbord
[verkayrsbort]
rob: I've been robbed ik ben
bestolen [bestohluh]
rock de rots
(music) rock(muziek)
[rok(moozeek)]
on the rocks (with ice) met ijs
[īs]
roll (bread) het broodje [broht-
yuh]
roof het dak
roof rack de imperiaal
[impayriahl]
room de kamer [kahmer]
in my room in mijn kamer
[mīn]
room service de kamerservice
[kahmer-'service']
rope het touw [tOw]
rose de roos [rohs]
rosé rosé [rosay]
roughly (approximately) ongeveer
[onкнevayr]
round: it's my round ik betaal
dit rondje [betahl dit ront-yuh]
roundabout (for traffic) de
rotonde [rohtonduh]
round-trip ticket het
retourtje ... [retoort-yuh]
a round-trip ticket to ... een
retour naar ... [uhn retoor nahr]
route de route [rootuh]
what's the best route? wat
is de beste route? [vat is duh
bestuh]
rubber (material) rubber
[roobber]
(eraser) het gummetje

[KHOOmmet-yuh]

rubber band het elastiekje
[aylasteek-yuh]

rubbish (waste) het afval [af-val]
(poor quality goods) de rotzooi
[rotzoy]

rubbish! (nonsense) onzin!

rucksack de rugzak [rOOKHzak]

rude onbeleefd [onbelayft]

ruins de ruïne [rOO-eenuh]

rum de rum [rOOm]

rum and Coke® de rum-cola

run (person) rennen [rennuh]
how often do the buses run?
hoe vaak rijden de bussen?
[hoo vahk rīduh duh bOOssuh]
I've run out of money ik heb
geen geld meer [hep KHayn KHelt
mayr]

rush hour het spitsuur [spitsOOr]

S

sad bedroefd [bedrOOft]

saddle het zadel [zahdel]

safe veilig [vīliKH]

safety pin de veiligheidsspeld
[vīliKHhīds-spelt]

sail het zeil [zīl]

sailboard de (wind)surfplank
[(vint)sOOrfplank]

sailboarding het windsurfen
[vintsOOrfuh]

salad de salade [salahduh]

salad dressing de dressing

sale: for sale te koop [tuh kohp]

salmon de zalm

salt het zout [zOwt]

same: the same hetzelfde
[uhtzelfduh]
the same as this hetzelfde als
dit
the same again, please
graag nog een keer hetzelfde
[KHrahKH noKH uhn kayr]
it's all the same to me het
maakt mij niets uit [mahkt mī
neets Owt]

sand het zand [zant]

sandals de sandalen [sandahluh]

sandwich de sandwich, de
dubbele boterham [dOObbeluh
bohterham]

sanitary napkins/towels het
maandverband [mahntverbant]

sardines de sardientjes
[sardeent-yuhs]

Saturday zaterdag [zahterdakH]

sauce de saus [sOWs]

saucepan de steelpan [staylpan]

saucer het schoteltje [sKHohtelt-
yuh]

sauna de sauna [sOwna]

sausage de worst [vorst]

say zeggen [zeKHuh]
how do you say ... in
Dutch? hoe zeg je ... in het
Nederlands? [hoo zeKH yuh ... in
uht nayderlants]
what did he say? wat zei hij?
[vat zī hī]
she said ... ze zei ... [zuh]
could you say that again?
zou u dat kunnen herhalen?
[zOw OO dat koonnuh
herhahluh]

scarf (for neck) de sjaal [shahl]

(for head) de hoofddoek [**hoh**ftdook]

scenery het landschap [**l**antsкнap]

schedule (US) de dienstregeling [**deen**st-rayкнeling]

scheduled flight de lijnvlucht [**l**īnvlooкнt]

school de school [sкнohl]

scissors de schaar [sкнahr]

scooter de scooter

scotch de whisky

Scotland Schotland [sкн**o**tlant]

Scottish Schots [sкн**o**ts]

I'm Scottish ik kom uit Schotland [owt sкн**o**tlant]

scrambled eggs het roerei [**roo**rī]

scratch de schram [sкнram]

screw de schroef [sкнroof]

screwdriver de schroevendraaier [sкнr**oo**vuhdrī-er]

sea de zee [zay]

by the sea aan zee [ahn]

seafood het zeebanket [**zay**banket]

seafood restaurant het visrestaurant [**vi**srest0wrant]

seafront de boulevard [**boo**levar]

on the seafront op de boulevard

search zoeken [**zoo**kuh]

seasick: I feel seasick ik voel me zeeziek [vool muh **zay**zeek]

I get seasick ik heb last van zeeziekte [hep last van zayzeektuh]

seaside: by the seaside aan zee [ahn zay]

seat de zitplaats [**zi**tplahts]

is this seat taken? is deze plaats bezet? [**day**zuh plahts]

seat belt de veiligheidsgordel [vīlikнhīts-кнordel]

secluded afgezonderd [**a**fкнezondert]

second (adj) tweede [t**vay**duh]

(of time) de seconde [sek**o**nduh]

just a second! een ogenblik, alstublieft! [uhn **oh**кнenblik alst00bleeft]

second class (travel etc) tweede klas [t**vay**duh]

second floor de tweede verdieping [verd**ee**ping]

(US) de eerste verdieping [**ayr**stuh]

second-hand tweedehands [t**vay**duh-hants]

see zien [zeen]

can I see? mag ik even kijken? [maкн ik **ay**vuh kīkuh]

have you seen ...? heeft u ... gezien? [hayft 00 ... кнe**zeen**]

I saw him this morning ik heb hem vanochtend gezien [hep uhm van**o**кнtent]

see you! tot ziens! [zeens]

I see (I understand) ik begrijp het [be**кн**rīp]

self-catering apartment de flat met eigen kookgelegenheid [**ī**кнuh **koh**k-кнelayкнenhīt]

self-service de zelfbediening [**zel**fbedeening]

sell verkopen [verk**oh**puh]
do you sell ...? verkoopt u ...?
[verk**oh**pt ∞]
send versturen [verst**∞**ruh]
I want to send this to England
ik wil dit naar Engeland
versturen [vil dit nahr **e**ngelant]
senior citizen de bejaarde [buh-
y**ah**rduh]
separate apart
separated: I'm separated ik
ben gescheiden [KHesKH**ī**duh]
separately (pay, travel)
afzonderlijk [afz**o**nderlik]
September september
septic septisch [s**e**ptees]
serious (situation, illness) ernstig
[**air**nstiKH]
(person) serieus [sayri-**urs**]
service charge het
bedieningsgeld [bed**ee**nings-
KHelt]
service station het
servicestation ['service'-
stash**o**n]
serviette het servet
set menu het vaste menu
[v**a**stuh men**∞**]
several verscheidene
[versKH**ī**denuh]
sew naaien [n**ah**-yuh]
could you sew this back on?
zou u dit er weer aan kunnen
naaien? [zow ∞ dit er vayr ahn
k**oo**nnuh]
sex sex
sexy sexy
shade: in the shade in de
schaduw [duh sKH**ah**d∞]

shallow (water) ondiep [ond**ee**p]
shame: what a shame! wat
jammer! [vat y**a**mmer]
shampoo de shampoo
[sham**poh**]
shampoo and set wassen
en watergolven [v**a**ssuh en
v**ah**terKH**o**lvuh]
share (room, table etc) delen
[d**ay**luh]
sharp (knife, taste) scherp
[sKH**air**p]
(pain) stekend [st**ay**kuht]
shattered (very tired) doodop
[d**oh**top]
shaver het scheerapparaat
[sKH**ay**r-apparaht]
shaving foam het
scheerschuim [sKH**ay**r-sKH**ow**m]
shaving point het stopcontact
voor scheerapparaten [vohr
sKH**ay**r-apparahtuh]
she* ze [zuh]
(emphatic) zij [zī]
is she here? is ze hier? [zuh
heer]
sheet (for bed) het laken [l**ah**kuh]
shelf de plank
shellfish de schelpdieren
[sKH**e**lpdeeruh]
sherry de sherry
ship het schip [sKH**i**p]
by ship per schip
shirt het overhemd
[**oh**verhemt]
shit! verdomme! [verd**o**mmuh]
shock de schok [sKH**o**k]
I got an electric shock from
the ... ik kreeg een elektrische

Sh

schok van de ... [kraykh uhn aylektreesuh skhok van duh]

shock-absorber de schokbreker [skhokbrayker]

shocking schokkend [skhokkent]

shoe de schoen [skhoon]

a pair of shoes een paar schoenen [uhn pahr skhoonuh]

shoelaces de schoenveters [skhoonvayters]

shoe polish de schoensmeer [skhoonsmayr]

shoe repairer de schoenmaker [skhoonmahker]

shop de winkel [vinkel]

shopping: I'm going shopping ik ga winkelen [khah vinkeluh]

shopping centre het winkelcentrum [vinkel-sentroom]

shop window de etalage [aytalahjuh]

shore de oever [oover]

short (person) klein [klīn] (time, journey) kort

shortcut de kortere weg [korteruh vekh]

shorts de korte broek [kortuh brook]

should: what should I do? wat moet ik doen? [vat moot ik doon]

you should ... je moet ... [yuh]

you shouldn't ... je moet niet ... [neet]

he should be back soon als het goed is, is hij zo terug [khoot – hī zo terookh]

shoulder de schouder [skhowder]

shout schreeuwen [skhrayoo-wuh]

show (in theatre) de voorstelling [vohrstelling]

could you show me? kunt u mij dat laten zien? [koont oo mī dat lahtuh zeen]

shower (in bathroom) de douche [doosh] (of rain) de regenbui [raykhenbow]

with shower met douche

shower gel de douchegel [dooshjel]

shut (verb) sluiten [slowtuh]

when do you shut? hoe laat sluit u? [hoo laht slowt oo]

when does it shut? hoe laat sluit het?

they're shut ze zijn gesloten [zuh zīn kheslohtuh]

shut up! houd je kop! [howt yuh]

shutter (on camera) de sluiter [slowter] (on window) het luik [lowk]

shy verlegen [verlaykhuh]

sick (ill) ziek [zeek]

I'm going to be sick (vomit) ik moet overgeven [moot ohverkhayvuh]

side de kant

the other side of the street de andere kant van de straat [anderuh kant van duh straht]

side lights de stadslichten [stats-likhtuh]

side salad het schaaltje salade
[sKHahlt-yuh salahduh]
side street de zijstraat [zīstraht]
sidewalk de stoep [stoop]
  on the sidewalk op de stoep
sight: the sights of ... de
  bezienswaardigheden van ...
  [bezeens-vahrdiKH-hayduh]
sightseeing: we're going
  sightseeing we gaan de
  bezienswaardigheden
  bekijken [vuh KHahn duh
  – bekīkuh]
sightseeing tour (by bus)
  de toeristische rondrit
  [tooristeesuh rontrit]
  (by boat) de toeristische
  rondvaart [rontvahrt]
sign (roadsign etc) het
  verkeersbord [verkayrsbort]
signal: he didn't give a signal
  hij gaf geen signaal [hī KHaf
  KHayn sin-yahl]
signature de handtekening
  [hant-taykening]
signpost de wegwijzer
  [veKHvīzer]
silence de stilte [stīltuh]
silk de zijde [zīduh]
silly dwaas [dvahs]
silver het zilver
similar soortgelijk [sohrtKHelīk]
  a similar dress een
  soortgelijke jurk [ayn
  sohrtKHelīkuh yOOrk]
  they look similar ze lijken op
  elkaar [zuh līkuh op elkahr]
simple (easy) eenvoudig
  [aynvOWdiKH]

since: since last week sinds
  vorige week [vohriKHuh vayk]
since I got here sinds ik
  hier aangekomen ben [heer
  ahnKHekohmuh]
sing zingen [zing-uh]
singer (man/woman) de zanger/
  zangeres
single: a single to ... een
  enkele reis naar ... [uhn enkeluh
  rīs nahr], een enkeltje naar...
  [enkelt-yuh]
  I'm single ik ben niet
  getrouwd [neet KHetrowt]
single bed het eenpersoonsbed
  [aynpersohns-bet]
single room de
  eenpersoonskamer
  [aynpersohns-kahmer]
single ticket de enkele reis
  [enkeluh rīs], het enkeltje
  [enkelt-yuh]
sink (in kitchen) de gootsteen
  [KHohtstayn]
  (in bathroom) de wasbak
  [vasbak]
sister de zus [zOOs]
sister-in-law de schoonzus
  [sKHohnzOOs]
sit: can I sit here? kan ik hier
  zitten? [heer]
  is anyone sitting here? zit
  hier iemand? [eemant]
sit down gaan zitten [KHahn]
  sit down! ga zitten! [KHah]
size de maat [maht]
skinny mager [mahKHer]
skirt de rok
sky de hemel [haymel]

sleep slapen [slahpuh]
 did you sleep well? heb je goed geslapen? [hep yuh KHoot KHeslahpuh]
sleeper (on train) de couchette
sleeping bag de slaapzak [slahpzak]
sleeping car de slaapwagen [slahpvahKHuh]
sleeping pill de slaappil [slahp-pil]
sleepy: I'm feeling sleepy ik voel me slaperig [vool muh slahperikH]
sleeve de mouw [mow]
slice de plak
 (of bread) de snee [snay]
slide (photographic) de dia [dee-ah]
slip (garment) de onderjurk [onder-yoork]
slippery glad [KHlat]
slow langzaam [lankzahm]
 slow down! langzamer!
slowly langzaam [lankzahm]
 very slowly heel langzaam [hayl]
 could you speak more slowly? kunt u wat langzamer spreken? [koont oo vat lankzahmer spraykuh]
small klein [klīn]
smell: it smells (smells bad) het stinkt
smile glimlachen [KHlimlakHuh]
smoke de rook [rohk]
 do you mind if I smoke? heeft u er bezwaar tegen als ik rook? [hayft oo er bezvahr tayKHuh als ik rohk]

I don't smoke ik rook niet [neet]
do you smoke? rookt u? [oo]
snack: just a snack alleen een snack [allayn uhn]
sneeze niezen [neezuh]
snow de sneeuw [snay-oo]
 it's snowing het sneeuwt [snay-oot]
so: it's so expensive het is zo duur
 not so much niet zo veel [neet zo vayl]
 not so bad niet zo slecht [sleKHt]
 so am I, so do I ik ook [ohk]
 so-so zo-zo
soaking solution (for contact lenses) de lensvloeistof [lensvloo-eestof]
soap de zeep [zayp]
soap powder het waspoeder [vaspooder]
sober nuchter [nooKHter]
sock de sok
socket (electrical) het stopcontact
soda (water) het sodawater [sohda-vahter]
sofa de sofa
soft (material etc) zacht [zaKHt]
soft-boiled egg het zachtgekookt ei [zaKHt-KHekohkt ī]
soft drink het glas fris [KHlas]
soft lenses de zachte lenzen [zaKHtuh]
sole (of shoe) de zool [zohl]
 (of foot) de voetzool [vootzohl]

could you put new soles on these? kunt u hier nieuwe zolen onder zetten? [koont oo heer new-uh]

some: can I have some water/rolls? kan ik wat water/broodjes krijgen? [vat – krīKHuh]

can I have some? kan ik er een paar krijgen? [uhn pahr]

somebody, someone iemand [**ee**mant]

something iets [eets]

something to eat iets te eten [tuh **ay**tuh]

sometimes soms

somewhere ergens [**er**KHens]

son de zoon [zohn]

song het lied [leet]

son-in-law de schoonzoon [sKH**ohn**zohn]

soon gauw [KHOW]

I'll be back soon ik blijf niet lang weg [blīf neet lang veKH]

as soon as possible zo snel mogelijk [**moh**KHelik]

sore: it's sore het doet zeer [doot zayr]

sore throat de zere keel [**zay**ruh kayl]

sorry: (I'm) sorry sorry

sorry? (didn't understand) pardon, wat zei u? [vat zī oo]

sort: what sort of ...? wat voor soort ...? [vohr]

soup de soep [soop]

sour (taste) zuur [zoor]

south het zuiden [**zow**duh]

in the south in het zuiden

South Africa Zuid-Afrika [zowt-**ah**frika]

South African Zuid-Afrikaans [zowt-afrika**ahns**]

I'm South African ik kom uit Zuid-Afrika [owt zowt-**ah**frika]

southeast het zuidoosten [zowt-**oh**stuh]

southern zuidelijk [**zow**delik]

southwest het zuidwesten [zowt-**ves**tuh]

souvenir het souvenir

Spain Spanje [span-yuh]

Spanish Spaans [spahns]

spanner de moersleutel [moors**lur**tel]

spare part het reserveonderdeel [res**air**vuh-onderdayl]

spare tyre de reserveband [res**air**vuh-bant]

spark plug de bougie [booJee]

speak: do you speak English? spreekt u Engels? [spraykt oo]

I don't speak ... ik spreek geen ... [sprayk KHayn]

can I speak to ...? kan ik ... spreken? [**spray**kuh]

dialogue

can I speak to Jan? kan ik Jan even spreken? [**ay**vuh]
who's calling? met wie spreek ik? [vee]
it's Patricia met Patricia
I'm sorry, he's not in, can I take a message? sorry, hij is niet thuis, kan ik een

boodschap aannemen? [hī
is neet tOws – uhn bohtsкнap
ahnnaymuh]
no thanks, I'll call back
later nee bedankt, ik
bel straks wel terug [nay
bedankt ik bel straks vel trooкн]
please tell him I called zou
u hem willen vertellen dat
ik gebeld heb? [zow oo hem
villuh vertelluh dat ik кнebelt
hep]

spectacles de bril
speed de snelheid [snelhīt]
speed limit de maximum
snelheid [maximoom]
speedometer de snelheids-
meter [snelhīts-mayter]
spell: how do you spell it? hoe
spel je het? [hoo spel yuh]
see alphabet
spend uitgeven [OWtкнayfvuh]
spices de specerijen [spayserī-
uh]
spider de spin
spin-dryer de droogtrommel
[drohкнtrommel]
splinter de splinter
spoke (in wheel) de spaak
[spahk]
spoon de lepel [laypel]
sport de sport
sprain: I've sprained my ... ik
heb mijn ... verstuikt [hep
muhn ... verstOWkt]
spring (season) de lente [lentuh]
(of car, seat) de springveer
[springvayr]

in the spring in de lente
square (in town) het plein [plīn]
stairs de trap
stale oud [Owt]
stall: the engine keeps stalling
de motor slaat steeds af [duh
mohtor slaht stayts]
stamp de postzegel
[posstzayкнel]

dialogue

a stamp for England,
please een postzegel voor
Engeland, alstublieft [uhn
posstzayкнel vohr engelant
alstoobleeft]
what are you sending? wat
stuurt u? [vat stOOrt oo]
this postcard deze
ansichtkaart [dayzuh anziкнt-
kahrt]

standby standby
star de ster
start het begin [beкнin]
(verb) beginnen [beкнinnuh]
when does it start? hoe laat
begint het? [hoo laht beкнint]
the car won't start de auto
wil niet starten [duh Owto vil
neet]
starter (of car) de startmotor
[startmohtor]
(food) het voorgerecht
[vohrкнereкнt]
starving: I'm starving ik heb
ontzettende honger [hep
ontzettenduh]

state (country) de staat [staht]
the States (USA) de Verenigde
Staten [veraynikHduh stahtuh]
station het station [stashon]
statue het standbeeld
[stantbaylt]
stay: where are you staying?
waar logeert u? [vahr loJayrt ∞]
I'm staying at ... ik logeer
in ... [loh-jayr]
I'd like to stay another two
nights ik wil graag nog twee
nachten blijven [vil KIIrahkH
noKH tvay nakHtuh blivuh]
steak de biefstuk [beefst∞k]
steal stelen [stayluh]
my bag has been stolen
mijn tas is gestolen [mīn tas is
KHestoluh]
steep (hill) steil [stīl]
steering de stuurinrichting
[st∞r-inriKHting]
step: on the steps (of building)
op de trap [duh]
stereo de stereo [stayree-o]
sterling sterling
steward (on plane) de steward
stewardess de stewardess
still: I'm still here ik ben er nog
[noKH]
is he still there? is hij er nog?
[is ee air]
keep still! niet bewegen! [neet
bevayKHuh]
sting: I've been stung ik ben
gestoken [KHestohkuh]
stockings de kousen [kowsuh]
stomach de maag [mahKH]
I have a stomach upset ik

heb last van mijn maag [hep
last van muhn]
stomachache de maagpijn
[mahKHpīn]
stone (rock) de steen [stayn]
stop stoppen [stoppuh]
please, stop here (to taxi driver
etc) kunt u hier stoppen,
alstublieft? [koont ∞ heer
stoppuh alst∞bleeft]
do you stop near ...? stopt u
in de buurt van ...? [∞ in duh
b∞rt]
stop it! houd op! [howt]
stopover de reisonderbreking
[rīs-onderbrayking]
storm de storm
straight (whisky etc) puur [p∞r]
it's straight ahead het is recht
door [rekHt dohr]
straightaway onmiddellijk
[onmiddelik]
strange (odd) vreemd [vraymt]
stranger de vreemdeling
[vraymdeling]
I'm a stranger here ik ben
hier vreemd [heer vraymt]
strap (on watch) het
horlogebandje [horloh.Juh-
bant-yuh]
(on suitcase) de riem [reem]
(on dress) het bandje [bant-yuh]
strawberry de aardbei [ahrtbī]
stream de stroom [strohm]
street de straat [straht]
on the street op straat
streetmap het stratenplan
[strahtuhplan]
string het touw [tow]

strong sterk
stuck klem
it's stuck het zit klem
student de student [st**oo**dent]
stupid stom
suburb de buitenwijk
[b**ow**tuhvīk]
subway (US: railway) de metro
[**may**tro]
suddenly plotseling
suede suede
sugar de suiker [s**ow**ker]
suit het pak
it doesn't suit me (jacket etc)
het staat me niet [staht muh neet]
it suits you het staat je [staht
yuh]
suitcase de koffer
summer de zomer [z**oh**mer]
in the summer 's zomers
[s**oh**mers]
sun de zon
in the sun in de zon
out of the sun uit de zon [**ow**t
duh]
sunbathe zonnen [z**o**nnuh]
sunblock (cream) het sun block
[s**oo**n]
sunburn de zonnebrand
[z**o**nnuh-brant]
sunburnt door de zon
verbrand [dohr duh zon verbrant]
Sunday zondag [z**o**ndaKH]
sunglasses de zonnebril
[z**o**nnebril]
sun lounger de ligstoel [li**KH**-
stool]
sunny: it's sunny het is zonnig
[z**o**nniKH]

sunroof het schuifdak
[sKH**OW**fdak]
sunset de zonsondergang
[zons-**o**nderKHang]
sunshine de zonneschijn
[z**o**nnuh-sKH**ī**n]
sunstroke de zonnesteek
[z**o**nnuh-stayk]
suntan de bruine kleur
[br**OW**nuh klur]
suntan lotion de
zonnebrandcrème [z**o**nnuh-
brant-krem]
suntanned bruingebrand
[br**OW**n-KHebrant]
suntan oil de zonnebrandolie
[z**o**nnuh-brantohlee]
super geweldig [KHev**e**ldiKH]
supermarket de supermarkt
[s**oo**permarkt]
supper het avondmaal
[**ah**vontmahl]
supplement (extra charge) de
toeslag [t**oo**slaKH]
sure: are you sure? weet je het
zeker? [vayt yuh uht z**ay**ker]
sure! zeker!
surname de achternaam
[**a**KHternahm]
sweater de sweater
sweatshirt het sweatshirt
Sweden Zweden [zv**ay**duh]
Swedish Zweeds [zvayts]
sweet (taste) zoet [z**oo**t]
(dessert) het toetje [t**oo**t-yuh]
sweets het snoepgoed
[sn**oo**pKH**oo**t]
swelling de zwelling [zv**e**lling]
swim zwemmen [zv**e**mmuh]

I'm going for a swim ik ga zwemmen [KHa]

let's go for a swim laten we gaan zwemmen [**lah**tuh vuh KHahn]

swimming costume het zwempak [**zve**mpak]

swimming pool het zwembad [**zve**mbat]

swimming trunks de zwembroek [**zve**mbrook]

Swiss Zwitsers [**zvi**tsers]

switch de schakelaar [sKH**ah**kelahr]

switch off uitschakelen [**owt**sKHahkeluh]

switch on (TV, lights) aan doen [ahn doen]

(engine) aanzetten [**ahn**zettuh]

Switzerland Zwitserland [**zvi**tserlant]

swollen opgezet [**op**KHezet]

T

table de tafel [**tah**fel]

a table for two een tafel voor twee [vohr]

tablecloth het tafel-laken

table tennis het tafeltennis

table wine de tafelwijn [**tah**felvin]

tailback (of traffic) de file [**fee**luh]

tailor de kleermaker [**klayr**mahker]

take (lead) nemen [**nay**muh]

(accept) accepteren [aksept**ay**ruh]

can you take me to the ...? wilt u me naar het ... brengen? [vilt oo muh nahr]

do you take credit cards? accepteert u creditcards? [aksept**ayrt** oo]

fine, I'll take it goed, ik neem het [KHoot ik naym]

can I take this? (leaflet etc) mag ik dit zo meenemen? [maKH ik dit zo **may**naymuh]

how long does it take? hoe lang duurt het? [hoo lang doort]

it takes three hours het duurt drie uur [oor]

is this seat taken? is deze plaats bezet? [**day**zuh plahts]

hamburger to take away een hamburger om mee te nemen [uhn ham**boor**KHer om may tuh **nay**muh]

can you take a little off here? (to hairdresser) kunt u er hier een stukje afhalen? [koont oo er heer uhn st**oo**k-yuh **af**hahluh]

talcum powder de talkpoeder [**ta**-lkpooder]

talk praten [**prah**tuh]

tall (person) lang

(building) hoog [hohKH]

tampons de tampons

tan de bruine kleur [**brown**uh klur]

to get a tan bruin worden [brown **vor**duh]

tank (of car) de tank

tap de kraan [krahn]

tap water het kraanwater [**krahn**vahter]

tape (for cassette) het cassettebandje [kassettuh-bant-yuh]

tape measure de centimeter [sentimayter]

tape recorder de cassetterecorder [kassettuh-reekorder]

taste de smaak [smahk]
can I taste it? kan ik het proeven? [proovuh]

taxi de taxi
will you get me a taxi? kunt u voor mij een taxi regelen? [koont ळ vohr mī uhn taxi rayKHeluh]
where can I find a taxi? waar kan ik een taxi vinden? [vahr – vinduh]

dialogue

to the airport/to the Krasnapolsky Hotel, please naar het vliegveld/naar Hotel Krasnapolsky graag [nahr uht vleeKHvelt – KHrahKH]
how much will it be? hoeveel gaat het kosten? [hoovayl KHaht]
30 guilders dertig gulden [KHoolduh]
that's fine right here, thanks hier is het goed, bedankt [heer is uht KHoot]

taxi-driver de taxi-chauffeur
taxi rank de taxi-standplaats [-stantplahts]

tea (drink) de thee [tay]
tea for one/two, please een/twee thee, alstublieft [ayn/tvay tay alstoobleeft]

teabags de theezakjes [tayzak-yuhs]

teach: could you teach me? kunt u het me leren? [koont ळ uht muh layruh]

teacher (man/woman: junior) de onderwijzer/onderwijzeres [ondervīzer/ondervīzeres] (secondary) de leraar/lerares [layrahr/layrahres]

team de ploeg [plooKH]

teaspoon de theelepel [taylaypel]

tea towel de theedoek [taydook]

teenager de tiener [teener]

telephone de telefoon [telefohn]

television de televisie [televeesee]

tell: could you tell him ...? zou u hem willen vertellen ...? [zow ळ hem villuh vertelluh]

temperature (weather) de temperatuur [temperatoor] (fever) de verhoging [verhoh-KHing]

tennis het tennis

tennis ball de tennisbal

tennis court de tennisbaan [tennisbahn]

tennis racket het tennisracket

tent de tent

terminus (rail) het eindstation [īnt-stashon]

terrible verschrikkelijk
[versKHrikkelik]

terrific fantastisch [fantastees]

text (message) de tekst
(mededeling) [mayduhdayling]

than* dan
smaller than kleiner dan
[klïner]

thank: thank you (pol) dank u
wel [ōō vel]
(fam) dankjewel [dank-yevel]
thanks bedankt
thank you very much (pol)
dank u vriendelijk [ōō
vreendelik]
(fam) dank je vriendelijk [yuh]
thanks for the lift bedankt
voor de lift [vohr duh]
no, thanks nee, bedankt [nay]

dialogue

thanks bedankt
that's OK, don't mention it
geen dank, graag gedaan
[KHayn dank KHrahkh KHedahn]

that: that boy die jongen [dee
yonguh]
that girl dat meisje [mïshuh]
that one die [dee]
I hope that ... ik hoop dat ...
[hohp]
that's ... dat is ...
is that ...? is dat...?
that's it (that's right) juist [yowst]
the* (sing, common gender) de
[duh]
(sing, neuter) het

(pl) de

theatre de schouwburg [sKHOW-
bōōrKH]

their* hun [hōōn]

theirs* van hen

them* hen
for them voor hen [vohr]
who? – them wie? – zij [vee
– zï]

then (at that time) toen [toon]
(after that) dan

there daar [dahr]
over there daarginds
[dahrKHins]
up there daarboven
[dahrbohvuh]
is there ...? is er ...?
are there ...? zijn er ...? [zïn]
there is ... er is ...
there are ... er zijn ... [zïn]
there you are (giving something:
pol) alstublieft [alstōōbleeft]
(fam) alsjeblieft [als-yebleeft]

thermometer de thermometer
[termomayter]

Thermos® flask de
thermosfles [termosfles]

these*: these men/women
deze mannen/vrouwen
[dayzuh]
I'd like these ik wil deze
graag hebben [vil dayzuh
KHrahKH]

they* ze [zuh]
(emphatic) zij [zï]

thick dik
(stupid) dom

thief de dief [deef]

thigh de dij [dï]

thin (material) dun [dOOn]
(person) mager [mahKHer]
thing het ding
my things mijn spullen [mīn spOOlluh]
think denken [denkuh]
I think so ik denk van wel [vel]
I don't think so ik denk van niet [neet]
I'll think about it ik zal erover nadenken [erohver]
third party insurance de aansprakelijkheidsverzekering [ahnsprahkelik-hīts-verzaykering]
thirsty: I'm thirsty ik heb dorst [hep]
this: this boy deze jongen [dayzuh yonguh]
this girl dit meisje [mīshuh]
this one deze
this is my wife dit is mijn vrouw [mīn vrOW]
is this ...? is dit ...?
those: those men/women die mannen/vrouwen [dee]
which ones? – those welke? – die [velkuh]

thread de draad [draht]
throat de keel [kayl]
throat pastilles de keelpastilles [kaylpastee-yuhs]
through door [dohr]
does it go through ...? (train, bus) gaat de trein/bus via ...? [KHaht duh trīn/bOOs via]
throw gooien [KHohyuh]
throw away weggooien [veKH-KHohyuh]

thumb de duim [dOWm]
thunderstorm de onweersbui [onvayrsbOW]
Thursday donderdag [donderdaKH]
ticket het kaartje [kahrt-yuh]
(for plane) de ticket

dialogue

a return to Rotterdam een retourtje Rotterdam [uhn retOOrt-yuh]
coming back when? wanneer reist u terug? [vannayr rīst OO terOOKH]
today/next Tuesday vandaag/volgende week dinsdag [vandahKH/volKHenduh vayk]
that will be 15.50 dat is dan vijftien vijftig [vīfteen vīftiKH]

ticket office (bus, rail) het loket
tide het getij [KHetī]
tie de stropdas
tight (clothes etc) strak
it's too tight het zit te strak [tuh]
tights de panty [pentī]
till de kassa
time* de tijd [tīt]
what's the time? hoe laat is het? [hoo laht]
this time deze keer [dayzuh]
last time de vorige keer [vohriKHuh]
next time de volgende keer [volKHenduh]

three times drie keer
timetable de dienstregeling
[deenst-rayKHeling]
tin (can) het blik
tinfoil het aluminiumfolie
[alOOminium-fohlee]
tin-opener de blikopener
tiny heel klein [hayl klīn]
tip (to waiter etc) de fooi [foy]
tired moe [moo]
I'm tired ik ben moe
tissues de papieren
zakdoekjes [papeeruh zakdook-
yuhs], de Kleenex®
to: to London naar Londen
[nahr]
to Holland/England naar
Nederland/Engeland
[nayderlant/engelant]
to the post office naar het
postkantoor
toast (bread) het geroosterd
brood [KHerohstert broht]
tobacco de tabak [tahbak]
today vandaag [vandahKH]
toe de teen [tayn]
together samen [sahmuh]
we're together (in shop etc) wij
zijn samen [vī zīn]
toilet het toilet [twa-let]
where is the toilet? waar is
het toilet? [vahr]
I have to go to the toilet ik
moet naar het toilet [moot
nahr]
toilet paper het toiletpapier
[twa-let-papeer]
tomato de tomaat [tomaht]
tomato juice het tomatensap

tomato ketchup de
tomatenketchup [tomatuh-
ketchup]
tomorrow morgen [morKHuh]
tomorrow morning
morgenochtend
[morKHenoKHtent]
the day after tomorrow
overmorgen [ohvermorKHuh]
toner (cosmetic) de toner
tongue de tong
tonic (water) de tonic
tonight vanavond [vanahvont]
tonsillitis de
amandelontsteking
[ahmandelontstayking]
too (excessively) te [tuh]
(also) ook [ohk]
too hot te heet
too much te veel [vayl]
me too ik ook [ohk]
tooth de tand [tant]
toothache de kiespijn
[keespīn]
toothbrush de tandenborstel
toothpaste de tandpasta
top: on top of ... bovenop ...
[bovenop]
at the top bovenaan
[bovenahn]
top floor de bovenste
verdieping [bovuhstuh
verdeeping]
topless topless
torch de zaklantaarn
[zaklantahrn]
total het totaal [totahl]
tour de rondreis [rontrīs]
is there a tour of ...? is er een

excursie naar …? [uhn exkoorsee nahr]

tour guide de gids [KHits]

tourist de toerist [toorist]

tourist information office het toeristenbureau [tooristuh-booroh]

tour operator de reisorganisatie [ris-orKHanisatsee]

towards in de richting van [duh rikHting]

towel de handdoek [handook]

town de stad [stat]
in town in de stad
just out of town even buiten de stad [ayvuh bowtuh duh]

town centre het stadscentrum [stats-sentroom]

town hall het stadhuis [stathows]

toy het stuk speelgoed [stook spaylKHoot]

toys het speelgoed

track (US: platform) het perron
which track is it for Zwolle? vanaf welk perron gaat de trein naar Zwolle? [vanaf velk perron KHaht duh trin nahr]

tracksuit het trainingspak [trayningspak]

traditional traditioneel [tradishonayl]

traffic het verkeer [verkayr]

traffic jam de verkeersopstopping [verkayrs-opstopping]

traffic lights de verkeerslichten [verkayrs-likHtuh]

trailer (for carrying tent etc) de

aanhangwagen [ahnhang-vakHuh]
(US) de caravan

trailer park de camping [kemping]

train de trein [trin]
by train met de trein [duh]

dialogue

is this the train for Vlissingen? is dit de trein naar Vlissingen? [duh trin nahr]
sure jazeker [yazayker]
no, you want that platform there nee, dan moet u naar dat perron [nay dan moot oo nahr]

trainers (shoes) de gymschoenen [KHim-skHoonuh]

train station het station [stahshon]

tram de tram

tram stop de tramhalte [tremhaltuh]

translate vertalen [vertahluh]
could you translate that? zou u dat kunnen vertalen? [zow oo dat koonnuh vertahluh]

translation de vertaling [vertahling]

translator (man/woman) de vertaler/vertaalster [vertahler/ vertahlster]

trash het afval [af-val]

trashcan de vuilnisbak [vowlnisbak]

travel reizen [rīzuh]
 we're travelling around we
 trekken rond [vuh trekkuh ront]
travel agent's het reisbureau
 [rīsbooroh]
traveller's cheque de
 reischeque [rīs-shek]
tray het dienblad [deenblat]
tree de boom [bohm]
tremendous fantastisch
 [fantastees]
trendy modern [mohdairn]
 it is trendy het is in
trim: just a trim, please (to
 hairdresser) alleen bijknippen,
 alstublieft [allayn bī-k-nippuh
 alstmbleeft]
trip (excursion) de reis [rīs]
 I'd like to go on a trip to ...
 ik wil graag een reis maken
 naar ... [vil kHrahkH uhn rīs
 mahkuh nahr]
trolley (in shop) het
 winkelwagentje [vinkel-
 vahkHuht-yuh]
 (at airport) het bagagewagentje
 [bakHaJuh-vakHuht yuh]
trouble de moeilijkheid [moo-
 eelik-hīt]
 I'm having trouble with ... ik
 heb moeilijkheden met ...
 [hep moo-eelik-hayduh]
trousers de broek [brook]
true waar [vahr]
 that's not true dat is niet waar
 [neet]
trunk (US: of car) de kofferbak
trunks (swimming) de
 zwembroek [zvembrook]

try proberen [probayruh]
 can I try it? kan ik het eens
 proberen? [uht uhs]
try on aanpassen [ahnpassuh]
 can I try it on? kan ik het
 passen?
T-shirt het T-shirt
Tuesday dinsdag [dinsdakH]
tulip de tulp [toolp]
tuna de tonijn [tonīn]
tunnel de tunnel [tonnel]
turn: turn left/right ga naar
 links/rechts [kHa nahr links/
 rekHts]
turn off: where do I turn off?
 waar moet ik afslaan? [vahr
 moot ik afslahn]
 can you turn the heating
 off? kunt u de verwarming
 uitdoen? [koont oo duh
 verwarming owtdoon]
turn on: can you turn the
 heating on? kunt u de
 verwarming aandoen?
 [ahndoon]
turning (in road) de bocht [bokHt]
TV de TV [tay-vay]
tweezers het pincet [pinset]
twice twee keer [tvay kayr]
 twice as much twee keer
 zoveel [zovayl]
twin beds twee
 eenpersoonsbedden [tvay
 aynpersohns-bedduh]
twin room de kamer met twee
 eenpersoonsbedden [kahmer
 met tvay aynpersohns-bedduh]
twist: I've twisted my ankle ik
 heb mijn enkel verzwikt [hep

muhn **enkel** verz**vikt**]
type het soort [**soh**rt]
 another type of ... een **a**nder
 soort ...
typical typisch [**tip**ees]
tyre de band [bant]

U

ugly lelijk [**lay**lik]
UK het Verenigd Koninkrijk
 [ver**ay**niKHt **koh**ninkrīk]
ulcer (stomach) de maagzweer
 [**mahKH**-zvayr]
umbrella de paraplu [parapl**oo**]
uncle de oom [ohm]
unconscious bewusteloos
 [bev**oo**stelohs]
under (in position) **o**nder
 (less than) **mi**nder dan
underdone (meat) niet gaar
 [neet KHahr]
underground (railway) de metro
 [**may**tro]
underpants de onderbroek
 [**o**nderbrook]
understand: I understand ik
 begrijp het [beKH**rī**p]
 I don't understand ik begrijp
 het niet [neet]
 do you understand? begrijpt
 u het? [**oo**]
unemployed werkeloos
 [**ver**kelohs]
unfashionable niet modieus
 [neet modi-**urs**]
United States de Verenigde
 Staten [ver**ay**niKHduh **stah**tuh]

university de universiteit
 [**oo**niversit**īt**]
unleaded petrol de loodvrije
 benzine [**loh**tvrī-uh benz**ee**nuh]
unlimited mileage het
 onbeperkt aantal kilometers
 [**ahn**tal kil**o**mayters]
unlock openmaken
 [**o**penmahkuh]
unpack uitpakken [**ow**tpakkuh]
until tot
unusual ongewoon [onKH**evoh**n]
up omhoog [omh**oh**KH]
 up there daarboven
 [dahrb**oh**vuh]
 he's not up yet (not out of bed)
 hij is nog niet op [hī is noKH
 neet op]
 what's up? (what's wrong?) wat
 is er aan de hand? [vat is er ahn
 duh hant]
upmarket (restaurant, hotel etc)
 chic
upset stomach de
 maagstoornis [**mahKH**-stohrnis]
upside down ondersteboven
 [ondersteb**oh**vuh]
upstairs boven [**boh**vuh]
upstream stroomopwaarts
 [strohm**op**vahrts]
urgent dringend [**dringent**]
us* ons
 with us met ons
 for us voor ons [vohr]
USA de V.S. [**vay**-ess]
use gebruiken [KHebr**ow**kuh]
 may I use ...? kan ik ...
 gebruiken?
useful nuttig [n**oo**ttiKH]

usual gebruikelijk
[KHebr**ow**kelik]
the usual (drink) het drankje
wat ik altijd drink [drank-yuh
vat ik alt**ī**t]

V

vacancy: do you have any
vacancies? (hotel) heeft u
nog kamers vrij? [hayft oo nokH
k**ah**mers vr**ī**]
vacation de vakantie [vak**an**see]
on vacation op vakantie
vaccination de vaccinatie
[vaksin**ah**tsee]
vacuum cleaner de stofzuiger
[st**of**z**ow**KHer]
valid (ticket etc) geldig [KH**el**diKH]
how long is it valid for?
hoe lang is het geldig? [hoo
– KH**el**diKH]
valley het dal
valuable waardevol [v**ah**rdevol]
can I leave my valuables
here? kan ik mijn
waardevolle spullen hier
achterlaten? [mīn v**ah**rdevolluh
sp**oo**lluh heer **a**KHterl**ah**tuh]
value de waarde [v**ah**rduh]
van de bestelwagen
[bestelv**ah**KHuh]
vanilla de vanille [van**ee**-yuh]
a vanilla ice cream het
vanille-ijsje [van**ee**-yuh–**ī**shuh]
vary: it varies het verschilt [uht
versKH**il**t]
vase de vaas [v**ah**s]

veal het kalfsvlees [k**a**lfsvlays]
vegetables de groenten
[KHr**oo**ntuh]
vegetarian de vegetariër
[vayKHet**a**hri-er]
(adj: food) vegetarisch
[vayKHet**ah**rees]
vending machine de automaat
[**ow**tom**aht**]
very erg [airKH]
very little for me voor mij
maar een heel klein beetje
[vohr mī mahr uhn hayl klīn b**ay**t-
yuh]
I like it very much (food) ik
vind het heel lekker [vint uht
hayl]
(situation, activity) ik vind het
heel leuk [lurk]
(view, ornaments) ik vind het
heel mooi [moy]
vest (under shirt) het hemd
[hemt]
via via [v**ee**-a]
video (film) de video
(recorder) de video-recorder
view het uitzicht [**ow**tzikHt]
village het dorp
vinegar de azijn [az**ī**n]
visa het visum [v**ee**soom]
visit bezoeken [bez**oo**kuh]
I'd like to visit ... ik zou
graag ... bezoeken [zow
KHr**ah**kH]
vital: it's vital that ... het is
van essentieel belang dat ...
[essensh**ay**l]
vodka de wodka [v**o**dka]
voice de stem

voltage het voltage [voltaJuh]
vomit overgeven [overkHayvuh]

W

waist de taille [tayuh]
waistcoat het vest
wait wachten [vakHtuh]
  wait for me wacht op mij
  [vakHt op mī]
  don't wait for me wacht niet
  op mij [neet]
  can I wait until my wife/
  partner gets here? kan
  ik even wachten tot mijn
  vrouw/partner hier is? [ayvuh
  vakHtuh tot muhn vrow/partner
  heer]
  can you do it while I wait?
  kunt u het doen terwijl ik
  wacht? [koont oo uht doen tervīl ik
  vakHt]
  could you wait here for me?
  kunt u hier even op me
  wachten? [heer ayvuh op muh]
waiter de kelner
  waiter! ober!
waitress de serveerster
  [servayrster]
  waitress! juffrouw! [yoofrow]
wake: can you wake me up
  at 5.30? kunt u me om half
  zes wekken? [koont oo muh
  – vekkuh]
wake-up call het telefoontje
  om u te wekken [telefohnt-yuh
  om oo tuh]
Wales Wales

walk: is it a long walk? is het
  een lange wandeling? [uhn
  languh vandeling]
  it's not far to walk het is niet
  ver lopen [neet vair]
  I'll walk ik ga lopen [kHa]
  I'm going for a walk ik ga een
  eindje wandelen [kHa uhn īnt-
  yuh vandeluh]
wall de muur [moor]
wallet de portefeuille [portuh-
  fur-yuh]
wander: I like just wandering
  around ik hou ervan om
  gewoon wat rond te zwerven
  [how airvan om kHevohn vat ront
  tuh zvairvuh]
want: I want a ... ik wil graag
  een ... [vil kHrahkH uhn]
  I don't want any ... ik wil
  geen ... [kHayn]
  I want to go home ik wil naar
  huis [nahr hows]
  I don't want to ik wil niet
  [neet]
  he wants to ... hij wil ... [hī]
  what do you want? wat wil
  je? [vat vil yuh]
ward (in hospital) de afdeling
  [afdayling]
warm warm [varm]
  I'm so warm ik heb het warm
  [hep]
was*: I was ik was [vas]
  he/she/it was hij/zij/het was
  [hī/zī]
wash wassen [vassuh]
  can you wash these? kunt u
  deze wassen? [koont oo dayzuh]

washhand basin de wasbak [vasbak]

washing (clothes) de was [vas], het wasgoed [vasKHoot]

washing machine de wasmachine [vasmasheenuh]

washing powder het waspoeder [vaspooder]

washing-up: to do the washing-up de afwas doen [afvas doon]

washing-up liquid het afwasmiddel [afvasmiddel]

wasp de wesp [vesp]

watch (wristwatch) het horloge [horlohJuh]

will you watch my things for me? wilt u even op mijn spullen letten? [vilt oo ayvuh op muhn spoolluh]

watch strap het horlogebandje [horlohJuh-bant-yuh]

water het water [vahter]

may I have some water? kan ik wat water krijgen? [vat vahter kriKHuh]

waterproof waterdicht [vahterdiKHt]

waterskiing het waterskiën [vahterski-uh]

wave (in sea) de golf [KHolf]

way: it's this/that way het is deze/die kant uit [dayzuh/dee kant owt]

is it a long way to ...? is het ver naar ...? [vair nahr]

no way! vergeet het maar! [verKHayt uht mahr]

dialogue

could you tell me the way to ...? kunt u mij de weg naar ... vertellen? [koont oo muh duh veKH nahr ... vertelluh]

go straight on until you reach the traffic lights ga rechtuit totdat u bij de stoplichten komt [KHa reKHtowt totdat oo bi duh stopliKHtuh komt]

turn left ga naar links [KHa nahr]

take the first on the right neem de eerste straat rechts [naym duh ayrstuh straht reKHts]

see where

we* we [vuh]
(emphatic) wij [vi]

weak zwak [zvak]

weather het weer [vayr]

dialogue

what's the weather forecast? wat is de weersvoorspelling? [vat is duh vayrsvohr-spelling]

it's going to be fine het wordt mooi weer [vort moy vayr]

it's going to rain het gaat regenen [KHaht rayKHenuh]

it'll brighten up later het zal later opklaren [lahter opklahruh]

wedding de trouwerij [trowerī]
wedding ring de trouwring [trowring]
Wednesday woensdag [voonsdakH]
week de week [vayk]
a week (from) today vandaag over een week [vandahkH ohver ayn]
a week (from) tomorrow morgen over een week [morkHuh]
weekend het weekend [veekent]
at the weekend in het weekend
weight het gewicht [kHevikHt]
weird raar [rahr]
weirdo: he's a weirdo hij is een raar figuur [hī is uhn rahr fikHoor]
welcome: you're welcome (don't mention it) graag gedaan [kHrahkH kHedahn]
well: I don't feel well ik voel me niet lekker [vool muh neet lekker]
she's not well ze is niet erg lekker [zuh is neet erkH]
you speak English very well u spreekt erg goed Engels [oo spraykt erkH kHoot]
well done! goed zo!
this one as well deze ook [dayzuh ohk]
well, well! (surprise) wel, wel! [vel vel]

dialogue

how are you? (pol) hoe maakt u het? [hoo mahkt oo]

(fam) hoe gaat het ermee? [kHaht uht ermay]
very well, thanks, and you? uitstekend, en met u? [owtstaykent en met oo]

well-done (meat) goed doorbakken [kHoot dohrbakkuh]
Welsh Wels [vels]
I'm Welsh ik kom uit Wales [owt]
were*: we/they were wij/ze waren [vī/zuh vahruh]
you were u was [oo vas]
west het westen [vestuh]
in the west in het westen
western westelijk [vestelik]
West Indian Westindisch [vestindees]
wet nat
what? wat? [vat]
what's that? wat is dat?
what should I do? wat moet ik doen? [moot ik doon]
what a view! wat een uitzicht! [ayn owtzikHt]
what bus do I take? welke bus moet ik nemen? [velkuh boos moot ik naymuh]
wheel het wiel [veel]
wheelchair de rolstoel [rolstool]
when? wanneer? [vannayr]
when we get back wanneer we terugkomen [vuh terookkohmuh]
when's the train/ferry? hoe laat gaat de trein/boot? [hoo laht kHaht duh trīn/boht]
where? waar? [vahr]

I don't know where it is ik
weet niet waar het is [vayt
neet]

dialogue

where is the cathedral?
waar is de kathedraal?
[katraydr**ahl**]
it's over there (die staat)
daar [(dee staht) dahr]
could you show me where
it is on the map? kunt
u het me op de kaart
aanwijzen? [kυont ∞ uht muh
op duh kahrt **ahn**vīzuh]
it's just here het is hier
[heer]
see **way**

which: which bus? welke bus?
[**ve**lkuh b∞s]

dialogue

which one? welke?
that one die [dee]
this one? deze? [**day**zuh]
no, that one nee, die [nay]

while: while I'm here terwijl ik
hier ben [ter**vīl** ik heer]
whisky de whisky
white wit [vit]
white wine de witte wijn
[**vit**tuh vīn]
who? wie? [vee]
who is it? wie is daar? [vee is
dahr]

the man who ... de man die ...
[dee]
whole: the whole week de hele
week [**hay**luh vayk]
the whole lot alles
whose: whose is this? van wie
is dit? [vee]
why? waarom? [**vah**rom]
why not? waarom niet? [neet]
wide wijd [vīt]
wife: my wife mijn vrouw
[muhn vr∞w]
will*: will you do it for me?
wilt u dat voor mij doen? [vilt
∞ dat vohr muh doon]
wind de wind [vint]
windmill de molen [**mo**luh]
window het raam [rahm]
(of shop) de etalage [aytal**ah**juh]
near the window bij het raam
[bī uht]
in the window (of shop) in de
etalage [duh]
window seat de plaats bij het
raam [plahts bī uht rahm]
windscreen de voorruit [**vohr**-
r∞t]
windscreen wiper de
ruitenwisser [**row**tuhvisser]
windsurfing windsurfen
[**vl**nts∞rfuh]
windy: it's so windy het is zo
winderig [**vin**deriKH]
wine de wijn [vīn]
can we have some more
wine? kunnen we nog wat
wijn krijgen? [**koon**nuh vuh noKH
vat vīn krī**KH**uh]
wine list de wijnkaart [**vīn**kahrt]

winter de winter [**vin**ter]
in the winter 's winters
[**sv**inters]
winter holiday de
wintervakantie [**vin**tervakansee]
wire het ijzerdraad [**ī**zerdraht]
(electric) het snoer [snoor]
wish: best wishes de beste
wensen [**bes**tuh **ven**suh]
with met
I'm staying with ... ik logeer
bij ... [lohJ**ayr** bī]
without zonder
witness de getuige [KHet**ow**KHuh]
will you be a witness for me?
wilt u mijn getuige zijn? [vilt
oo mīn KHet**ow**KHuh zin]
woman de vrouw [vr0w]
wonderful geweldig [KHe**vel**dikH]
(weather) prachtig [**pra**KHtikH]
won't*: it won't start het wil
niet starten [vil neet]
wood (material) het hout [h0wt]
woods (forest) de bossen
[**bos**suh]
wool de wol [vol]
word het woord [vohrt]
work het werk [vairk]
it's not working het werkt
niet [vairkt neet]
I work in ... ik werk in ...
world de wereld [**vay**relt]
worry: I'm worried ik maak me
zorgen [mahk muh **zor**KHuh]
worse: it's worse het is erger
[**air**KHer]
worst het ergste [**air**KHstuh]
worth: is it worth a visit? is het
de moeite waard om het te

bezoeken? [duh **moo**-ee-tuh vahrt
om uht tuh bez**oo**kuh]
would: would you give this
to ...? zou u dit aan ...
kunnen geven? [z0w oo dit
ahn ... **koo**nnuh KH**ay**vuh]
wrap: could you wrap it up?
kunt u het inpakken? [koont
oo]
wrapping paper het
inpakpapier [**in**pakpapeer]
wrist de pols
write schrijven [sKH**rī**vuh]
could you write it down?
kunt u het opschrijven? [koont
oo uht **op**sKHrīvuh]
how do you write it? hoe
schrijf je het? [hoo sKH**rīf** yuh]
writing paper het schrijfpapier
[sKH**rīf**papeer]
wrong: it's the wrong key het
is niet de goede sleutel [neet
duh KH**oo**duh sl**ur**tel]
this is the wrong train dit
is de verkeerde trein [duh
verk**ay**rduh trīn]
the bill's wrong de rekening
klopt niet [**ray**kening klopt neet]
sorry, wrong number sorry,
ik ben verkeerd verbonden
[verk**ay**rt verb**on**duh]
sorry, wrong room sorry,
verkeerde kamer [verk**ay**rduh
kahmer]
there's something wrong
with ... er is iets mis met ...
[eets]
what's wrong? wat is er? [vat]

X

X-ray de röntgenfoto
[r**oo**ntkHuhfoto]

Y

yacht het jacht [yakHt]
yard de tuin [t0wn]
year het jaar [y**a**hr]
yellow geel [kHayl]
yes ja [ya]
yesterday gisteren [kH**i**steruh]
  yesterday morning
  gistermorgen [kH**i**sterm**o**rkHuh]
  the day before yesterday
  eergisteren [ayrkH**i**steruh]
yet nog [nokH]
  (in questions) al

dialogue

is it here yet? is het er al?
no, not yet nee, nog niet
[nay nokH neet]
you'll have to wait a little
longer yet u zult nog even
moeten wachten [**oo** z**oo**lt
nokH **ay**vuh m**oo**tuh vakHtuh]

yoghurt de yoghurt [y**o**kHh**oo**rt]
you* (pol) u [00]
  (sing, fam) je [yuh]
  (pl, fam) jullie [y**oo**llee]
  this is for you (pol/fam) dit is
  voor u/jou [vohr 00/yow]
  with you (pol/fam) met u/jou

young jong [yong]
your* (pol) uw [00]
  (sing, fam) jouw [yow]
  (pl, fam) jullie [y**oo**llee]
yours* (pol) van u [00]
  (sing, fam) van jou [yow]
  (pl, fam) van jullie [y**oo**llee]
youth hostel de jeugdherberg
[y**u**rkHt-hairberkH]

Z

zero nul [n**oo**l]
zip de ritssluiting [r**i**tssl**ow**ting]
  could you put a new zip
  on? kunt u er een nieuwe
  ritssluiting inzetten? [koont 00
  er uhn **new**-uh ritssl**ow**ting]
zip code de postcode
[p**o**sstkohduh]
zoo de dierentuin [d**ee**ruht0wn]
zucchini de courgette

Dutch

→

English

Colloquialisms

The following are words you might well hear. You shouldn't be tempted to use any of the stronger ones unless you are sure of your audience.

boeien! [**boo**yuh] who cares?
donder op! bugger off!
effe dimme cool it
flex cool
fout [fowt] uncool
gaaf [khahf] cool
geintje! [kh**ī**ntjuh] just joking
godverdomme! [khotverd**o**mmuh] bloody hell!, fucking hell!
hufter! arsehole!
je bent gek! [khek] you're mad!
klootzak! stupid prick! (only to males)
klote wijf! [kl**o**htuh vīf] mean bitch!
krijg de tyfus! [teef**oo**s] sod you!
kroeg (de) [krookh] pub, bar
kut met peren! bullshit!
kutwijf! [k**oo**tvīf] cunt (only to females)
lieve hemel! [**lee**vuh **hay**mel] good heavens!
lul! arsehole!, dickhead!
luldebehanger! stupid bugger! (only to males)
neem je me in de zeik? [naym yuh muh in duh zīk] are you having me on?
oprotten! get lost!
plee (de) [play] loo, john
rot op! get lost!
rotzak! bastard!
smeris [sm**ay**ris] cop, pig
sodemieter op! [s**oh**duhmeeter] fuck off!
tof great
trut! [tr**oo**t] stupid bitch!
verdomme! [ferd**o**mmuh] damn!, shit!
verrek! damn!; sod you!
vet [vayt] cool

aan [ahn] to; on
aan zee by the sea
  aan de kassa betalen pay at
  the cashdesk
aan/uit-schakelaar (de) [ahn/
  owt-skhahkelahr] on/off switch
aanbellen to ring
aanbetaling (de) [ahnbetaling]
  deposit
aanbieding offer
aandoen [ahndoon] to turn on;
  to put on
aangebrand [ahnkhebrant]
  burnt
aangenaam [ahnkhenahm]
  enjoyable, pleasant; pleased
  to meet you
aangenaam kennis te maken
  [tuh mahkuh] pleased to meet
  you, how do you do?
aangenaam, hoe maakt u het?
  [hoo mahkt ᴏᴏ] how do you do?
aangetekende post (de)
  [ahnkhetaykenduh posst]
  registered mail
aanhangwagen (de) [ahnhang-
  vahkhuh] trailer (for carrying
  tent etc)
aankleden: zich aankleden
  [zikh ahnklayduh] to get dressed
aankomen [ahnkohmuh] to
  arrive
aankomst (de) [ahnkomst]
  arrival
aankomsthal (de) arrivals hall
aankoop (de) purchase

aanlegsteiger (de)
  [ahnlekhstikher] jetty
aanmeldingspunt (het) check-
  in
aanpassen [ahnpassuh] to try
  on; to adapt
aanrijden [ahnriduh] to hit, to
  collide with
aanrijding (de) collision
aansluitende vlucht (de)
  [ahnslowtenduh vlookht]
  connecting flight
aansluiting (de) [ahnslowting]
  connection
aansprakelijkheidsverzekering
  (de) [ahnsprahkelik-
  hitsverzaykering] personal
  liability insurance
aanstaande [ahnstahnduh] next
aansteker (de) [ahnstayker]
  cigarette lighter
aantal (het) [ahntal] number,
  amount
**aantekenen: een brief laten
  aantekenen** [ahntaykenuh] to
  register a letter
aantrekkelijk [ahntrekkelik]
  attractive
aanval (de) [ahnval] fit, attack
aanzetten [ahnzettuh] to switch
  on
aardewerk (het) [ahrdevairk]
  crockery; pottery;
  earthenware
aardig [ahrdikh] nice
  ik vind je aardig [yuh ahrdikh] I
  like you
abdij (de) [abdī] abbey
abonnementen season tickets

accepteren [akseptayruh] to accept, to take

accu (de) [akkoo] battery (for car)

accukabels (de) [akkookahbels] jump leads

achter [akhter] behind; at the back

achter mij [mī] behind me

achterkant (de) [akhterkant] back (part)

aan de achterkant at the back

achterlaten [akhterlahtuh] to leave, to leave behind

achterlichten (de) [akhter-likhtuh] rear lights

achternaam (de) [akhternahm] surname, family name

achteruitkijkspiegel (de) [akhterowtkīk-speekhel] rearview mirror

achteruitversnelling (de) [akhterowt-versnelling] reverse gear

adres (het) address

adresboek (het) [adresbook] address book

advocaat/advocate (de) [atvohkaht/atvohkahtuh] lawyer (man/woman)

afdeling (de) [afdayling] department; ward (in hospital)

afgelopen [afkhelopuh] to end

afgelopen vrijdag [afkhelopuh] last Friday

afgeprijsd reduced

afgesproken [afkhesprohkuh] agreed

afgezien van [afkhezeen van]

apart from

afgezonderd [afkhezondert] secluded

afhalen [afhahluh] to pick up

aflopen [aflohpuh] to finish

afrekenen [afraykenuh] to pay

afschuwelijk [afskhoo-uhlik] awful, dreadful

afslag (de) [afslakh] exit

afspraak (de) [afsprahk] appointment; date

afspreken [afspraykuh] to meet

afstand (de) [afstant] distance

afstand houden keep your distance

afval (het) [af-val] rubbish, trash

afvalbak (de) bin

afvalzakken (de) bin liners

afvoerbuis (de) [afvoorbows] drain (in sink)

afvoerkanaal (het) [afvoorkanahl] drain (in road)

afwas: de afwas doen [afvas doon] to do the washing-up

afwasmiddel (het) [afvasmiddel] washing-up liquid

afzender (de) sender

afzonderlijk [afzonderlik] separately

agenda (de) [akhenda] diary

akelig [ahkelikh] nasty

aktentas (de) [aktuhtas] briefcase

al already; yet

algemeen [alkhemayn] general; generally

Algemene Nederlandse Wielrijders Bond Dutch

motoring organization
alle [**alluh**] all
alle richtingen all directions
alleen [**allayn**] alone, by
 oneself; just, only
alleen op dokter's voorschrift
 only on prescription
alleen volgens voorschrift take
 only as prescribed
alleen voor uitwendig gebruik
 for external use only
allemaal [**allemahl**] all of
 them
allergisch [**allairkhees**]
 allergic
alles all of it; everything
 dat is alles that's all
alles inbegrepen everything
 included
allesreiniger all-purpose
 cleaner
als if
alsjeblieft [**als-yebleeft**] here
 you are
alstublieft [**alstoobleeft**] please;
 here you are
altijd [**altīt**] always
aluminiumfolie (**het**) [**alOOmnium-**
 fohlee] tinfoil
amandelontsteking (**de**)
 [**ahmandel-ontstayking**] tonsillitis
ambassade (**de**) [**ambassahduh**]
 embassy
Amerikaans [**amayrikahns**]
 American
ander, andere [**anderuh**]
 different; other; others
 een ander another
andere richtingen other

directions
anders different; otherwise
anjer (**de**) [**anyer**] carnation
annuleren [**annOOlayruh**] to
 cancel
antiekwinkel (**de**) [**anteekvinkel**],
 antiquair (**de**) [**antikair**] antique
 shop
antiseptisch [**antiseptees**]
 antiseptic
antivriesmiddel (**het**)
 [**antivreesmiddel**] antifreeze
ANWB Dutch motoring
 organization
apart distinctive; separate
apart wassen wash
 separately
aparte bedden separate
 beds
apotheek (**de**) [**apotayk**]
 pharmacy, chemist's
arm (**de**) arm; poor
armband (**de**) [**armbant**] bracelet
artikelen goods
artikelen worden niet geruild
 zonder kassabon goods are
 not exchanged without a
 receipt
arts (**de**) doctor
a.s. next
as (**de**) axle
asbak (**de**) ashtray
aspirine (**de**) [**aspirinuh**]
 aspirin
atletiek [**atleteek**] athletics
attentie attention
a.u.b. please
augustus [**uwkhmstOOs**] August
Australië [**owstrahli-uh**]

131

Australia
Australisch [owstrahlis]
Australian
auto (de) [owto] car
autobanden car tyres
automaat (de) [owtomaht] slot
machine; vending machine;
automatic (car)
automatiek fast-food
counter
automatisch [owtomahtees]
automatic
automatische slagboom
automatic barrier
auto-onderdelen spare parts
autopech (de) [owtopekh]
breakdown
autosnelweg (de) [owtosnelvekh]
motorway, highway
autoveerboot (de) [owtovayrboht]
car ferry
autoverhuur (de) [owtoverhoor]
car rental
autowasserette (de)
[owtovasserettuh] carwash
avond (de) [ahvont] evening
's avonds [sahvonts] in the
evening
acht uur 's avonds 8pm
avondmaal (het) [ahvontmahl]
supper
avondmaaltijd (de)
[ahvontmahltīt] evening meal

B

baai (de) [bī] bay
baan (de) [bahn] job
baard (de) [bahrt] beard

babysit (de) baby-sitter
babyvoedsel ['baby'vootsel]
baby food
bad (het) [bat] bath
badhanddoek (de) [bathandook]
bath towel
badkamer (de) [batkahmer]
bathroom
badkuip (de) [batkowp] bathtub
badplaats (de) [batplahts]
seaside resort
bagage (de) [bakhahjuh]
luggage, baggage
bagage controle baggage
check
bagage-afhaalpunt (het)
[bakhahjuh-afhahlpoont],
bagage-afhaalruimte (de)
[bakhahjuh-afhahlrowmtuh]
baggage claim
bagagedepot (het) [bakhahjuh-
depoh] left luggage (office),
baggage checkroom
bagagekluis (de) [bakhahjuh-
klows] luggage locker
bagagekluizen luggage lockers
bagagewagentje (het)
[bakhahjuh-vakhent-yuh] luggage
trolley, (US) cart
bakken to fry
bakkerij (de) [bakkerī] bakery
bal (de) ball
balkon (het) balcony; circle
balpen (de) ballpoint pen
band (de) [bent] band (musical);
tyre [bant]
banddruk (de) [bant-drook] tyre
pressure
bandje (het) [bant-yuh] strap

bank (**de**) bank; couch, sofa

bankbiljet (**het**) [bankbil-yet] banknote, (US) bill

banketbakkerij (**de**) [banket-bakkerī] cake shop

bankrekening (**de**) [bank-raykening] bank account

basiscrème (**de**) [basiskrem] foundation

basistarief (**het**) [bahsis-tahreef] basic tariff

batterij (**de**) [batterī] battery

beambte (**de**) [be-amptuh] official

bodankt thanks

beddegoed bedding

bediening service

bediening niet inbegrepen service not included

bedieningsgeld (**het**) [bedeenings-khelt] service charge

bedoelen [bedooluh] to mean

wat bedoelt u? [vat bedoolt ū] what do you mean?

bedrag (**het**) [bedrakh] amount (money)

bedrijf (**het**) [bedrīf] company, business

bedrijfsleider (**de**) [bedrīfs-lider] manager

bedroefd [bedrooft] sad

been (**het**) [bayn] leg

beet (**de**) [bayt] bite

beetje: een klein beetje [uhn klīn bayt-yuh] a little (bit)

begane grond (**de**) [bekhahnuh khront] ground floor, (US) first floor

begijnhof homes for lay sisters

begin (**het**) [bekhin] start, beginning

in het begin [bekhin] at the beginning

beginneling (**de**) [bekhinneling] beginner

beginnen [bekhinnuh] to begin

begraafplaats (**de**) [bekhrahfplahts] cemetery

begrafenis (**de**) [bekhrahfenis] funeral

begrijpen [bekhrīpuh] to understand

ik begrijp het niet [neet] I don't understand

behalve [behalvuh] except

behandeling (**de**) [behandeling] treatment

behulpzaam [behoolp-zahm] helpful

beide [bīduh] both

een van beide(n) [ayn van] either of them

geen van beiden [khayn van bīduh] neither (one) of them

bejaarde (**de**) [beyahrduh] senior citizen

beker (**de**) [bayker] mug

bekeuring (**de**) [bekuring] fine

bel ... ring ...

ik bel je (wel) I'll give you a ring

belachelijk [belakhelik] ridiculous

belangrijk [belangrīk] important

belasting toegevoegde waarde value-added tax

belastingvrij [belastingvrī] duty-free

belastingvrije winkel duty-free shop

beledigend [belaydikhent] offensive

beleefd [belayft] polite

België [belkhee-uh] Belgium

Belgisch [belkhees] Belgian

bellen to ring, to call

beloof: ik beloof het [belohf uht] I promise

beloven [belohvuh] to promise

ben: ik ben I am

ben zo terug back in a minute

beneden [benayduh] downstairs; at the bottom

bent: jij bent [yĭ] you are (sing, fam)

u bent [oo] you are (pol)

benzine (de) [benzeenuh] petrol, (US) gas

benzineblik (het) [benzeenuh-blik] petrol can

benzinepomp (de) petrol pump, gas pump

benzinestation (het) [benzeenuh-stashon] petrol station, gas station

beroemd [beroomt] famous

beroepsschool (de) [beroops-skhohl] college

beschadigd [beskhahdikht] damaged

beschadigen [beskhahdikhuh] to damage

beschermingsfactor (de) [beskhairmings-faktor] protection factor

beschikbaar available

beslissen to decide

beslissing (de) decision

beslist definitely

beslist niet [neet] definitely not

besmettelijk [besmettelik] infectious

bespreken [bespraykuh] to book; to discuss

best best

beste wensen (de) [bestuh vensuh] best wishes

bestek (het) [bestek] cutlery

besteldienst (de) [bestel-deenst] delivery service

bestelformulier (het) [bestel-formooleer] order form

bestellen [bestelluh] to order

bestelling (de) delivery; order

bestelwagen (de) [bestel-vahkhuh] delivery van

bestemming (de) destination

bestuurder (de) [bestoorder] driver

betaalpas (de) [betahlpas] cheque card, check card

betalen [betahluh] to pay

wie betaalt er? [vee] who's paying?

beter [bayter] better

beurs (de) [burs] trade fair

bevatten [bevattuh] to include; to contain

bevelen [bevayluh] to recommend

bevestigen [bevestikhuh] to confirm

bevroren [bevrohruh] frozen

bewaakte fietsenstalling

supervised bicycle park/sheds

bewegen [bevaykhuh] to move

bewolkt [bevolkt] cloudy

bewusteloos [bevoostelohs] unconscious

bezet engaged, occupied
is deze plaats bezet? [dayzuh] is this seat taken?

bezichtigen [bezikhtikhuh] to see, to visit

bezienswaardigheden (de) [bezeens-vahrdikh-hayduh] sights

bezoeken [bezookuh] to visit

bezorgen [bezorkhuh] to deliver

b.g.g. if there is no answer

b.h. (de) [bay-ha] bra

bibliotheek (de) [bibliotayk] library

bij [bī] at
bij Jan [bī] at Jan's

bijbetaling (de) [bībetahling] supplement

bijna [bīna] almost, nearly

bijvoorbeeld [bīvohrbayll] for example

binnen indoors, inside
binnen een uur weer aanwezig back within an hour

binnenbad (het) [binnuhbat] indoor pool

binnenband (de) [binnuhbant] inner tube

binnengaan to enter

binnenkomen to come in

binnenlands national, inland, domestic

binnenlands tarief inland postage rate

binnenlandse vlucht (de) [binnuhlantsuh vlookht] domestic flight

bioscoop (de) [bioskohp] cinema

bips (de) bottom (of person)

blaar (de) [blahr] blister

blad (het) [blat] leaf

bladzijde (de) [blatzīduh] page

blauw [blow] blue

blauwe plek (de) [blowuh] bruise

blauwe zono: parkeren alleen met parkeerschijf blue zone: parking only with parking disk

bleek [blayk] pale

bleekmiddel (het) [blaykmiddel] bleach

blij [blī] glad

blijven [blīvuh] to stay

blik (het) can, tin

blikje bier (het) [blikyuh beer] can of beer

blikopener (de) can-opener, tin-opener

bliksem (de) lightning

blindedarmontsteking (de) [blinduh-darm-ontstayking] appendicitis

bloed (het) [bloot] blood

bloem (de) [bloom] flower

bloembol (de) [bloombol] bulb (flower)

bloemist (de) [bloomlst] florist

bloemwinkel (de) [bloomvinkel] flower shop

bloes (de) [blooe] blouse

blusapparaat (het)

[bl00sapparaht] fire extinguisher

bocht (de) [bokht] bend, turning (in road)

boek (het) [book] book

boeken en tijdschriften books and magazines

boekwinkel (de) [bookvinkel] bookshop, bookstore

boerderij (de) [boorderī] farm

bof (de) mumps

bollenvelden (de) [bolluhvelduh] bulb fields

bont furs

boodschap (de) [bohtskhap] message

boom (de) [bohm] tree

boord (het) [bohrt] collar (on shirt)

boos [bohs] angry

boot (de) [boht] boat

bootdienst ferry service

boottocht (de) [bohttokht] boat trip

bootverhuur boat hire

bord (het) [bort] plate; sign

borgsom (de) [borkhsom] deposit

borrel (de) drink (alcoholic)

borst (de) breast; chest

borstbeeld (het) [borstbaylt] bust

borstel (de) brush

borstkas (de) [borstkas] chest

bos (het) forest

bossen (de) woods

bot (het) bone

botsing (de) crash

bougie (de) [boojee] spark plug

boulevard (de) [boolevart] seafront

boven [bohvuh] at the top; above; upstairs

bovenaan [bohvenahn] at the top

bovenop ... [bohvenop] on top of ...

bovenste verdieping (de) [bovenstuh verdeeping] top floor

brand (de) [brant] fire

brandalarm (het) [brantalarm] fire alarm

brandblusapparaat (het) [brantbl00s-appahraht] fire extinguisher

brandgevaar fire risk

brandtrap (de) [brant-trap] fire escape

branduren: ... will burn for ...

brandweer (de) [brantvayr] fire brigade

brandweerkazerne fire station

brandwond (de) [brantvont] burn

breken [braykuh] to break

brengen to bring; to take

breuk (de) [brurk] fracture

brief (de) [breef] letter

briefje van tien (het) [breef-yuh van teuh] ten-guilder note/bill

briefje van vijf [vīf] five-guilder note/bill

briefje van vijfentwintig [vīfentvintikh] twenty-five-guilder note/bill

briefkaart (de) [breefkahrt] postcard

bries (de) [brees] breeze

brievenbus (de) [breevuhb00s]

letterbox, mailbox
bril (de) glasses, (US) eyeglasses
Brits British
broche (de) [brokhuh] brooch
broek (de) [brook] trousers, (US) pants
broer (de) [broor] brother
bromfiets (de) [bromfeets] moped
brood en banket bread and pastries
brug (de) [brookh] bridge
bruin [brown] brown
bruine café (het) older style pub/café
bruine kleur (de) [brownuh klur] tan
bruingebrand [brown-khebrant] suntanned
bruisend [browsent] fizzy
BTW VAT
buigtang (de) [bowkhtang] pliers
buik (de) [bowk] stomach
buiten [bowtuh] outdoors, outside
buiten gebruik out of order
buiten het bereik van kinderen houden/bewaren keep out of the reach of children
buitenbad open-air swimming pool
buitenland (het) [bowtuhlant] abroad
 in het buitenland abroad
buitenlander (de) [bowtuhlander] foreigner
buitenlands [bowtuhlants] foreign
buitenlands geld (het) [khelt]

foreign currency
buitenlucht: in de buitenlucht [duh bowtuhlookht] in the open air
buitensport (de) [bowtensport] outdoor sports, field sports
buitentemperatuur (de) [bowtuh-temperahtoor] outside temperature
buitenwijk (de) [bowtuhvïk] suburb
bumper (de) [boomper] bumper, (US) fender
bureau voor gevonden voorwerpen (het) [booroh vohr khevonduh vohrvairpuh] lost property office, lost and found
bus (de) [boos] bus
bus naar het vliegveld (de) airport bus
busdienst (de) [boosdeenst] bus service
busdienst van NS bus service run by Dutch Railways
bushalte (de) [boos-haltuh] bus stop
buskaart (de) [boos-kahrt] bus ticket
busstation (het) [boos-stashon] bus station
bustocht (de) [boostokht] coach trip
buurt (de) [boort] neighbourhood
 in de buurt van [in duh boort van] near
buurtcafe (het) [boortkafay] local pub/bar

BV Ltd, Inc

b.v. for example

C

cadeau (het) [kahdoh] gift

cadeauwinkel (de) [kahdoh-vinkel] gift shop

café (het) [kahfay] café; pub

café-restaurant (het) restaurant, café without a licence

cafetaria, cafeteria (het) snack bar

camping (de) campsite

Canadees [kanadays] Canadian

caravan (de) caravan, (US) trailer

cassettebandje (het) [kassettuh-bant-yuh] cassette, tape

centraal [sentrahl] central

centrale verwarming (de) [sentrahluh vervarming] central heating

centrum (het) [sentroom] centre

check-in-balie (de) ['check-in'-balee] check-in

chef (de) manager (restaurant)

chemisch reinigen dry-clean

chequeboek (het) [shekbook] cheque book, check book

chic posh; upmarket

chips (de) [ships] crisps, (US) chips

chocola(de) (de) [shokolah(duh)] chocolate

chocolaterie (de) chocolate shop

chrysant (de) [khrisant] chrysanthemum

cijfer (het) [sīfer] figure, number

coffeeshop (de) café (often selling soft drugs)

collect gesprek (het) [khesprek] reverse charge call, collect call

conferentie (de) [konferensee] conference

conferentiezaal conference room

conserveringsmiddel preservative

constipatie (de) [konstipahtsee] constipation

consulaat (het) [konsoolaht] consulate

contact opnemen [kontakt opnaymuh] to contact

contactpunten (de) [kontakt-poontuh] points (in car)

contant geld (het) [khelt] cash

controle (de) [kontroluh] check, inspection

controleren [kontrohlayruh] to check

controleur (de) [kontrohlur] inspector

cosmetica (de) [kosmaytika] cosmetics

couchette (de) bunk; sleeper

coupe (de) [koop] haircut

coupé (de) [koopay] compartment

couvert cover charge

crème (de) [krem] cream, lotion

crèmespoeling (de) [krem-spooling] conditioner

C.S. Central Station

CV Limited Partnership

c.v. central heating; co-op

D

daar [dahr] there; down there; over there

daar spreekt u mee speaking

daarboven [dahrbohvuh] up there

daarginds [dahrkhins] over there

dag (de) [dakh] day; hello
de dag ervoor [ervohr] the day before

dagboek (het) [dakhbook] diary

dagelijks [dahkheliks] daily

dagexcursie (de) [dakh-okskoorsee] day trip

dagkaart (de) [dakh-kahrt] ticket giving unrestricted bus, tram or metro travel within a zone for one day

dagretourtje (het) [dakh-retoor-tyuh] day-return ticket, (US) round-trip ticket

dak (het) roof

dal (het) valley

dalurenkaart (de) [daloeruhkahrt] season ticket for off-peak travel

dame (de) [dahmuh] lady

dames (de) [dahmes] ladies, ladies' restroom

damesconfektie (de) [dahmes-konfeksee] ladies' wear

dameskapper (de) [dahmeskapper] ladies' hairdresser

dameskapsalon (de) ladies' hairdresser

dameskleding (de) [dahmes-klayding] ladies' wear

damesslipje (het) [dahmuhs-slip-yuh] panties

damestoilet (het) [dahmes-twa-let] ladies' room

dan than; then

dankbaar [dankbahr] grateful

danken [dankuh] to thank

dank je, dankjewel [yuh vel] thank you

dank u, dank u wel [oo] thank you

nee, dank u/je [nay] no, thanks

dans (de) dance

dansen to dance

dat that
dat is ... that's ...
is dat...? is that ...?
dat is zo that's true
dat kan OK, no problem
dat klopt that's right

datum (de) [dahtoom] date

de [duh] the

de heer [duh hayr] Mr

deel (het) [dayl] part

Deens [dayns] Danish

defect [duhfekt] faulty; out of order

dekbed (het) [dekbet] duvet

deken (de) [daykuh] blanket

deksel (het) lid

dekstoel (de) [dekstool]

deckchair

delen [**day**luh] to share

deltavliegen (**het**) [**delta**-vleekhuh] hang-gliding

Den Haag [hahkh] the Hague

Denemarken [**day**nemarkuh] Denmark

denk aan uw lichten remember your lights

denken to think

ik denk van niet [neet] I don't think so

ik denk van wel [van vel] I think so

deur (**de**) [dur] door

deur sluiten alstublieft please close the door

deuren sluiten doors close, last admission

deze [**day**zuh] this; this one; these; these ones

Dhr [duh hayr] Mr

dia (**de**) [**dee**-a] slide, transparency

diamant (**de**) diamond

diapositieven (**de**) [**dee**-ah-posit**ee**vuh] slides, transparencies

diarree (**de**) [**dee**-array] diarrhoea

dicht shut

dichtbij [dikht**bī**] near; nearby

die [dee] that; those; that one

dieet (**het**) [di**ayt**] diet

dief (**de**) [deef] thief

dienblad (**het**) [**deen**blat] tray

dienst inbegrepen service included

dienstdoend apotheker duty chemist

dienstdoend doktor doctor on call

diensten openbaar vervoer public transport services

dienstregeling (**de**) [**deenst**-raykheling] timetable, (US) schedule

diep [deep] deep

diepvries (**de**) [deep-vrees] freezer

diepvrieseten (**het**) [deep-vrees-**ay**tuh] frozen food

dier (**het**) [deer] animal

dierentuin (**de**) [**deeruh**-town] zoo

dij (**de**) [dī] thigh

dijk (**de**) [dīk] dyke

dik fat; thick

dimlichten dipped headlights, dimmed headlights

dim uw lichten dip your lights, dim your lights

diner (**het**) [di**nay**] dinner

dineren [di**nay**ruh] to have dinner

ding (**het**) thing

dinsdag [**dins**dakh] Tuesday

directeur (**de**) [deerek**tur**] director, president

dit this

dit is ... this is ...

is dit ...? is this ...?

dit is voor u/jou [vohr ∞/yow] this is for you

diverse smaken various flavours

dochter (**de**) [**do**khter] daughter

doden [dohduh] to kill
doe-het-zelf-winkel (de) DIY shop
doek (de) [dook] cloth
doen [doon] to do
  wat is er te doen? [tuh doon] what's happening?, what's on?
dokter (de) doctor
dom thick, stupid
domkerk (de) cathedral
donderdag [dondordakh] Thursday
donker dark
donkerblauw [donkerblow] dark blue
dood [doht] dead
doodlopende weg dead-end
doodop [dohtop] shattered, dead tired
doof [dohf] deaf
dooi (de) thaw
door [dohr] through; by
doorgaande trein through train
doorgang passage
doorsturen [dohrstooruh] to forward
doos (de) [dohs] box
dop (de) cap (of bottle)
dorp (het) village
dorst: ik heb dorst [hep] I'm thirsty
dosering voor kinderen dosage for children
dosering voor volwassenen dosage for adults
douane (de) [duhwanuh] Customs

douche (de) [doosh] shower
douchegel (de) [doosh-jel] shower gel
dozijn (het) [dozīn] dozen
draad (de) [draht] thread
draaien [drah-yuh] to dial
dragen [drahkhuh] to carry
drank (de) drink
  aan de drank zijn to be having a drink
drankje (het) [drank-yuh] drink (alcoholic); medicine
dringend [dringent] urgent
drinken to drink
  wil je iets drinken? [vil yuh] can I get you a drink?
drinkglas (het) glass (for drinking)
drinkwater [drinkvater] drinking water
drogisterij (de) [droh-khisterī] non-dispensing pharmacy
dronken drunk
dronken achter het stuur [akhter uht stoor] drunk driving
droog [drohkh] dry
droog föhnen [foonuh] to blow-dry
drooglijn (de) [drohkh-līn] clothes line
droogtrommel (de) [drohkh-trommel] spin-dryer
droom (de) [drohm] dream
druk [drook] busy; crowded; lively
drukwerk [drookvairk] printed matter
D-trein (international) through train with supplement
dubbel [doobbel] double

dubbeltje (**het**) [dOObbel-tyuh] 10-cent coin

duidelijk [dOwdelik] clear, obvious

duikbril (**de**) [dOwkbril] goggles (for swimming)

duiken [dOwkuh] to dive; diving

duikplank (**de**) [dOwk-plank] diving board

duim (**de**) [dowm] inch; thumb

Duits [dowts] German

Duitsland [dOwtslant] Germany

duizelig [dOwzelikh] dizzy

dun [dOOn] thin

duur [dOOr] expensive

duwen [dOOwuh] to push

dwaas [dvahs] silly

d.w.z. i.e.

E

echt [ekht] real, genuine; really

echtgenoot (**de**) [ekht-khenoht] husband

echtpaar (**het**) [ekhtpahr] (married) couple

echtwaar? [ekhtvahr] really?

een [uhn] a, an; [ayn] one

eenpersoonsbed (**het**) [aynpersohns-bet] single bed

eenpersoonskamer (**de**) [aynpersohns-kahmer] single room

eenrichtingverkeer one-way traffic

eenvoudig [aynvOWdikh] plain; simple

eergisteren [ayrkhisteruh] the day before yesterday

eerlijk [ayrlik] honest; fair

eerst [ayrst] first; at first

eerst kloppen alstubieft please knock before entering

eerste hulp (bij ongelukken) (**de**) [ayrstuh hOOlp (bī onkhelOOkkuh)] first aid

eerste hulpafdeling (**de**) [ayrstuh hOOlpafdayling] casualty department

eerste klas [ayrstuh] first-class

eerste straat links (**de**) [straht] first on the left

eerste straat rechts first on the right

eerste verdieping (**de**) [ayrstuh verdeeping] first floor, (US) second floor

eetcafé (**het**) [aytkafay] café-restaurant

eethuis (**het**) [aythows] restaurant

eetkamer (**de**) [aytkahmer] dining room

eet smakelijk! enjoy your meal!

eetzaal (**de**) [aytzahl] dining room

effen plain

EHBO first aid

eigenaar/eigenaresse (**de**) [īkhenahr/ikhenaressuh] owner (man/woman)

eigen badkamer [īkhuh batkahmer] private bathroom

eind: aan het eind van ... [īnt] at the bottom of ... (road) einde (**het**) [**īn**duh] end

einde autosnelweg end of motorway

einde bebouwde kom end of built-up area

einde parkeerverbod met verplicht gebruik van een parkeerschijf end of parking restriction and obligatory use of parking disk

eindje: een eindje [uhn **īnt**-yuh] a short distance

eindstation (**het**) [**īnt**-stashon] terminus

elastiekje (**het**) [elas**teek**-yuh] rubber band

elastisch [ay**las**tees] elastic

electricien (**de**) [aylektris**yuh**] electrician

electriciteit (**de**) [aylektrisit**īt**] electricity

electriciteitsstoring (**de**) [aylektrisitits-**stohring**] power cut

electrisch [aylek**trees**] electric

electrische apparaten (**de**) [aylek**tris**huh] electrical appliances

electrische kachel (**de**) [**kakhel**] electric fire

elk, elke [**elkuh**] each

elleboog (**de**) [**elle**bohkh] elbow

emmer (**de**) [**ellebohkh**] bucket

en and

Engels English

in het Engels in English

enkel (**de**) ankle

enkele reis (**de**) [**enk**eluh **rīs**] single journey/ticket, one-way trip/ticket

enkeltje (**het**) [**enkel**-tyuh] single ticket, one-way ticket

entree entry

entreeprijs [an**tray**pris] admission price

er: hij is er nog he is still here/there

er is ... there is ...

er is geen ... meer [mayr] there's no ... left

er zijn ... [zīn] there are ...

er kan nog een trein komen there may be a train after this one

erg [airkh] very

ergens [**airkh**ens] somewhere

ergens anders [**airkh**ens] somewhere else

erger: het is erger [**air**kher] it's worse

ergste (**het**) [**airkh**stuh] worst

ernstig [**airn**stikh] serious; nasty

ervaren [air**vah**ruh] experienced

essentieel [essen**shayl**] essential

etage (**de**) [ay**tah**juh] floor

etalage (**de**) [aytal**lah**juh] shop window

eten (**het**) [**ay**tuh] to eat; food

etenswaren (**de**) [**ay**tensvahruh] food

etiket (**het**) label

EuroCity international fast train, may be boarded for local journeys

EuroNight night train with sleeping compartments

Europa [ur**roh**pa] Europe

Europees [urro**pays**] European

Europese kwaliteitsnachttrein

143

European luxury night train
Europese kwaliteitstrein
European luxury train
Evangelische Kerk Evangelical
Church
even [ayvuh**]** just, for a
moment
even weg gone for a minute
expres trein met toeslag
express train with
supplement
exprespost express mail
expresse [expressuh] express
(mail)
per expresse sturen send by
special delivery
**expressepost van stukken
tot en met 250gr.** express
mail for articles up to and
including 250 gr.

F

fa firm
fabricage manufacture
fabriek (de) [fabreek] factory
fabrikaat make
familiekaarten family tickets
familielid (het) [fameelee**lit]**
relative
fantastisch [fantastees**]** fantastic
favoriet [fahvoreet**]** favourite
feest (het) [fayst] party
(celebration)
feestdag (de) [fayst-dakh**]**
public holiday
fel bright
fiets (de) [feets] bicycle
fietsen (het) [feetsuh**]** cycling;

to cycle
fietsen en/of bagage bicycles
and/or luggage
fietsenmaker (de) [feetsuh-
mahker] bicycle repairer
fietsenreparatie bicycle repairs
fietsenstalling bicycle shed
**fietsenstalling, verkoop,
verhuur en reparatie** bicycle
storage, sale, rental and
repairs
fietsen te huur bicycles to rent
fietsverhuur bicycles to rent
fietsenwinkel bicycle shop
fietser (de) [feetser] cyclist
fietskluizen [feetsklowzuh**]**
bicycle lockers
fietspad cycle path
fietspomp (de) [feetspomp**]**
bicycle pump
file (de) [feeluh] traffic jam,
tailback
filevorming (de) [feeluh-vorming**]**
traffic buildup, congestion
filiaal (het) [fili-ahl**]** branch
filmrolletje (het) [filmrollet-yuh**]**
roll of film
firma (de) firm
flat (de) [flet] flat, apartment
**flat met eigen
kookgelegenheid [**ikhuh koh**k-
khelaykhenhit]** self-catering
apartment
flatgebouw (het) [fletkhebow**]**
apartment block
flauwvallen [flowvalluh**]** to faint
fles (de) bottle
flitser (de) [flitser] flash
föhnen [furnuh**]** to blow-dry

fontein (de) [fontīn] fountain

fooi (de) [foy] tip (to waiter etc)

fopspeen (de) [fopspayn] dummy, (US) pacifier

formeel [formayl] formal

formulier (het) [formOOleer] form (document)

fornuis (het) [fornOws] cooker

fotoalbum (het) [foto-albOOm] photo album

foto-artikelen camera shop

fotograaf photographer

fototoestel (het) [fototoostel] camera

fotowinkel (de) [fotovinkel] camera shop

fourniturenzaak haberdashery

fout (de) [fowt] error, mistake

Frankrijk [frankrīk] France

Frans French

fris fresh

fruitmand (de) [frowtmant] fruit basket

fruitschaal (de) [frowtskhahl] fruit bowl

fruitwinkel (de) [frowtvinkel] fruitshop

G

gaan [khahn] go

gaan liggen [khahn likhuh] to lie down

gaan zitten to sit down

gaar [khahr] cooked

gang (de) [khang] corridor

garantie (de) [kharantsee] guarantee

garderobe (de) [kharderobuh] cloakroom, checkroom

gasfles (de) [khasfles] gas cylinder

gaspedaal (het) [khas-pedahl] accelerator, gas pedal

gast (de) [khast] guest

gastvrijheid (de) [khastvrīhīt] hospitality

gat (het) [khat] hole

gauw [khow] soon

ga weg! [kha vekh] go away!

ga zitten! [kha] sit down!

geadresseerde addressee

geb. born

gebeuren [kheburuh] to happen
 wat is er gebeurd? what's happened?

gebied (het) [khebeet] area

geboortedatum date of birth

geboorteplaats place of birth

geboren [kheboruh] born

gebouw (het) [khebOW] building

gebroken [khebrohkuh] broken

gebruik use

gebruik van wagentje/mandje verplicht use of trolley/basket obligatory

gebruikelijk [khebrOWkelik] usual

gebruiken [khebrOWkuh] to use

gebruiksaanwijzing instructions for use

geeft: het geeft niet [khayft neet] it doesn't matter

geeft niks never mind

geel [khayl] yellow

geen [khayn] no, not any, none
 ik heb geen ... [hep] I don't have any ...
 ik wil geen ... [vil] I don't

want any ...

geen een [ayn] none, not any

geen antwoord no answer

geen dank don't mention it

geen doorgaande weg no
through road

geen drinkwater not drinking
water

geen fietsen tegen het raam
plaatsen a.u.b. please do
not lean bicycles against the
window

geen honden no dogs

geen lawaai na 10 uur
alstublieft no noise after 10
o'clock please

geen lifters no hitchhikers

geen maximum snelheid no
speed limit

geen toegang no entry

geen uitgang no exit

geen zelfbediening no self-
service

gefabriceerd in ... made in ...

gefeliciteerd! [khefaylisitayrt]
congratulations!

gegarandeerd [khekhahrandayrt]
guaranteed

gehandicapt [khehendikept]
disabled

geïnteresseerd [kheh-
interresayrt] interested

gek [khek] mad, crazy

geld (het) [khelt] money

geld in sleuf werpen put
money in the slot

geld inwerpen insert coins

geld terug money back;
returned coins

geldautomaat (de)
[kheltowtomaht] cash dispenser,
ATM

geldig [kheldikh] valid

geldig van ... tot ... valid from
... to ...

geleden: een uur geleden
[khelayduh] an hour ago

een week geleden a week
ago

gelegen [khelaykhuh]
convenient

geleidelijk [khelīdelik] gradually

gelijk [khelīk] right

je had gelijk [yuh hat] you
were right

geloven [khelohvuh] to believe

geluk (het) [khelook] luck

gelukkig [khelookkikh] happy;
fortunately

Gelukkig Nieuwjaar! Happy
New Year!

gemakkelijk [khemakkelik] easy

gemarkeerde wandeling
signposted walk

gemeenschappelijke douches
communal showers

gemeente municipal

gemeentehuis town hall,
municipal buildings

gemiddeld [khemiddelt]
medium; on average

genezen [khenayzuh] to cure

genoeg [khenookh] enough

geopend [khuh-ohpent] open

gepast geld the right change;
exact fare

gepensioneerd [khepenshonayrt]
retired

gepensioneerde (**de**) [khepenshon**ay**rduh] pensioner

Gereformeerde Kerk Calvinist Church

gereserveerd [kheraysairv**ay**rt] reserved

gescheiden [kheskh**ī**duh] divorced; separated

gesloten [khesl**oh**tuh] closed

gesloten voor alle verkeer closed to all traffic

gesmaakt: heeft het gesmaakt? [hayft uht khesm**ah**kt] did you enjoy your meal?

gesprek (**het**) [khesprek] call; conversation

in gesprek engaged, busy

gesprekken via de PTT telefoniste operator-connected calls

gesprongen [khespr**o**nguh] burst

gestoken [khest**oh**kuh] stung

getij (**het**) [khet**ī**] tide

getrouwd [khetr**ow**t] married

geval: in geval van nood in case of emergency

gevaar danger

gevaarlijk [khev**ah**rlik] dangerous

gevaarlijke bocht dangerous bend

gevaarlijke stoffen dangerous substances

gevaarlijke stroming dangerous current

gevaarlijke wegkruising dangerous junction

gevecht (**het**) [khev**e**kht] fight

geven [kh**ay**vuh] to give

gevonden [khev**o**nduh] found

gevonden voorwerpen [khev**o**nduh v**oh**rvairpuh] lost property, lost and found

geweldig [khev**e**ldikh] great, excellent; exciting

gewicht (**het**) [khev**i**kht] weight

gewond [khev**o**nt] injured

gewoon [khev**oh**n] ordinary

gewoonte (**de**) [khev**oh**ntuh] custom

gezagvoerder (**de**) [khez**a**kh-voorder] captain

gezellig cosy; warm, friendly

gezelschap (**het**) [khez**e**lskhap] party, group; company

gezicht (**het**) [khez**i**kht] face

gezien: heeft u ... gezien? [hayft oo ... khez**eu**h] have you seen ...?

gezin (**het**) [khez**i**n] family

gezond [khez**o**nt] healthy

gezondheid [khezont-h**ī**t] health

gezondheid! bless you!

gids (**de**) [khits] tour guide

giftig [kh**i**ftikh] poisonous

girostortingen girobank deposits

gisteravond [kh**i**ster-**ah**vont] last night

gisteren [kh**i**steruh] yesterday

gistermorgen [kh**i**ster-m**o**rkhuh] yesterday morning

glad [khlat] slippery

glimlachen [khl**i**mlakhuh] to smile

gloeilamp (**de**) [khl**oo**-ee-lamp] light bulb

godsdienst (**de**) [khots-deenst]
religion

goed [khoot] good; all right,
OK; properly

dat is goed all right

zo is het goed keep the
change

goed meneer [khoot menayr]
yes sir

goed zo! good!; well done!

Goede Vrijdag [khooduh vrīdakh]
Good Friday

goedemiddag [khooyuh-
middakh] good afternoon

goedemorgen [khooyuh-
morkhuh] good morning

goedenacht [khooyuh-nakht]
good night

goedenavond [khooyuh-ahvont]
good evening

goedendag [khooyuh-dakh]
hello

goedkoop [khootkohp] cheap,
inexpensive

goeie reis! [khooyuh rīs] have a
good journey!

golf (**de**) [kholf] wave

golfbaan (**de**) [golfbahn] golf
course

golfen (**het**) [golfuh] golf

gooien [khohyuh] to throw

gootsteen (**de**) [khohtstayn] sink

gordel (**de**) safety belt

gordijnen (**de**) [khordīnuh]
curtains

goud (**het**) [khowt] gold

gouden gids (**de**) [khowduh khits]
yellow pages

graag: ik wil graag ... [vil

khrahkh] I'd like ...; I want ...

ik zou graag ... [zow] I'd
like ...

graag gedaan [khrahkh khedahn]
my pleasure, you're welcome

gracht (**de**) [khrakht] canal

grap (**de**) [khrap] joke

grappig [khrappikh] funny,
amusing

grasveld (**het**) [khrasvelt] lawn

gratis [khrahtis] free

grens (**de**) [khrens] border

grenswisselkantoor (**het**)
[khrensvissel-kantohr] bureau de
change

Griekenland [khreekuhlant]
Greece

Grieks [khreeks] Greek

griep (**de**) [khreep] flu

grijs [khrīs] grey

groen [khroon] green

groenten (**de**) [khroontuh]
vegetables

groentewinkel (**de**)
[khroontuhvinkel] greengrocer

groep (**de**) [khroop] group

groepsreizen group travel

grond (**de**) [khront] ground

op de grond [duh] on the
floor; on the ground

groot [khroht] big, large

Groot-Brittannië [khroht-
brittanni-uh] Great Britain

grootmoeder (**de**) [khrohtmooder]
grandmother

grootvader (**de**) [khrohtvahder]
grandfather

grot (**de**) [khrot] cave

grote [khrohtuh] big, large

grote kerk cathedral
grote maat [maht] large size
grote weg (de) [veg] main road
GSM (de) [khay-ess-em] mobile
 phone
gulden (de) [khoolduh] guilders
gulzig [khoolzikh] greedy
gummetje (het) [khoommet-yuh]
 rubber, eraser

H

haar (het) [hahr] hair; her
 dat is van haar [van] that's
 hers
haarborstel (de) [hahrborstel]
 hairbrush
haardroger (de) [hahr-drohkher]
 hairdryer
haardvuur (het) [hahrtvoor]
 open fire
haargel (de) [hahr-gel] hair gel
haarlak (de) [hahrlak] hair spray
haarspelden (de) [hahrspelduh]
 hairgrips, (US) barrettes
haarstudio hairdressing salon
haast nooit [hahst noyt] hardly
 ever
 ik heb haast [hep] I'm in a
 hurry
haasten: (zich) haasten [(zikh)
 hahstuh] to hurry
hak (de) heel (of shoe)
hakkenbar (de) heelbar
halen [hahluh] to get, to fetch
halfpension [half-penshon] half
 board
hal (de) hall
halsketting (de) necklace

halte (de) stop
halve prijs (de) [pris] half fare;
 half-price
hand (de) [hant] hand
hand- manual
handbagage (de) [hant-
 bakhahjuh] hand luggage
handdoek (de) [handook] towel
handrem (de) [hantrem]
 handbrake
handschoenen (de) [hant-
 skhoonuh] gloves
handtas (de) [hant-tas]
 handbag, (US) purse
handtekening (de) [hant-
 toykening] signature
handvat (het) [hantvat] handle
handwerkartikelen handicrafts
handwerkwinkel (de)
 [hantvairkvinkel] handicraft
 shop
hangt: het hangt af van de ...
 [van duh] it depends on
 the ...
 dat hangt ervan af [airvan] it
 depends
haring (de) [hahring] tent peg;
 herring
hartelijk gefeliciteerd! [hartelik
 khefaylisitayrt] happy birthday!
haten [hahtuh] to hate
haven (de) [hahvuh] docks,
 harbour, port
hebben to have
heeft u ...? [hayft oo] do you
 have ...?
heel [hayl] very; quite
heerlijk [hayrlik] delicious,
 excellent

heet [hayt] hot

het is heet ['tis] it's hot

hij/zij heet ... [hī/zī] he/she is called ...

hoe heet het? [hoo] what's it called?

ik heet ... my name's ...

heidevelden heathland

hek (het) gate

helaas [haylahs] unfortunately

helder clear

hele dag (de) [hayluh] all day

de hele week [hayluh vayk] the whole week

helemaal [haylemahl] altogether, completely

helemaal niet [neet] not in the least

helpen to help

hem him

dat is van hem [van] that's his

hemd (het) [hemt] vest

hemel (de) [haymel] sky

hen them

hengel (de) fishing rod

heren gentlemen; gents, men's room

herenconfectie (de) [hayruh-konfeksee] menswear

herenkapper (de) [hayruh-kapper] barber's, gents' hairdresser's

herenkapsalon barber's, gents' hairdresser's

herenkleding (de) [hayruh-klayding] menswear

herentoilet (het) [hayruh-twalet] gents' toilet, men's room

herfst (de) autumn, (US) fall

herhalen [hairhahluh] to repeat

herinneren [hairinneruh] to remember

herkennen [hairkennuh] to recognize

hertenkamp (het) deer park

Hervormde Kerk (de) Reformed Church

het it; the

het is ... it is ...

is het ...? is it ...?

hete [haytuh] hot

heup (de) [hurp] hip

heuvel (de) [hurvel] hill

hiel (de) [heel] heel (of foot)

hier [heer] here; over here

hier is/zijn ... [zīn] here is/ are ...

hier beneden [heer benayduh] down here

hier afscheuren tear off here

hier indrukken press here

hier lege wagentjes s.v.p. leave your trolley here please

hier openmaken open here

hier spreken speak here

hij [hī] he

historisch gebouw historic building

hitte (de) [hittuh] heat

hoe [hoo] how

hoe gaat het ermee? [khaht uht airmay] how are you?

hoe gaat het met u? [hoo khaht uht met oo] how are you?

hoe heet het? [hoo hayt] what's it called?

hoe laat is het? [hoo laht] what's the time?

hoe maakt u het? [hoo mahkt oo] how are you?

hoed (de) [hoot] hat

hoek: in de hoek [duh hook] in the corner

op de hoek on the corner

hoest (de) [hoost] cough

hoestdrankje (het) [hoostdrank-yuh] cough medicine

hoestpastilles (de) cough drops

hoeveel? [hoovayl] how many?; how much?

hoeveelheid (de) [hoovaylhīt] amount

hoewel [hoovel] although

hof (het) court (royal household)

hofje (het) [hofyuh] courtyard; almshouses (in a courtyard)

hoge kwaliteit high quality

homo (de) gay man

homocafé (het) gay bar

homofiel [homofeel] gay

hond (de) [hont] dog

hoofd (het) [hohft] head

hoofd- [hohft-] main

hoofddoek (de) [hohft-dook] headscarf

hoofdkussen (het) [hohft-koossuh] pillow

hoofdpijn (de) [hohftpin] headache

hoofdpostkantoor (het) [hohft-posstkantohr] main post office

hoofdweg (de) [hohft-vekh] main road

hoog [hohkh] tall; high

hoogte (de) [hohkhtuh] height, altitude

hooikoorts (de) [hoykohrts] hayfever

hoop: ik hoop het [hohp] I hope so

hoorn (de) [hohrn] receiver, handset

hopelijk [hohpelik] hopefully

hopen [hohpuh] to hope

horentje (het) [hohruh-tyuh] ice cream cone

horloge (het) [horlohjuh] wristwatch

horlogebandje (het) [horlohjuh-bant-yuh] watchstrap

hotelkamer (de) [hotel-kahmer] hotel room

houd je van ...? [huw(t) yuh van] do you like ...?

houd je kop! [howt yuh] shut up!

houd op! [how] stop it!

houden [howduh] to keep

houden van [howduh van] to like; to love

ik houd van jou [how van yow] I love you

hout (het) [howt] wood

huiduitslag (de) [howtowtslakh] rash

huilen [howluh] to cry

huis (het) [huws] house; home

huisarts (de) [huws-arts] GP, family doctor

huishoudelijke artikelen household goods

hulp (de) [hoolp] help

hun [hoon] their

huren [hooruh] to rent, to hire

hut (de) [hoot] berth; cabin

(on ship)

huur (de) [hoor] rent

huurauto (de) [hoorowto] rented car

huwelijksreis (de) [hooliksrīs] honeymoon

I

I Inter-City

idee (het) [eeday] idea

idioot (de) [eedi-yoht] idiot

ieder [eeder] every; each
  ieder van hen each of them

iedere [eederuh] every; each

iedereen [eederayn] everyone

iemand [eemant] anybody; somebody, someone

Iers [eers] Irish

iets [eets] anything; something
  nog iets? [nokh] anything else?

iets anders [eets] something else

ietsje meer [eets-yuh mayr] a little bit more

ijs (het) [īs] ice

ijsbaan (de) [īsbahn] ice rink

ijsje (het) [īs-yuh] ice cream

ijskast (de) [īskast] fridge
  in de ijskast bewaren keep refrigerated

ijslollie (de) [īslollee] ice lolly, (US) popsicle

ijssalon (de) ice cream parlour

ijzel black ice

ijzerhandel (de) [īzerhandel] hardware store

ijzerwarenwinkel (de) [īzervaruhvinkel] hardware store

ik I

ik ook [ohk] me too

in in; into; on

inbegrepen included

inbraak (de) [inbrahk] burglary

inchecken [inchekuh] to check in

Indiaas [indiahs] Indian

Indisch [indees] Indonesian

Indonesië [indonaysi-uh] Indonesia

Indonesisch [indonaysees] Indonesian

indrukwekkend [indrook-vekkent] impressive

infectie (de) [infeksee] infection

informatie (de) [informahtsee] information

informatiebalie (de) [informahtsee-bahlee] information desk

informeel [informayl] informal

ingang (de) entrance
  ingang aan de achterkant entry at rear
  ingang aan de voorkant entry at front
  ingang vrijhouden entrance – keep clear

inhalen [inhahluh] to overtake
  inhalen verboden overtaking prohibited

inhoud contents

inlegzool (de) [inlekh-zohl] insole

inlichtingen (de) [inlikhtinguh] information; directory

enquiries

inlichtingen binnenland
[binnuhlant] directory
enquiries, local and national
numbers

inlichtingen buitenland
[bowtuhlant] directory
enquiries, international
numbers

innemen [in-naymuh] to take; to
swallow

innemen op de nuchtere maag
to be taken on an empty
stomach

inpakken to wrap (up)
zal ik het inpakken? shall I
wrap it?

inpakpapier (**het**) [inpak-papeer]
wrapping paper

inruilen [inrowluh] to exchange

inschepen to embark

insekt (**het**) insect

insektenbeet (**de**) [insektuh-bayt]
insect bite

insektenwerend middel
(**het**) [insektuh-vairent] insect
repellent

insluiten [inslowtuh] to enclose

instapkaart (**de**) [instapkahrt]
boarding pass

instappen to get in; to get on,
to board

**Intercitytreinen stoppen alleen
op de met ... aangegeven
stations** Intercity trains stop
only at stations marked
with ...

interessant interesting

interlokaal gesprek (**het**)

[interlokahl khesprek] long-
distance call

internationaal [internashonahl]
international

internationaal gesprek (**het**)
[khesprek] international call

internationale lijndiensten
international scheduled
services

internationale sneltrein (**de**)
international express train

invoegen get in lane

invullen [invoolluh] to fill in

inweekmiddel prewash
powder

inworpen [invairpuh] to insert

is is

is er ...? is there ...?

Italiaans [eetal-yahns] Italian

Italië [itahli-uh] Italy

J

ja [ya] yes
Ja, graag [khrahkh] yes, please

jaar (**het**) [yahr] year

jacht (**het**) [yakht] yacht

jacht (**de**) [yakht] hunt; hunting

jachthaven (**de**) [yakht-hahvuh]
marina

jack (**het**) [yek] jacket

jammer: het is jammer
[yammer] it's a pity
wat jammer! [vat] what a
shame!

jas (**de**) [yas] coat

jasje (**het**) [yas-yuh] jacket

jazeker [yazayker] sure

je [yuh] you

jeugdherberg (de) [yurkht-hairberkh] youth hostel

jeugdherbergbeheerder youth hostel warden

j.h. youth hostel

jong [yung] young

jongen (de) [yonguh] boy

Joods [yohts] Jewish

jouw [yow] your

juffrouw [yooffrow] Miss
juffrouw! waitress!

juist [yowst] right, correct

juli [yooli] July

jullie [yoollee] you; your

juni [yooni] June

jurk (de) [yoork] dress

juwelen (de) [yoo-ayluh] jewellery

juwelier (de) [yoo-uhleer] jeweller; jeweller's

K

kaak (de) [kahk] jaw

kaal [kahl] bald

kaars (de) [kahrs] candle

kaart (de) [kahrt] card; map

kaarten met/zonder enveloppe cards with/without envelope

kaartje (het) [kahrt-yuh] ticket

kaartjes tickets

kaartjesautomaat ticket-machine

kaarttelefoon (de) [kahrt-telefohn] cardphone

kaasschaaf (de) [kahs-skhahf] cheese slicer

kaaswinkel (de) [kahs-vinkel] cheese shop

kachel (de) [kakhel] heater

kade: op de kade [duh kaduh] on the quayside

kadowinkel gift shop

kakkerlak (de) cockroach

kam (de) comb

kamer (de) [kahmer] room

kamer met bad en w.c. room with bath and toilet

kamer met bad zonder w.c. room with bath and no toilet

kamer met twee eenpersoonsbedden (de) [tvay aynpersohns-bedduh] twin room

kamerjas (de) [kahmer-yas] dressing gown

kamermeisje (het) [kahmer-mïshuh] maid

kamers (de) [kahmers] rooms; accommodation

kamerservice (de) [kahmer-'service'] room service

kamers vrij vacancies, rooms free

kampeerterrein (het) [kampayr-terrïn] campsite

kamperen [kampayruh] to camp

kamperen verboden no camping

kan (de) jug
kan ik ...? can I ...?
ik kan niet ... [neet] I can't ...

kanaal (het) [kanahl] canal (shipping)

kano (de) canoe

kanoën [kahno-uhn] to canoe

kant (de) side

kantoor (het) [kantohr] office

kantoorartikelen office

supplies
kantoorboekhandel office
stationery shop
kapot [kahpot] broken
kapot gaan [khahn] to break
down; to fall to pieces
kapper (de) hairdresser
kapsalon hairdressing salon
kapsel (het) hairdo; haircut
kapster hairdresser
karretje (het) [karruh-tyuh]
trolley, (US) cart
kassa (de) cash desk
kassabon (de) receipt (at cash
desk)
kast (de) cupboard
kasteel (het) [kastayl] castle
kater (de) [kahter] hangover
katoen (het) [kahtoon] cotton
kauwgum (het) [kowkhoom]
chewing gum
keel (de) [kayl] throat
keelpastilles (de) [kaylpastee-uhs] throat pastilles
keer [kayr] time
  een keer once
  een andere keer some other
time, another time
kelderverdieping (de) [kelder-verdeeping] basement
kelner (de) waiter
kennen to know
kentekenbewijs (het) vehicle
registration certificate
kentekennummer (het)
[kentaykuh-noommer]
registration number
kerk (de) church
kermis (de) fair, funfair

kerstboom (de) [kairst-bohm]
Christmas tree
kerstmis Christmas
kerstnacht [kairstnakht]
Christmas Eve
keuken (de) [kurkuh] kitchen
keukenrol (de) [kurkuhrol]
kitchen roll
kiespijn (de) [keespīn]
toothache
kiestoon (de) dialling tone
kiezen [keezuh] to choose
kijk uit! [kīk owt] look out!
kijken [kīkuh] to see; to look
kijken naar [nahr] to look at
kin (de) chin
kind (het) [kint] child
kinderbad (het) [kinderbat]
children's pool
kinderbedje (het) [kinderbet-yuh] cot
kinderen (de) children
**kinderen beneden ... jaar
worden niet toegelaten**
children under ... not
admitted
kinderen niet toegelaten
children not admitted
kinderkleding (de) [kinder-klayding] children's clothes
kinderkleren (de) [kinder klayruh]
children's clothes
kinderoppas (de) child minder
kinderportie (de) [kinder-pursee]
children's portion
kinderspeelbad (het) [kinder-spaylbat] paddling pool
kinderstoel (de) [kinderstool]
highchair

klaar [klahr] ready
ben je klaar? [yuh] are you
  ready?
klaar terwijl u wacht ready
  while you wait
klaar zijn [klahr zīn] to be ready;
  to have finished
klacht (de) [klakht] complaint
klachten complaints
klagen [klahkhuh] to complain
klant (de) customer
klantenservice (de) customer
  service
klederdracht (de) traditional
  costume
kleding (de) [klayding] clothing
kleedkamer (de) [klayt-kahmer]
  changing room
kleerhanger (de) [klayr-hanger]
  coathanger
kleermaker (de) [klayr-mahker]
  tailor
klein [klīn] little, small; short
kleiner dan [klīner] smaller
  than
kleindochter (de) [klīn-dokhter]
  granddaughter
kleine: de kleine maat [klīnuh
  maht] small size
kleingeld (het) [klīn-khelt]
  change, small change
kleinzoon (de) [klīnzohn]
  grandson
klem stuck
kleren (de) [klayruh] clothes
kleur (de) [klur] colour
kleurenfilm (de) [klurruhfilm]
  colour film
kliniek (de) [klineek] clinic

klompen (de) clogs
klooster (het) [klohster]
  monastery; convent
kloppen to knock; to tally; to
  make sense
**kloppen alvorens binnen te
  komen** knock before entering
klopt: dat klopt that's right
het klopt it's right
KNAC Royal Dutch Motoring
  Club
knap [k-nap] clever; pretty
knie (de) [k-nee] knee
knippen [k-nippuh] to cut
knoop (de) [k-nohp] button
KNT children not admitted
koe (de) [koo] cow
koekenpan (de) [kookuhpan]
  frying pan
koel [kool] cool
koel bewaren keep in a cool
  place
koel serveren serve cooled
koelkast (de) [koolkast] fridge
koerier (de) [kooreer] courier
koers (de) [koors] exchange rate
koffer (de) suitcase
kofferbak (de) boot, (US) trunk
koffiehuis (het) [koffeehows]
  coffee shop
koffieshop café selling soft
  drugs
koken to cook
kom binnen come in!
komen [kohmuh] to come
kon: ik kon niet ... [neet] I
  couldn't ...
koning (de) king
koninklijk royal

Koninklijke Nederlandse Automobiel Club Royal Dutch Motoring Club

kooi (de) [koy] bunk; cage

kookgerei (het) [kohk-kheri] cooking utensils

koopavond late shopping

koortsachtig [kohrts-akhtikh] feverish

kop (de) cup

kopen to buy

koplampen headlights

koppeling (de) clutch

kort short, brief

korte broek (de) [kortuh brook] shorts

korte invoegstrook! short slip road!

korte verhalen [verhahluh] short stories

kortere weg (de) [korteruh vekh] shortcut

korting (de) discount

kost: wat kost het? [vat] how much is it?

koud [kowt] cold

kousen (de) [kowsuh] stockings

kraag (de) [krahkh] collar

kraan (de) [krahn] tap, faucet

krant (de) newspaper

krantenkiosk (de) newspaper kiosk

krijgen [krikhuh] to get

krik (de) jack (for car)

kroon (de) [krohn] crown (on tooth)

kruidenier(swinkel) (de) [krowdeneer(svinkel)] grocer

kruising (de) [krowsing] junction

kruispunt (het) [krows-poont] crossroads, intersection

krullend [kroollent] curly

kun: kun je ...? [koon yuh] can you ...?

kunnen we ...? [koonnuh vuh] can we ...?

zou u kunnen ...? [zow oo] could you ...?

kunst (de) [koonst] art

kunst- [koonst-] imitation

kunstbont (het) [koonstbont] artificial fur

kunstenaar/kunstenares (de) [koonstennahr/koonstenares] artist

kunstgalerij (de) [koonst-khahleri] art gallery

kunstgebit (het) [koonst-khebit] dentures

kunstnijverheid (de) [kunst-niverhit] handicrafts

kunstnijverheidswinkel (de) [koonst-niverhits-vinkel] craft shop

kunt u ...? [koont oo] can you ...?

kurk (de) [koork] cork

kurkentrekker (de) [koorkentrekker] corkscrew

kus (de) [koos] kiss

kussen (het) [koossuh] cushion

kussen [koossuh] to kiss

kussensloop (het) [koossuh-slohp] pillow case

kust (de) [koost] coast

aan de kust [ahn] on the coast

kwaliteit (de) [kvahlitit] quality

kwart (het) [kvart] quarter

KW

157

kwartje (het) [kvart-yuh] 25-cent coin
kwekerij (de) [kwaykerī] nursery (for plants)
kwitantie (de) [kvitansee] receipt

L

laag [lahkh] low
laan (de) [lahn] avenue
laars (de) [lahrs] boot
laat [laht] late
laatst [lahtst] last
laatste [lahtstuh] last; latest
lachen [lakhuh] to laugh
lade (de) [lahduh] drawer
laden en lossen loading and unloading
laken (het) [lahkuh] sheet
lampenwinkel lighting shop
land (het) [lant] country
landschap (het) [lantskhap] scenery
landweg country road
lang long; tall
lange-afstandsgesprek (het) [languh-afstants-khesprek] long-distance call
langzaam [langzahm] slow; slowly
langzaam rijden drive slowly
laten [lahtuh] to let, to allow
laten we ... let's ...
lawaai (het) [lavī] noise
lawaaierig [lavah-yuhrikh] noisy
laxeermiddel (het) [laxayr-middel] laxative
lederwaren leather goods
leeftijd (de) [layftīt] age

leeg [laykh] empty
leer (het) [layr] leather
legitimatiebewijs (het) [laykhiti-mahti-bewīs] proof of identity
leiden [līduh] to lead
leiding (de) [līding] pipe
lekkage (de) [lekkahjuh] leak
lekke band (de) [lekkuh bant] puncture, flat tyre
lekken to leak
lekker nice
ik vind het lekker [fint] I like it
ik voel me niet lekker [neet] I'm not feeling well
lelie (de) [laylee] lily
lelijk [laylik] ugly
lenen [laynuh] to borrow; to lend
lengte (de) [lengtuh] height
lensvloeistof (de) [lens-vloo-ee-stof] soaking solution
lente (de) [lentuh] spring
lepel (de) [laypel] spoon
leraar (de) [layrahr] secondary teacher (man)
lerares (de) [layrahres] secondary teacher (woman)
leren [layruh] to learn; to teach
les (de) lesson
lesbisch [lesbees] lesbian
let op 'Niet Parkeren' borden please observe the 'No Parking' signs
let op stap mind the step
let op! deuren sluiten automatisch caution, doors close automatically
leuk [lurk] nice
ik vind het leuk I like it

leven (**het**) [**lay**vuh] life; to live
levendig [**lay**vendikh] lively
levensmiddelen (**de**) [**lay**vens-middeluh] food; groceries
levensmiddelenwinkel (**de**) [–vinkel] grocer's, food store
lever (**de**) [**lay**ver] liver
lezen [**lay**zuh] to read
lichaam (**het**) [**lik**hahm] body
licht (**het**) [**lik**ht] light
licht light (not heavy)
licht verteerbaar easily digestible
lichten aan lights on
lichten uit lights off
lied (**het**) [**leet**] song
liefde (**de**) [**leef**duh] love
liegen [**lee**khuh] to lie, to tell a lie
liever: ik heb liever ... [hep **lee**ver] I'd rather ..., I prefer ...
liever niet roken op vol balkon no smoking please when this area is crowded
lift (**de**) lift, elevator
liften to hitchhike
ligstoel (**de**) [**lik**hstool] sun lounger
lijm (**de**) [lim] glue
lijn (**de**) [lin] line
lijnvlucht (**de**) [**lin**-vlookht] scheduled flight
linkerkant: aan de linkerkant [ahn duh] on the left, to the left
links left
links aanhouden [**ahn**howduh] keep left

lip (**de**) lip
lippenstift (**de**) lipstick
lippenzalf (**de**) lip salve
lits jumeaux (**het**) [lee j**00**moh] twin beds
logeert: waar logeert u? [vahr loj**ay**rt **00**] where are you staying?
logies en ontbijt [lohjees en ontb**it**] bed and breakfast
lokaal local
lokale gesprek (**het**) [lok**ah**luh khesprek] local call
loket (**het**) [**loh**ket] box office; ticket office; counter
loket voor pakketafgifte parcels counter
longen (**de**) lungs
loodgieter (**de**) [**loht**-kheeter] plumber
loodvrije benzine (**de**) [**loh**tvri-uh benz**een**uh] unleaded petrol
lopen to walk
los loose
lounge (**de**) lobby; lounge
lucht (**de**) [**look**ht] air
luchtdruk air pressure
luchthaven (**de**) [**100**kht-hahvuh] airport
luchtpost [**100**kht-posst] airmail
per luchtpost by airmail
luchtpost-enveloppe (**de**) [–anvelop] airmail envelope
lucifers (**de**) [**100**sifers] matches
lui [low] lazy
luid [lowt] loud
luier (**de**) [**ow**-yer] nappy, diaper
luik (**het**) [lowk] shutter (on

window)
luisteren [**low**ster-uh] to listen
Lutheraanse Kerk (**de**)
  Lutheran Church
luxe [**loo**xuh] luxury
luxueus [**loo**x-**yurs**] luxurious

M

ma mum
maag (**de**) [mahkh] stomach
maagpijn (**de**) [**mah**khpīn]
  stomach ache
maal [mahl] meal; time
  drie maal three times
maaltijd (**de**) [**mah**ltīt] meal
maan (**de**) [mahn] moon
maand (**de**) [mahnt] month
maandag [**mah**ndakh] Monday
maandkaart (**de**) [**mah**ntkahrt]
  monthly ticket
maandverband (**het**) [**mah**nt-
  verbant] sanitary towel(s),
  sanitary napkin(s)
maar [mahr] but; only
maart [mahrt] March
maat (**de**) [maht] size

maatschappij company
machtig [**mah**khtikh] rich;
  powerful
mag ik ...? [makh ik] may I ...?
  mag ik ... hebben? [makh ik]
  may I have ...?
mager [**mah**kher] thin, skinny;
  low fat
magnetron (**de**) [**mah**khnaytron]
  microwave
mama mum
maken [**mah**kuh] to make; to

mend, to repair
mand (**de**) [mant] basket
mandje (**het**) [mant-yuh] basket
mandje gebruiken a.u.b. please
  use a shopping basket
man (**de**) man
mannenklooster (**het**) [mannuh-
  klohster] monastery
marihuana (**de**) [maroowahna]
  marijuana
marineblauw [mareenuh-blow]
  navy blue
markering ontbreekt no road
  markings
markt (**de**) market; town
  square
maximum snelheid (**de**)
  [maximoom] speed limit
mazelen (**de**) [**mah**zeluh]
  measles
me [muh] me
mededelingenbord notice
  board, (US) bulletin board
medicijn (**het**) [medisīn]
  medicine
  dit medicijn kan uw
  rijvaardigheid beïnvloeden
  this medicine may influence
  your driving ability
meebrengen [**may**brenguh] to
  bring
meemaken [**may**mahkuh] to
  experience; to go through
meenemen [**may**naymuh] to
  take; to bring
meer (**het**) lake
meer [mayr] more
  wilt u nog wat meer? [vilt oo
  nokh vat mayr] would you like

some more?

meermanskaarten tickets for small groups

meestal [**may**stal] most of the time

meeste [**mays**-tuh] most

mei [mī] May

meisje (**het**) [**mī**shuh] girl

meisjesnaam (**de**) [**mī**shuhs-nahm] maiden name

melden: zich melden [zikh] to check in (at hotel)

melk milk

melkchocolade (**de**) [melk-shokolahduh] milk chocolate

meneer [muh**nayr**] Mr; sir

menigte (**de**) [**may**nikhtuh] crowd

mensen people

mentholsnoepjes (**de**) [**men**tol-snoop-yuhs] mints

merk (**het**) make, brand

merkwaardig [merk**vahr**dikh] peculiar

mes (**het**) knife

met with

met de auto by car

met Jan it's Jan, Jan speaking

met aansluiting op ... connecting with ...

met conserveringsmiddel contains preservatives

met mij is het goed [mī is uht khoot] I'm fine

met wie spreek ik? who's calling?

meteen [me**tayn**] at once, immediately

metro (**de**) [**may**tro]

underground, (US) subway

meubel (**het**) [**mur**bel] piece of furniture

meubilair (**het**) [murbi**layr**] furniture

mevrouw [mev**row**] Mrs; Miss; Ms; madam

middag (**de**) [**midd**akh] afternoon

's middags [**smidd**akhs] in the afternoon

twee uur 's middags [ōōr smiddakhs] 2pm

om twaalf uur 's middags [tvahlf ōōr smiddakhs] at noon

middelgroot [**midd**el-khroht] medium-sized

midden: in het midden in the middle

middenin de nacht [duh nakht] in the middle of the night

middernacht [**midd**er**nakht**] midnight

mij [mī] me (emphatic)

het is van mij [van] it's mine

mij. company

mijn [mīn] my

mijn eigen ... [mīn **ī**khuh] my own ...

mijnheer [muh**nayr**] Mr; sir

minder less

minderjarigen worden niet toegelaten no admittance to minors

minister-president (**de**) [minister-presi**dent**] prime minister

minuut (**de**) [mi**nōōt**] minute

misbruik misuse; abuse

misbruik wordt gestraft
penalty for misuse

misschien [misskh**euh**] maybe;
perhaps

misselijkheid (de) [misselikh**ī**t]
nausea

mist (de) fog; mist

mistig [m**i**stikh] foggy

misverstand (het) [m**i**sverstant]
misunderstanding

mobiele telefoon (de) [mob**ee**luh
telef**oh**n] mobile phone

mobiele winkel mobile shop

modder (de) mud

mode (de) [m**oh**duh] fashion

in de mode in fashion

modieus [modi**u**rs] fashionable

moe [moo] tired

moeder (de) [m**oo**der] mother

moeilijk [m**oo**-ee-lik] difficult,
hard

moeilijkheid (de) [m**oo**-ee-lik-hīt]
difficulty; trouble

moet: ik moet [moot] I have
to, I must

je moet [yuh] you have to,
you must

moeten: wij moeten
[vī m**oo**tuh] we have to, we
must

mogelijk [m**oh**khelik] possible

zo ... mogelijk as ... as possible

Mohammedaans
[mohammed**ah**ns] Muslim

molen (de) [m**oh**luh] windmill

mond (de) mouth

mondzweer (de) [m**o**ntzvayr]
mouth ulcer

monteur (de) [mont**u**r]

mechanic

mooi [moy] beautiful; pretty;
fine; nice

ik vind het mooi I like it

morgen (de) [m**o**rkhuh]
morning; tomorrow

's morgens [sm**o**rkhens] in the
morning

's morgens om zeven uur [**oo**r]
at 7am

's morgens vroeg [sm**o**rkhens]
early in the morning

morgen over een week
[m**o**rkhuh] a week (from)
tomorrow

morgenmiddag [m**o**rkhuh-
middakh] tomorrow afternoon

morgenochtend [m**o**rkhuh-
okhtent] tomorrow
morning

moskee (de) [mosk**ay**]
mosque

motor (de) engine

motor afzetten alstublieft
please switch off engine

motorfiets (de) [m**o**torfeets]
motorbike

motorkap (de) [m**o**torkap] bonnet, (US)
hood

mouw (de) [mow] sleeve

mug (de) [m**oo**kh] mosquito

muis (de) [mows] mouse

munt (de) [m**oo**nt] coin

munten coins

munttelefoon (de) [m**oo**nt-
telef**oh**n] payphone

museum (het) [m**oo**say**uh**m]
museum; art gallery

museumjaarkaart (de)

[mOOsayuhm-**yahr**-kahrt]
museum card (valid for one year)
musicienne (**de**)
[mOOsishennuh] musician
(woman)
musicus (**de**) [mOOsikOOs]
musician
muur (**de**) [mOOr] wall
muziek (**de**) [mOOzeek] music

N

'n a, an
na after
na opening beperkt houdbaar
will keep for limited period
only after opening
naaien [**nah**-yuh] to sew
naald (**de**) [nahlt] needle
naam (**de**) [nahm] name
wat is uw naam? [vat is OO
nahm] what's your name?
naar [nahr] for; to
naar binnen gaan to go
in(side)
naar boven gaan [**boh**vuh khahn]
to go up(stairs)
naast [nahst] next to
naast de ... beside the ...
nacht (**de**) [nakht] night
's nachts [snakhts] at night;
overnight
om twaalf uur 's nachts [tvahlf
OOr] at midnight
nachtclub (**de**) [nakhtklOOp]
nightclub
nachtjapon (**de**) [nakht-yapon]
nightdress
nachtportier (**de**) [nakhtporteer]

night porter
nachttrein (**de**) [nakht-trīn] night
train
nadere bijzonderheden
further details
naderhand [nahderhant]
afterwards
nagel (**de**) [nahkhel] fingernail
nagellak (**de**) [nahkhellak] nail
varnish
nagesynchroniseerd dubbed
(in Dutch)
nakijken [nahkīkuh] to check
narcis (**de**) [narsis] daffodil;
narcissus
nat wet
nationaal [nashon**ahl**] national
nationaal gesprek (**het**)
[khesprek] inland call
Nationale Maatschappij der
Belgische Spoorwegen
Belgian Railways
nationaliteit (**de**) [nashonalitīt]
nationality
natte verf wet paint
natuurgebied (**het**) national
park
natuurlijk [natOOrlik] natural; of
course
natuurlijk niet [neet] of course
not
natuurreservaat (**het**) nature
reserve
nauw [now] narrow
nauwelijks [n**o**weliks] hardly
Nederland [nayderlant] the
Netherlands
Nederlander (**de**) [nayderlander]
Dutchman

Nederlanders (de) the Dutch
Nederlands [**nay**derlants] Dutch
Nederlands Hervormde Kerk (de) Dutch Reformed Church
Nederlandse (de) [**nay**derlantsuh] Dutchwoman
Nederlandse Spoorwegen Dutch Railways
nee [nay] no
nee, bedankt no, thanks
neef (de) [nayf] cousin (male); nephew
neem me niet kwalijk [naym muh neet kva**h**lik] I'm sorry
neer [nayr] down
nemen [**nay**muh] to take
netnummer (het) [netn**oo**mmer] area code, dialling code
netto gewicht net weight
neus (de) [nurs] nose
N.H. North Holland
nicht (de) [nikht] cousin (female); niece
niemand [**nee**mant] nobody
nieren (de) [**nee**ruh] kidneys
niet [neet] not
niet-alcoholisch [neet-alkoh**oh**lees] non-alcoholic
niet aankomen do not touch
niet buiten koelkast bewaren keep refrigerated
niet centrifugeren do not spin-dry
niet chemisch reinigen do not dry-clean
niet geschikt voor ... not suitable for ...
niet goed, geld terug money back if not satisfied
niet inrijden no entry
niet op de onderste trede staan do not stand on the bottom step
niet op het ijs komen keep off the ice
niet openen voordat de trein stilstaat do not open until the train has stopped
niet op zaterdag not on Saturdays
niet op zaterdag, zon- en feestdagen not on Saturdays, Sundays and public holidays
niet parkeren no parking
niet roken no smoking
niet-roken coupé (de) [neet-**roh**kuh koo**pay**] non-smoking compartment
niet-rokers non-smokers
niets [neets] none; nothing
ik wil niets [vil] I don't want anything
niets anders nothing else
niets te danken [tuh] don't mention it, you're welcome
niet storen a.u.b. please do not disturb
niet strijken do not iron
niet toegestaan not allowed
niet voor inwendig gebruik not to be taken internally
nieuw [new] new
nieuwe oogst newly harvested
Nieuwjaar [new-**yahr**] New Year
niezen [**nee**zuh] to sneeze
NMBS Belgian Railways

noch ... noch ... [nokh] neither ... nor ...

nodig [nohdikh] necessary

noemen [noomuh] to mention

nog [nokh] yet

 nog een [uhn] another one

 nog iets (anders)? anything else?

 nog meer more

 nog niet [neet] not yet

noodgeval (het) [nohtkheval] emergency

noodknop deurbediening emergency button to operate door

noodrem emergency brake

nooduitgang (de) [nohtowtkhang] emergency exit

noodzakelijk [nohtzahkelik] necessary

nooit [noyt] never

noordelijk [nohrdelik] northern

noorden (het) [nohrduh] north

 ten noorden van Amsterdam [van] north of Amsterdam

 naar het noorden [nahr] to the north

noordoosten (het) [nohrt-ohstuh] northeast

noordwesten (het) [nohrt-vestuh] northwest

Noordzee (de) [nohrt-zay] North Sea

Noors [nohrs] Norwegian

Noorwegen [nohrvaykhuh] Norway

normaal [normahl] normal

notitieboekje (het) [nohteetseebook-yuh] notebook

NP, n.p. no parking

NS Dutch Railways

nu [noo] now

 nu even niet [ayvuh neet] not just now

nuchter [nookhter] sober

nul [nool] zero

nummer (het) [noommer] number

nummerplaat (de) [noommerplaht] number plate

nuttig [noottikh] useful

NV Ltd, Inc

O

o nee (toch)! [nay (tokh)] oh no!

ober! waiter!

oefenen [oofenuh] to practise

oever (de) [oover] shore

of or

of ... of ... either ... or ...

ogenblik: een ogenblik, alstublieft! [uhn ohkhenblik alstoobleeft] just a minute!

ogenblikje: een ogenblikje [uhn ohkhenblik-yuh] just a second

oké! [okay] OK!, right!

olie (de) [ohlee] oil

oliepeil (het) [ohlee-pil] oil level

om mee te nemen [may tuh naymuh] to take away, (US) to go

omdat because

omgeving (de) [omkhayving] surroundings

 in de omgeving van near

omgooien [omkhohyuh] to knock over

omheining (de) [omhīning] fence

omhoog [omhohkh] up

omkeren [omkayruh] to turn

omkleden: zich omkleden [zikh omklayduh] to get changed

omleiding diversion

onbeleefd [onbelayft] rude

onbeperkt aantal kilometers (het) [ahntal kilomayters] unlimited mileage

onbevoegd unauthorized

onder under, below; among

onderbroek (de) [onderbrook] underpants

onderjurk (de) [onder-yoork] slip (garment)

ondersteboven [onderstebohvuh] upside down

ondertiteling (de) subtitles

onderwijzer/onderwijzeres (de) [ondervīzer/ondervīzeres] teacher (man/woman: junior)

ondiep [ondeep] shallow

oneffen wegdek uneven road surface

ongelegen [onkhelaykhuh] inconvenient

ongelofelijk [onkhelohfelik] unbelievable

ongeluk (het) [onkhelook] accident

ongeveer [onkhevayr] about, roughly

ongewoon [onkhevohn] unusual

onlangs recently

onmiddelijk [onmiddelik] immediately

onmogelijk [onmohkhelik] impossible

ons our; us

onschuldig [onskhooldikh] innocent

ontbijt (het) [ontbīt] breakfast

ontbrekend [ontbraykent] missing

onthoudt u van refrain from

ontmoetingsplaats (de) [ontmootings-plahts] meeting place

ontsmettingsmiddel (het) disinfectant

ontsteek uw lichten switch on your lights

ontsteking (de) [ontstayking] ignition; inflammation

ontvangstbewijs (het) [ontvangst-bevīs] receipt

ontwikkelen (het) [ontvikkeluh] film processing; to develop

onverharde weg unpaved road

onweersbui (de) [onvayrs-bow] thunderstorm

onze [onzuh] our

onzin! (de) rubbish!

oog (het) [ohkh] eye

oogarts (de) [ohkh-arts] opthalmologist

oogdruppels (de) [ohkh-drooppels] eye drops

oogschaduw (de) [ohkh-skhahdoo] eye shadow

ooit [oyt] ever

ook [ohk] also, too

ik ook niet [neet] do I, nor have I, nor am I

heeft u ook ...? [hayft oo] have you got any ...?

ik ook me too

oom (de) [ohm] uncle

oor (het) [ohr] ear

oorknopjes (de) [ohrknop-yuhs] ear-studs

oorringen (de) [ohrringuh] earrings

oostelijk [ohstelik] eastern

oosten (het) [ohstuh] east
in het oosten in the east

op on; at

op slot doen [doon] to lock

op zon- en feestdagen, echter niet op ... on Sundays and public holidays but not on ...

open doen [doon] to open; to answer the door

open haard (de) [hahrt] fireplace

openbaar vervoer (het) public transport

openbare bibliotheek public library

openbare toiletten (de) [openbahruh tva-lettuh] public toilets

openen to open

openingstijden (de) [ohpenings-tiduh] opening times

openlucht zwembad outdoor swimming pool

openmaken [opuh-mahkuh] to open; to unlock

operatie (de) [operahtsee] operation

opgezet [opkhezet] swollen; stuffed (animal)

ophaalbrug drawbridge

ophalon to collect; to pick up

opklaren [opklahruh] to brighten up

opname (de) withdrawal; recording

opnemen [opnaymuh] to withdraw; to record; to answer the phone

opnieuw [opnew] again

oponthoud (het) [opont-howt] delay

opruiming clearance

opschrijven [op-skhrivuh] to write down

opspattend grind! loose chippings

opstaan [opstahn] to get up (in the morning)

opstapplaats touringcars boarding point for long-distance buses

opticien (de) [optee-shuh] optician

opwindend [opvindent] exciting

opzettelijk [opzettelik] deliberately

opzij on/at the side; aside

oranje [ohran-yuh] orange (colour)

orde: bent u in orde? [oo in orduh] are you OK?

orkest (het) orchestra

oud [owt] old; stale

oude stadsdeel (het) [owduh stats-dayl] old town

Oudejaarsavond [owduh-yahrsahvont] New Year's Eve

ouders (de) [owders] parents

ouderwets [owdervets] old-fashioned

oven (de) [ohvuh] oven

over [ohver] about, concerning

over twee dagen [tvay dakhuh] in two days' time

over vijf minuten in five minutes

er is er geen een over [khayn ayn] there's none left

overal [ohveral] everywhere

overdekt zwembad indoor swimming pool

overgeven [ohver-khayvuh] to vomit

overgewicht (het) [ohver-khevikht] excess weight

overhemd (het) [ohverhemt] shirt

overige bestemmingen other destinations

overjas (de) [ohver-yas] overcoat

overkant: aan de overkant van de straat [ahn duh ohverkant van duh straht] across the road

overmorgen [ohvermorkhuh] the day after tomorrow

overnachting (de) [ohvernakhting] night

overstappen [ohverstappuh] to change

u moet in ... overstappen you have to change at ...

overstapverbinding connection, change

oversteekplaats (de) pedestrian crossing

oversteekplaats voor fietsers crossing for cyclists

overstroming (de)

[ohverstrohming] flood

overtocht (de) [ohvertokht] crossing (on ship)

overtreding offence

P

paar (het) [pahr] couple; pair

een paar dagen [dakhuh] a few days

paard (het) [pahrt] horse

paardrijden (het) [pahrt-rīduh] horse riding; to ride

pad (het) [pat] path

pak (het) carton; pack; suit

pakhuis (het) warehouse

Pakistaans [pakistahns] Pakistani

pakje (het) small package, parcel; packet

pakken to pack; to fetch

paleis (het) [palīs] palace

pannenkoekenhuis (het) [pannuh-kookuhhows] pancake restaurant

panty (de) [penti] tights, pantyhose

papier (het) [papeer] paper

papieren zakdoekjes (de) [papeeruh zakdook-yuhs] paper tissues

paraplu (de) [paraploo] umbrella

pardon excuse me

pardon, wat zei u? [vat zī oo] pardon (me)?, sorry?

parfum (het) [parfoom] perfume

parkeergelegenheid (de) [parkayr-khelaykhenhīt] parking

parkeerplaats (de) [parkayr-

plahts] car park, parking lot
parkeerschijf (de) [parkayr-skhif]
parking disk
parkeerterrein (het) [parkayr-
terrin] car park, parking lot
parkeerverbod op even dagen
no parking on even days
**parkeerverbod op oneven
dagen** no parking on odd
days
parkeren [parkayruh] to park
**parkeren alleen voor
hotelgasten** parking for hotel
guests only
parterre ground floor, (US)
first floor
particulier [partikOOleer] private
partij (de) [parti] game, match
pas the other day
Pasen Easter
paskamer (de) fitting room
passagier (de) [passajeer]
passenger
passen to try on
pauze (de) [pOWzuh] interval
pct. per cent
p.d. per day
penseel (het) [pensayl] brush
(artist's)
pension (het) [penshon]
guesthouse
pepermunt (de) [paypermuunt]
peppermint
per [pair] by
per aangetekende post
[ahnkhetaykenduh posst] by
registered mail
per dag per day
per nacht [nakht] per night

per persoon per dag per
person per day
per spoor [spohr] by rail
per stuk each
per uur [OOr] per hour
per vliegtuig [vleekhtowkh] by
air
perron (het) platform, (US)
track
persen [pairsuh] to press
personenwagen private car
persoon (de) [persohn] person
pet (de) cap
petit pacquet small packet,
airmail parcels up to 1 kg
pijn (de) [pin] ache, pain
pijn doen [doon] to hurt
pijnlijk [pinlik] painful
pijnstillers (de) [pinstillers]
painkillers
pijp (de) [pip] pipe
pinda's (de) [pindas] peanuts
pittig [pittikh] hot, spicy
plaat (de) [plaht] record (music)
plaats (de) [plahts] place
in plaats daarvan [dahrvan]
instead
in plaats van ... instead of ...
deze plaats is bezet this seat
is taken
plaats bij het raam (de) [bi uht
rahm] window seat
plaatsbespreking (de) [plahts-
bespreking] seat reservation
plaatsbewijs (het) [plahtsbevis]
ticket
plaatselijk spoornet local
railway system
plaatselijke tijd local time

plafond (**het**) [plahfon]
ceiling

plak (**de**) slice

plakband (**het**) [plakbant]
adhesive tape

plank (**de**) shelf

plastic (**het**) [plestik] plastic

plastic tas (**de**) carrier bag,
plastic bag

plat flat

platteland (**het**) [plattelant]
countryside

plein (**het**) [plin] square (in town);
courtyard

pleister (**de**) [plīster] plaster,
Bandaid®

plezier hebben [plezeer] to
enjoy oneself

ploeg (**de**) [plookh] team

plotseling suddenly

poelier poulterer

polder(land) land reclaimed
from the sea

polikliniek outpatient clinic

politie (**de**) [poleetsee] police

politieagent (**de**) [poleetsee-
ahkhent] policeman

politieagente (**de**) [poleetsee-
ahkhentuh] policewoman

politiebureau (**het**) [poleetsee-
booroh] police station

pols (**de**) wrist

pond (**het**) [pont] pound

pony (**de**) [ponnee] pony

poosje: een poosje [pohs-yuh]
a while

pop (**de**) doll

popzanger/popzangeres (**de**)
pop singer (man/woman)

poreuze lenzen (**de**) [porurzuh]
gas-permeable lenses

porselein (**het**) [porselīn] china,
porcelain

port betaald postage paid

portefeuille (**de**) [portuh-fur-yuh]
wallet

portemonnee (**de**) [portuh-
monnay] wallet; purse

portier (**de**) [porteer] doorman;
porter

portokosten postage, postal
charges

porto luchtpostbrieven tariff
for airmail letters

post (**de**) [posst] mail, post

posten [posstuh] to mail, to
post

postkantoor (**het**) [posstkantohr]
post office

postpakket (**het**) parcel,
package

posttarieven voor binnen- en
buitenland postage rates for
home and abroad

postwissel (**de**) [posstvissel]
money order

postzegel (**de**) [posst-zaykhel]
stamp

postzegelautomaat stamp
vending machine

postzegelboekje (**de**) [posst-
zaykhel-bookyuh] book of
stamps

pot (**de**) jar

potlood (**het**) [potloht] pencil

p.p.p.d per person per day

p.r. public relations; poste
restante, (US) general delivery

praatpaal emergency roadside phone

prachtig [prakh-tikh] lovely, wonderful

praten [prahtuh] to talk

precies [presees] accurate

precies! exactly!

prettige dag! [prettikhuh] have a nice day!

priester (de) [preester] priest

prijs (de) [pris] price; charge; fare

prijslijst price list

prijzen vanaf ... prices from ...

prikbord notice board, (US) bulletin board

prima! excellent!

privéadres home address

privéterrein private grounds

proberen [probayruh] to try

procent per cent

proeflokaal (het) [proof-lohkahl] old-fashioned bar that serves only spirits and closes at around 8pm

proeven [proovuh] to taste

proost! [prohst] cheers!

p.st. each

P.T.T. Post Office

p.u. per hour

pure chocolade (de) [pooruh shokolahduh] plain chocolate

puur [poor] straight (whisky etc)

p.w. per week

R

R.K. Roman Catholic

raadhuis town hall

raam (het) [rahm] window

raar [rahr] weird

radio- en televisiewinkel radio and television shop

ramp (de) disaster

recept (het) [resept] prescription; recipe

receptie (de) [resepsee] reception; reception desk

receptioniste (de) [resepshonistuh] receptionist

rechtdoor [rekhtdohr] straight ahead, straight on

rechterkant: aan de rechterkant [ahn duh rekhterkant] on the right hand side

rechtuit gaan [rekhtowt khahn] keep straight ahead

rechts [rekhts] right; on the right, to the right

rechts aanhouden [ahnhowduh] keep right

rechtstreeks [rekht-strayks] direct; directly

rechtstreeks bellen direct dialling

rechtstreekse vlucht (de) direct flight

reclame special offer

recreatiegebied, recreatieterrein recreation area

reddingsgordel (de) [reddings

khordel] lifebelt

reddingsvest (het) [reddings-vest] life jacket

redelijk [raydelik] reasonable

reep: een reep chocolade [uhn rayp shokolahduh] a bar of chocolate

reformhuis (het) [reeform-hows], **reformwinkel** (de) [reeform-vinkel] health food shop

regel (de) [raykhel] line

regelen [raykheluh] to arrange, to order

regen (de) [raykhuh] rain **in de regen** in the rain **het regent** [raykhent] it's raining

regenbui (de) [raykhuhbow] shower

regenjas (de) [raykhuh-yas] raincoat

regering (de) [rekhayring] government

reinigingsmelk (de) [rīnikhings-melk] cleansing lotion

reis (de) [rīs] journey, trip

reisbureau (het) [rīsbooroh] travel agency

reischeque (de) [rīs-chek] traveller's cheque

reisgids (de) [rīskhits] guidebook

reisinformatie travel information

reiskaart (de) [rīskahrt] season ticket

reisonderbreking (de) [rīsonder-brayking] stopover

reisorganisatie (de) [rīs-orkhanisahtsee] tour operator

reiswieg (de) [rīsveekh] carry-cot

reiswinkel (de) [rīsvinkel] travel agency

reizen [rīzuh] to travel

rekenen [raykenuh] to charge

rekening (de) [raykening] bill, (US) check; account

rem (de) brake

rennen to run

repareren [reparayruh] to repair

reserveband (de) [resairvuh-bant] spare tyre

reserveonderdeel (het) [reservuh-onderdayl] spare part

reserveren [raysairvayruh] to reserve, to book

reserveren aanbevolen reservation recommended

reserveren verplicht reservation compulsory

reservering (de) [reservayring] reservation

restauratiewagen (de) [restowrahtsee-vahkhuh] buffet car, restaurant car

retour(tje) (het) [retoor(t-yuh)] return ticket, round-trip ticket

reusachtig [rursakhtikh] enormous

richting (de) [rikhting] direction **in de richting van** [van] towards

richtingaanwijzer (de) [rikhting-ahnvīzer] indicator

riem (de) [reem] belt; strap

rij (de) [rī] queue, line

rijbewijs (**het**) [**rī**bevīs] driving licence

rijden [**rī**duh] to drive

rijdt niet op zon- en feestdagen does not run on Sundays and public holidays

rijk [rīk] rich

rijksdaalder (**de**) [rīksda**hl**der] two-and-a-half guilder coin

rijksmuseum (**het**) [rīks-musa**y**uhm] national museum

rijksweg (**de**) [**rī**ksvekh] motorway, freeway

rijp [rīp] ripe

rijrichting direction of traffic

rijstrook (**de**) [**rī**strohk] lane (on motorway)

rijtuig (**het**) [**rī**towkh] carriage, coach

riskant risky

ritsen over 100m please get in lane over the next 100 metres

ritssluiting (**de**) [**rits**-slowting] zip

rivier (**de**) [ri**veer**] river

rodehond (**de**) [**rohde**-hont] German measles

roeien (**het**) [**roo**-yuh] to row; rowing

rok (**de**) skirt

rokers smokers

rolgordijnen (**de**) [**rol**-khordīnuh] blinds

rolstoel (**de**) [**rol**stool] wheelchair

roltrap escalator

roman (**de**) [**roh**mahn] novel

rondje (**het**) [**ront**-yuh] round

rondleiding (**de**) [**ront**-līding] guided tour

rondreis (**de**) [**ront**-rīs] tour

rondvaart (**de**) [**ront**vahrt] pleasure cruise, boat trip

rondvaart door de haven boat trip round the harbour

rondvaartboot (**de**) [**ront**vahrt-boht] sightseeing boat

rondweg by-pass

rood [roht] red

rook (**de**) [rohk] smoke

ik rook niet [neet] I don't smoke

rookt u? [oo] do you smoke?

roomkleurig [**rohm**-klurrikh] cream (colour)

Rooms Katholiek Roman Catholic

roos (**de**) [rohs] rose

rotonde (**de**) [ro**ton**duh] roundabout, (US) traffic circle

rots (**de**) [rots] rock

rotzooi (**de**) [**rot**zoy] mess

roze [**ro**zuh] pink

rug (**de**) [rookh] back

rugpijn [**rook**hpīn] backache

ruilen [**row**luh] to change, to exchange

ruïne (**de**) [roo-**een**uh] ruins

ruitenwisser (**de**) [**row**tuhvisser] windscreen wiper

ruiterpad bridle path

rustig [**rws**tikh] quiet

S
■

saai [sī] boring

saldo (**het**) bank balance

samen [**sah**muh] together

sandalen (**de**) [sand**ah**luh] sandals

sanitaire voorzieningen washing and toilet facilities

schaakspel (**het**) [skh**ah**k-spel] chess

schaal (**de**) scale; dish

schapenwol wool

schaar (**de**) [skh**ah**r] scissors

schaatsen (**de**) [skh**ah**tsuh] ice skates

schaatsen (**het**) ice skating; to ice skate

schaduw (**de**) [skh**ah**d∞] shade; shadow

schakelaar (**de**) [skh**ah**kelahr] switch

scheerapparaat (**het**) [skh**ayr**-apparaht] razor

scheermesjes (**de**) [skh**ayr**-meshus] razor blades

scheerschuim (**het**) [skh**ayr**-skhowm] shaving foam

scheerwol (**de**) wool

scheerzeep (**de**) [skh**ayr**zayp] shaving foam

scheren [skh**ayr**uh] to shave

scherp [skh**air**p] sharp

scheutje (**het**) [skh**UR**t-yuh] drop

schiet op! [skh**eet**] hurry up!

schilderij (**het**) [skhild**er**ī] painting

schip (**het**) [skhip] ship

schoen (**de**) [skh**oon**] shoe

schoenenzaak (**de**) [skh**oo**nuh-zahk] shoe shop

schoenmaker (**de**) [skh**oon**-mahker] shoe repairer

schoensmeer (**de**) [skh**oon**-smayr] shoe polish

schoenveters (**de**) [skh**oon**-vayters] shoelaces

schokbreker (**de**) [skh**ok**-brayker] shock-absorber

schokkend [skh**ok**kent] shocking

schoon [skh**ohn**] clean

schoondochter (**de**) [skh**ohn**-dokhter] daughter-in-law

schoonheidsartikelen cosmetics

schoonheidssalon (**de**) [skh**ohn**hīts-salon] beauty salon

schoonmaakartikelen cleaning articles

schoonmaken [skh**ohn**-mahkuh] to clean

schoonmoeder (**de**) [skh**ohn**-m∞der] mother-in-law

schoonouders (**de**) [skh**ohn**-owders] parents-in-law

schoonvader (**de**) [skh**ohn**-vahder] father-in-law

schoonzoon (**de**) [skh**ohn**-zohn] son-in-law

schoonzus (**de**) [skh**ohn**-z∞s] sister-in-law

schoteltje (**het**) [skh**o**telt-yuh] saucer

Schots [skhots] Scottish

schouder (**de**) [skh**ow**der] shoulder

schouwburg (**de**) [skh**ow**-b∞rkh] theatre

schram (**de**) [skhram] scratch

schreeuwen [skhr**ay**-wuh] to shout

schrijfpapier (**het**) [skhr**ī**f-papeer] writing paper

schrijven [skhrĪvuh] to write

schudden voor gebruik shake before use

schuifdak (het) [skhOWfdak] sunroof

seconde (de) [sekonduh] second

septisch [septis] septic

serveerster (de) [servayrster] waitress

servet (het) [sairvet] serviette, napkin

sigarenwinkel tobacconist, tobacco store

sinds since

sinterklaas [sinterklahs] Saint Nicholas

sinterklaasavond [sinterklahs-ahvont] St. Nicholas Eve (December 5th)

sjaal (de) [shahl] scarf

slaan [slahn] to hit

slaapcoupé (de) [slahp-koopay] couchette

slaapkamer (de) [slahp-kahmer] bedroom

slaapwagen (de) [slahp-vahkhuh] sleeping car

slaapzaal (de) dormitory

slaapzak (de) [slahpzak] sleeping bag

slager (de) [slahkher] butcher's

slagerij (de) [slahkherĪ], slagerswinkel (de) [slahkhers-vinkel] butcher's shop

slapen [slahpuh] to sleep

slecht [slekht] bad; poor; badly
niet slecht [neet] not bad

slecht wegdek poor road surface

sleutel (de) [slURtel] key

sleutelring (de) [slURtelring] keyring

slijterij (de) [slĪterĪ] off-licence, liquor store

slim clever

slipgevaar danger of skidding

slipje (het) [slip-yuh] panties

slot (het) lock; fortified castle

sluis (de) [slows] lock (on canal)

sluiten [slOWtuh] to close, to shut

sluitingstijden closing times

smaak (de) [smahk] flavour; taste

smaakstoffen flavourings

smerig [smayrikh] filthy

snee (de) [snay] slice

sneeuw (de) [snay-oo] snow

sneeuwstorm blizzard

sneeuwval snowfall

snel fast, quick; quickly

snelbuffet (het) snackbar

snelheid (de) [snelhĪt] speed

snelheidsmeter (de) [snelhĪts-mayter] speedometer

snelkassa (de) quick checkout (in supermarket, 7 items or less)

sneltrein (de) [sneltrĪn] express (train)

snelweg (de) [snelvekh] motorway, highway

snijden [snĪduh] to cut

snijwond (de) [snĪvont] cut

snoepgoed (het) [snoop-khoot] sweets, candies

snoepjeswinkel (de) [snoop-yuhs-vinkel] sweet shop, candy store snor (**de**) moustache

soms sometimes

soort (**het**) [sohrt] sort, type

wat voor soort ...? [vohr] what sort of ...?

welke soort wilt u? [velkuh] which sort do you want?

soortgelijk [sohrtkhelk] similar

souterrain (**het**) [sooterrayn] basement

spaak (**de**) [spahk] spoke

Spaans [spahns] Spanish

spaarbank savings bank

Spanje [span-yuh] Spain

spannend [spannent] exciting

speciale aanbieding special offer

speelgoed toys

speelgoedwinkel (**de**) [spaylkhoot-vinkel] toy shop

speelplaats (**de**) [spaylplahts] playground

speld (**de**) [spelt] pin

spelen [spayluh] to play

spelletje (**het**) [spellet-yuh] game

spiegel (**de**) [speekhel] mirror

spijkerbroek (**de**) [spīkerbrook] jeans

spijt: (het) spijt me [spīt muh] I'm sorry

het spijt me echt [spīt muh] I'm really sorry

spin (**de**) spider

spirituosa spirits

spitsuur (**het**) [spitsoor] rush hour

spoedgeval (**het**) [spootkheval] emergency

spoedzendingen express post

spoor platform, (US) track

spoorboek(je) train timetable

het nieuwe spoorboekje is weer verkrijgbaar the new train timetable is available now

spoorkaart van Nederland rail map of Holland

spoorkaartjes train tickets

spoorlijn track

spoorvorming! ruts on road!

spoorweg (**de**) [spohrvekh] railway

spoorwegovergang level crossing, (US) grade crossing

spoorwegpolitie railway police

sportartikelen sports goods

sportkleding sports wear

sportvelden sports fields

sportwinkel sports goods shop

spreek: ik spreek geen ... [sprayk khayn] I don't speak ...

spreekt u ... [spraykt oo] do you speak ...?

spreekuur office hours; surgery hours

spreken [spraykuh] to speak

springen to jump

staan [stahn]: het staat me niet [staht muh neet] it doesn't suit me

staanplaatsen standing room

we hebben staanplaatsen standing room only

staat (**de**) [staht] state

stad (**de**) [stat] city; town

stadhuis (**het**) [stathows] town hall

stadsbussen town buses

stadscentrum (het) [stats-sentroom] city centre; town centre

stadslichten (de) [stats-likhtuh] side lights

stadsplattegrond street map

stalletjes stalls

standbeeld (het) [stantbaylt] statue

stapvoets rijden drive at walking pace

stedelijk municipal

steelpan (de) [staylpan] saucepan

steen (de) [stayn] stone, rock

steil [stil] steep

steile helling steep gradient

stekend [slaykent] sharp

stekker (de) plug

stelen [stayluh] to steal

stem (de) voice

stempelautomaat ticket-stamping machine

ster (de) star

sterk strong

sterke drank spirits

sterven [stairvuh] to die

stilte (de) [stiltuh] silence

stoel (de) [stool] chair

stoel bij het middenpad (de) [bi uht midduhpat] aisle seat

stoel bij het raam (de) [bi uht rahm] window seat

stoep (de) [stoop] pavement, sidewalk

stof (de) cloth, material, fabric

stof (het) dust

stofdoeken dusters

stoffeerderij upholsterer

stoffen materials, fabrics; substances

stoffig [stoffikh] dusty

stofzuiger (de) [stofzowkher] vacuum cleaner

stom stupid

stomerij (de) [stomeri] dry-cleaner

stommeling [stommeling] idiot

stop (de) plug (in sink); fuse

stopcontact (het) power point, socket

stopcontact voor scheerapparaten (het) shaving point

stoppen to stop

stopt niet in... does not stop in...

stoptrein slow train stopping at most stations

storen to disturb

storingsdienst faults service

stortingen deposits

straat (de) [straht] street

strafbaar punishable

strak tight

strand (het) [strant] beach

op het strand on the beach

strandwacht (de) [strantvakht] lifeguard

stratenplan (het) [strahtuhplan] streetmap

streek (de) [strayk] region

streekpost local mail

streekvervoer regional transport

strijken [strikuh] to iron

strijkijzer (het) [strikizer] iron

strippenkaart (de) [strippuhkahrt]

ticket strip for bus, tram and metro

stroom (de) [strohm] current; stream

stroomafwaarts [strohmafvahrts] downstream

stroomopwaarts [strohmopvahrts] upstream

stropdas (de) [strohpdas] tie, necktie

stuk (het) [stook] piece; article

stukje (het) [stook-yuh] bit

een stukje ... a bit of ...

een stukje verderop a little further down

stukje bij beetje bit by bit

stuurinrichting (de) [stoor-inrikhting] steering

suikergehalte sugar content

suikergoed confectionery

suikerpatient (de) [sowker-pahshent] diabetic

super four-star petrol, premium gas

supermarkt (de) [soopermarkt] supermarket

surfplank (de) [soorfplank] sailboard

T

taal (de) [tahl] language

taalcursus (de) [tahl-koorsoos] language course

tabak (de) tobacco

tabakswaren tobacconist

tafel (de) [tahfel] table

tafellaken (het) tablecloth

tafeltennis (het) table tennis

taille (de) [tah-yuh] waist

talkpoeder (de) [talkpooder] talcum powder

tamelijk [tahmelik] quite, fairly, rather

tand (de) [tant] tooth

tandarts (de) [tant-arts] dentist

tandenborstel (de) toothbrush

tandpasta (de) toothpaste

tandvlees (het) [tant-vlays] gum

tandzijde (de) [tant-zīduh] dental floss

tante (de) [tantuh] aunt

tapijt (het) [tapīt] carpet

tapvergunning licence to sell alcoholic drinks

tarief charges; price list

tarieven buitenland overseas postage rates

tas (de) bag

tas aan de haak hang your bag on the hook

tax-free-winkel (de) ['tax-free'-vinkel] duty-free shop

taxi-standplaats (de) [taxi-stantplahts] taxi rank

te [tuh] too

te hard kost teveel! speed kills!; speeding fines

te huur [hoor] for hire, to rent

te koop [kohp] for sale

te veel [vayl] too much

te voet [voot] on foot

tearoom café selling drinks, cakes and snacks and sometimes alcoholic drinks

TEE Trans European Express

teen (de) [tayn] toe

tegemoetkomend verkeer

heeft voorrang oncoming traffic has right of way

tegen [**tay**khuh] against

tegen de halve prijs half-price

tegenover [taykhen**oh**ver] opposite

tegenovergestelde [taykhen**oh**ver-khestelduh] opposite

tekening (de) [**tay**kening] picture, drawing

telefoneren [telefon**ay**ruh] to phone

telefonist/telefoniste (de) [telefonist/telefonistuh] operator

telefoon (de) [tele**foh**n] phone

telefoonboek (het) [tele**foh**n-book] phone book

telefooncel (de) [tele**foh**n-sel] phone box

telefoongesprek (het) [tele**foh**n-khesprek] phone call

telefoongids (de) [tele**foh**n-khits] phone book

telefoonkaart (de) [tele**foh**n-kahrt] phonecard

telefoonnummer (het) [tele**foh**n-noommer] phone number

teleurgesteld [tel**ur**khestelt] disappointed

teleurstellend [tel**ur**stellent] disappointing

televisie (de) [televeesee] television

ten minste [m**ln**stuh] at least

tenminste houdbaar tot ... can be kept until ...

tennisbaan (de) [tennisbahn] tennis court

tent (de) tent; dive

tentharing (de) tent peg

tentoonstelling (de) [tentohn-stelling] exhibition

tentstok (de) tent pole

terug [ter**oo**kh] back

ik ben zo terug I'll be right back

terugbellen [ter**oo**kh-belluh] to ring back, to call back

teruggaan [ter**oo**kh-khahn] to go back, to return

teruggeven [ter**oo**kh-khayvuh] to give back

terugkomen [ter**oo**kh-kohmuh] to come back, to get back

terwijl [ter**vil**] while

thee (de) [tay] tea

theedoek (de) [**tay**dook] tea towel

theelepel (de) [**tay**laypel] teaspoon

thermosfles (de) [**tair**mosfles] Thermos® flask

thuis [tows] at home

bij hem thuis at his place

ticket (de) ticket

tiener (de) [**teen**er] teenager

tientje (het) [**teent**-yuh] ten-guilder note/bill

tijd (de) [tit] time

tijdens [tidens] during

tijdschrift (het) [**tit**skhrift] magazine

tijdschriftenwinkel (de) [**tit**skhriftuh-vinkel] newsagent's

tijdslot (het) [**tit**slot] time lock

tik unit

t/m up to and including

tocht met de rondvaartboot (de) canal trip

tochtig [tokhtikh] draughty

toegang (de) [too-khang] admission; access

toegang alleen voor kaartenhouders ticket-holders only

toegang verboden no admittance

toegangsbewijs (het) [tookhangs-bewīs] ticket

toegangsprijs (de) [tookhangs-prīs] admission charge

toegelaten [tookhelahtuh] allowed

toegestaan [too-khestahn] allowed

toekomst (de) [tookomst] future

toen [toon] then

toerist (de) [toorist] tourist

toeristenbureau (het) [tooristuh-booroh] tourist information office

toeristische rondrit (de) [tooristeesuh rontrit] sightseeing tour (by bus)

toeristische rondvaart (de) [ront-vahrt] sightseeing tour (by boat)

toeslag (de) [tooslakh] supplement

u moet toeslag betalen you must pay a supplement

toestel (het) [toostel] extension; apparatus

toestelnummer (het) [toostel-noommer] extension number

toeter (de) [tooter] horn

toezichthouder/toezicht-houdster (de) [toozikht-howder/toozikht-howtster] caretaker

toilet (het) [twa-let] toilet, rest room

toiletartikelen toiletries

toiletpapier (het) [twalet-papeer] toilet paper

toiletten toilets, rest rooms

tol toll

tolk (de) interpreter

tolken to interpret

toneel (het) stage; drama

toneelstuk (het) [tonaylstook] play

tonen to show

tot until

tot en met up to and including

tot straks see you later

tot ziens [zeens] goodbye, see you, cheerio

touringcar (de) [tooringkar] coach, bus

touw (het) [tow] rope; string

traject (het) [trahjekt] route; section of rail track

tramhalte (de) [tramhaltuh] tram stop

transportkaart (de) [transportkahrt] network map

trap (de) stairs; steps

trefpunt meeting point

trein (de) [trīn] train

de trein naar ... staat gereed op spoor ... the train for ... is waiting at platform ...

de trein staat gereed op ... the train is about to depart from ...

trein met toeslag train with supplement payable

treinkaart train ticket

treinstel section of the train

treintaxi station taxi

trek: heeft u trek? [hayft ∞] are you hungry?

trekken to pull

trouwdag (de) [tr**ow**dakh] wedding day; wedding anniversary

trouwerij (de) [trower**ī**] wedding

trouwring (de) [tr**ow**ring] wedding ring

trui (de) [trow] jersey, jumper

tuin (de) [town] garden; yard

tulp (de) [t∞lp] tulip

tussen [t∞uuuh] between

tussen de middag [duh] at midday

tussen de middag gesloten closed at lunchtime

tussenlanding (de) stopover

twee eenpersoonsbedden [tvay **ay**npersohns-bedduh] twin beds

twee keer [tvay kayr] twice

twee keer zoveel [zovayl] twice as much

twee weken [tvay v**ay**kuh] fortnight

tweede [tv**ay**duh] second

tweede klas second-class

tweede straat links second on the left

tweedehands [tv**ay**duh-hants] second-hand

tweepersoonsbed (het)

[tv**ay**persohns-bet] double bed

tweepersoonskamer (de) [tv**ay**persohns-k**ah**mer] double room

tweerichtingsverkeer two-way traffic

tweesprong (de) [tv**ay**sprong] fork (in road)

typisch [t**ee**pees] typical

U

u [∞] you

u bent hier, u bevindt zich hier you are here

uit [owt] out; exit

ik kom uit ... I come from ...

uitbetaling (de) [**ow**tbetahling] payment

uitdoen [**ow**tdoon] to turn off

uiteindelijk [**ow**t**ī**ndelik] eventually

uiterst [**ow**terst] extremely

uiterste verkoopdatum sell-by date

uitgaan [**ow**tkhahn] to go out

uitgang (de) [**ow**tkhang] exit, way out; gate

uitgeput [**ow**tkhep∞t] exhausted

uitgesteld postponed

uitgeven [**ow**tkhayvuh] to spend

uitgezonderd op ... ... days excepted

uitlaat (de) [**ow**tlaht] exhaust (pipe)

uitleggen [**ow**tlekhuh] to explain

uitlekgewicht dry weight

uitnodigen [**ow**tnohdikhuh] to invite

uitnodiging (de) [Owtnohdikhing] invitation

uitpakken [Owtpakkuh] to unpack

uitrit vrijlaten please keep exit clear

uitrusten [Owtr00stuh] to rest

uitrusting (de) [Owtr00sting] equipment

uitschakelen [Owtskhahkeluh] to switch off

uitstappen [Owtstappuh] to get off, to get out

uitstekend [owtstaykent] fine; excellent

uitverkocht sold out

uitverkoop (de) [Owtverkohp] sale

uitverkoopartikelen worden niet geruild we do not exchange sales goods

uitvoering (de) [Owtvooring] performance

uitzicht (het) [Owtzikht] view

uitzoeken [Owtzookuh] to find out

universiteit (de) [00nivairsitit] university

uur (het) [00r] hour; o'clock

uw [00] your

uw lichten! remember your lights

V

vaag [vahkh] vague; dull

vaak [vahk] frequent; often

niet vaak [neet] not often

vaart minderen reduce speed

vaatdoek (de) [vahtdook] dishcloth

vader (de) [vahder] father

vakantie (de) [vakansee] holiday, vacation

op vakantie on holiday/vacation

vakantie-reizen holiday travel

valhelm (de) [valhelm] helmet

vallen [valluh] to fall

vallend gesteente falling rocks

valuta foreign currency

van [van] from; of

van wie is dit? [vee] whose is this?

van nu af aan [n00 af ahn] from now on, in future

van hen theirs

van jou [yow] yours

van jullie [y00llee] yours

van ons ours

van u [00] yours

vanaf [vanaf] from

vanavond [vanahvont] tonight; this evening

vandaag [vandahkh] today

vandaag over een week [ohver uhn] a week (from) today

vangen [vanguh] to catch

vanmiddag [vanmiddakh] this afternoon

vanmorgen [vanmorkhuh] this morning

vanochtend [vanokhtent] this morning

vanuit [fanOWt] from

vanwege ... [vanvaykhuh] because of ...

vast: het zit vast [vast] it's jammed

vasthouden [vast-howduh] to hold

vatbaar voor wijzigingen subject to change

veel [vayl] a lot, lots; many; much

niet veel [neet] not a lot; not many; not much

niet zo veel not so much, not so many

veel succes! [sookses] good luck!

veerboot (de) [vayrboht] ferry

vegetariër (de) [vaykhetahri-er] vegetarian

vegetarisch [vaykhetahrees] vegetarian

veilig [vīlikh] safe

veiligheidsgordel (de) [vīlikhhīts-khordel] seat belt

veiligheidsgordels omdoen fasten seat belts

veiligheidsspeld (de) [vīlikhhīts-spelt] safety pin

veld (het) [velt] field

ventilator (de) [ventilahtor] fan

ventilatorriem (de) [ventilahtor-reem] fan belt

ver [vair] far

verband (het) [verbant] bandage; dressing

verbanddoos (de) [verbant-dohs] first-aid kit

verbazingwekkend [verbahzing-vekkent] amazing, astonishing

verbergen [verbairkhuh] to hide

verbeteren [verbayteruh] to improve

verbind: ik verbind u door I'll put you through

verbinding (de) [verbinding] connection

verbindingstoon ringing tone

verblijfsvergunning (de) [verblīfs-vergoonning] residence permit

verboden prohibited

verboden de dieren te voederen do not feed the animals

verboden in te halen no overtaking

verboden inrij behalve voor plaatselijk verkeer no access except local traffic

verboden te roken no smoking

verboden te vissen no fishing

verboden te zwemmen no swimming

verboden toegang behalve voor plaatselijk verkeer no access except local traffic

verboden toegang voor onbevoegden no access for unauthorized persons

verbranden [verbranduh] to burn

verder [vairder] further

verder dan beyond

verderop [verderop] further down; further up

verdieping (de) [verdeeping] floor, storey

verdwaald [verdvahlt] lost

verdwijnen [verdvīnuh] to disappear

Verenigde Staten (de)

[ver**ay**nikhduh st**ah**tuh] United States

Vereniging voor Vreemdelingenverkeer tourist information

verf (de) [vairf] paint

vergadering (de) [verkh**ah**dering] meeting

vergeet het maar! [verkh**ay**t uht mahr] no way!

vergeten [verkh**ay**tuh] to forget

vergif [verkh**if**] poison

vergissing (de) [verkh**iss**ing] mix-up

vergoeding (de) [verkh**oo**ding] refund

vergroting (de) [verkhr**oh**ting] enlargement

vergunning (de) [verkh**oo**nning] licence, permit; permission

verharde berm hard shoulder

verhoging (de) [verh**oh**khing] temperature, fever

verhuren to rent

verhuur rental

verhuurtarief hire charge

verjaardag (de) [ver-y**ah**rdakh] birthday

verkeer (het) [verk**ay**r] traffic

verkeer van rechts heeft voorrang give way to traffic from the right

verkeerd [verk**ay**rt] wrong

verkeerd nummer [n**oo**mmer] wrong nummer

verkeerd verbonden [verb**o**nduh] wrong number

verkeersbord (het) [verk**ay**rsbort] roadsign

verkeerslichten (de) [verk**ay**rs-likhtuh] traffic lights

verkeersomleiding diversion

verkeersopstopping (de) [verk**ay**rs-**o**pstopping] traffic jam

verkeersplein roundabout

verkeerstekens traffic signs

verkoop strippenkaart sale of bus/tram/metro tickets

verkopen [verk**oh**puh] to sell

verkouden: ik ben verkouden [verk**ow**duh] I have a cold

verkrachting (de) [verkr**akh**ting] rape

verlaat uw kamer alstublieft om ... please vacate the room by ...

verleden: in het verleden [verl**ay**duh] in the past

verlegen [verl**ay**khuh] shy

verlengsnoer (het) [verl**e**ngsnoor] extension lead

verliezen [verl**ee**suh] to lose

verloofd [verl**oh**ft] engaged

verloofde (de) [verl**oh**fduh] fiancé; fiancée

verloren voorwerpen lost property, lost and found

verontreinigd [verontr**ī**nikht] polluted

verontschuldiging (de) [veront-skh**oo**ldikhing] apology

verpleger/verpleegster (de) [verpl**ay**kher/verpl**ay**khster] nurse

verplicht rondgaand verkeer compulsory to follow roundabout before taking chosen exit vers [vairs] fresh

verscheidene [verskhīdenuh] several

verschil (het) [verskhil] difference

verschillend [verskhillent] different

verschilt: het verschilt [verskhilt] it varies

verschrikkelijk [verskhrikkelik] terrible

vershoudfolie (de) [vershowt-folee] cling film

versnellen to accelerate

versnellingen (de) [versnellinguh] gears

versnellingsbak (de) [versnellings-bak] gearbox

versnellingspook (de) [versnellings-pohk] gear lever

versperd [verspairt] blocked

verstaan [verstahn] to hear
ik versta u niet I can't hear you

verstopt [verstopt] blocked

versturen [verstooruh] to send

vertalen [vertahluh] to translate

vertaling (de) [vertahling] translation

verte: in de verte [duh vairtuh] in the distance

vertellen [vertelluh] to tell

vertraging (de) [vertrahkhing] delay

vertrek (het) [vertrek] departure

vertrekhal (de) [vertrekhal] departure lounge

vertrekken [vertrekkuh] to leave

vervaldatum (de) [verval-datoom] expiry date

vervalsing (de) [vervalsing] fake

verveel: ik verveel me [vervayl muh] I'm bored

vervelend [vervaylent] annoying

verven [vairvuh] to paint, to dye

vervoerprijs (de) [vervoorpris] fare

verwachten [vervakhtuh] to expect

verwarmd openluchtbad heated outdoor swimming pool

verwarming (de) [vervarming] heater; heating

verzekering (de) [verzaykering] insurance

verzilveren [verzilvuruh] to cash

vest (het) [vest] cardigan; waistcoat

vet (het) [vet] fat

vijver (de) [vīver] pond

vind: ik vind het niet erg [vint uht neet airkh] I don't mind

vinden [vinduh] to find

vindt u dat goed? [vint oo dat khoot] is that OK with you?

vinger (de) [vinger] finger

vis (de) [vis] fish

visboer (de) [visboor] fishmonger

visitekaartje (het) [viseetuh-kahrt-yuh] business card

visrestaurant (het) [visrestowrant] seafood restaurant

visum (het) [veesoom] visa

viswinkel (de) [visvinkel]

fishmonger's
Vlaams [vlahms] Flemish
vlag (de) [vlakh] flag
vlakbij [vlakbī] near; just off
vlees (het) [vlays] meat
vleugelboot (de) [vlURkhelboht] hydrofoil
vlieg (de) [vleekh] fly
vliegen [vleekhuh] to fly
vliegtuig (het) [vleekhtowkh] aeroplane, airplane
per vliegtuig by air
vliegveld (het) [vleekhvelt] airport
vlo (de) [vlo] flea
vloeibare zeep liquid soap
vloer (de) [vloor] floor
vlooienmarkt flea market
vlucht (de) [vlOOkht] flight
vluchtduur (de) [vlOOkht-dOOr] flight time
vluchtheuvel traffic island
vluchtnummer (het) [vlOOkht-nOOmmer] flight number
vluchtstrook hard shoulder
vochtig [vokhtikh] damp; humid
vochtinbrengende crème (de) [vokht-inbrengenduh krem] moisturizer
voedsel (het) [vootsel] food
voedselvergiftiging (de) [vootselver-khiftikhing] food poisoning
voelen [vooluh] to feel
voet (de) [voot] foot
voetbal (het) [vootbal] football
voetbalstadion (het) football stadium

voetbalwedstrijd (de) [vootbal-vetstrīt] football match
voeten vegen alstublieft please wipe your feet
voetgangers pedestrians
voetgangersgebied, voetgangerszone pedestrian precinct
voetgangersoversteekplaats pedestrian crossing
voetzool (de) [vootzohl] sole
vogel (de) [vokhel] bird
vol [vol] full; no vacancies
volgeboekt fully booked; no vacancies
volgen [volkhuh] to follow
volgend [volkhent] next
de volgende bocht/straat links] the next turning/street on the left
volgende lichting next collection
volgorde van de rijtuigen order of cars
volksdansen (het) [volksdansuh] folk dancing
volkenkunde folklore
volksmuziek (de) [volks-mOOzeek] folk music
volledig verzorgde vakantie (de) [vollaydikh verzorkhduh vakansee] package holiday
volop ... [volop] plenty of ...
volpension [vol-penshohn] full board
voluit [volowt] in full
volwassene (de) [volvassenuh] adult
voor [vohr] for; before

voor donderdag by Thursday
voor het hotel in front of the hotel
voor hoe laat? [hoo laht] for what time?
vooraan [vohrahn] in front
vooral [vohral] especially; mostly
voorbeeld (het) [vohrbaylt] example
voorbehoedsmiddel (het) [vohrbehoots-middel] contraceptive
voorbij [vohrbī] over, finished
voorhoofd (het) [vohr-hohft] forehead
voorkant (de) [vohrkant] front
aan de voorkant at the front
voornaam (de) [vohrnahm] Christian name, first name
voorrang [vohr-rang] priority; right of way
voorrangsweg main road
voorruit (de) [vohr-rowt] windscreen, windshield
voorschrijven to prescribe
voorsorteren get in lane
voorstellen [vohrstelluh] to introduce
mag ik ... aan u voorstellen? [makh – ahn ∞] may I introduce ...?
voorstelling (de) [vohrstelling] show, performance
vooruit [vohrowt] in advance
voorzichtig [vohrzikhtikh] careful
voorzichtig! look out!
voorzichtig, deze bus zwaait

uit caution! this bus swings out
voorzichtig, kinderen caution! children
voorzichtig rijden drive carefully
voorzichtig, stoepje mind the step
voorzichtig! breekbaar handle with care! fragile
voorzichtig! trambaan caution! tramway
voorzieningen voor gehandicapten facilities for the handicapped
vorig [vohrikh] last
vork (de) [vork] fork
vorst (de) [vorst] frost
vraag (de) [vrahkh] question
vrachtwagen (de) [vrakht-vahkhuh] lorry, truck
vragen [vrahkhuh] to ask
vredig [vraydikh] peaceful
vreemd [vraymt] odd, strange
vreemdeling (de) [vraymdeling] stranger
vreemdelingenpolitie immigration police
vriend (de) [vreent] friend; boyfriend
vriendelijk [vreendelik] friendly; kind
vriendin (de) [vreendin] friend; girlfriend
vriesvak freezer
vrij [vrī] vacant; free; quite
vrij duur [dōor] quite expensive
vrij toegankelijk admission free

vrijdag (de) [vrīdakh] Friday
vrije entree admission free
vroeg [vrookh] early
vrolijk kerstfeest! [vrohlik kairstfayst] merry Christmas!
vrouw (de) [vrow] woman; wife
vrouwen women
vrouwenklooster convent
V.S. (de) [vay-ess] USA
VTB Flemish tourist organisation
vuil (het) [vowl] dirt; dirty
vuilnisbak (de) [vowlnisbak] dustbin, trashcan
vullen [vOOlluh] to fill up
vulling (de) [vOOlling] filling
vuur (het) [vOOr] fire
vuurtje: heeft u een vuurtje? [hayvt OO uhn vOOrt-yuh] do you have a light?
VVV(-kantoor) tourist information (office)

W

waakhond guard dog
waar [vahr] true

waar? where?
waar komt u vandaan? [komt OO vandahn] where are you from?
waarborgsom (de) [vahrborkhsom] deposit
waarde (de) [vahrduh] value
waardevol [vahrdevol] valuable
waarom? [vahrom] why?
waarom niet? [neet] why not?
waarschijnlijk [vahr-skhīnlik] probably

waarschuwing (de) warning
wachten [vakhtuh] to wait
wacht op mij [vakht op mī] wait for me
wachtkamer waiting room
wagentje (het) [vahgent-yuh] supermarket trolley, (US) cart
wagon (de) [vahkhon] carriage
walgelijk [valkhelik] revolting
wandelen (het) [vandeluh] to walk; walking
wandelgebied hiking area
wandeling (de) [vandeling] walk
wandelwagen (de) [vandel-vahkhuh] pushchair, buggy
wang (de) [vang] cheek
wanneer? [vannayr] when?
waren: wij/ze waren [vī/zuh vahruh] we/they were
warenhuis (het) [vahruh-hows] department store
warm [varm] warm; hot
warme en koude dranken hot and cold drinks
was (de) [vas] washing, laundry
was: ik was [vas] I was
hij/zij/het was [hī/zī] he/she/it was
u was [OO vas] you were
wasautomatiek launderette, laundromat
wasbak (de) [vasbak] washhand basin, sink
wasgoed (het) [vaskhoot] washing, laundry
washandje (het) [vashant-yuh] flannel
wasknijper (de) [vask-nīper]

clothes peg
wasmachine (de) [**vas**masheenuh] washing machine
waspoeder (het) [**vas**pooder] washing powder, soap powder
wassen [**vas**suh] to wash
wassen en watergolven [**vas**suh en **vah**terkholvuh] shampoo and set
wasserette (de) [vasser**et**tuh] launderette, laundromat
wasserij (de) [vasser**ī**] laundry
wastafel (de) [**vas**tahvel] washbasin
wat? [vat] what?
wat is er (aan de hand)? [ahn duh hant] what's wrong?
wat wil je? [vil yuh] what do you want?
wat wil je hebben? what would you like?
water (het) [**vah**ter] water
in water oplossen dissolve in water
waterdicht [**vah**terdikht] waterproof
waterfiets (de) [**vah**terfeets] pedalboat
waterpokken (de) [**vah**terpokkuh] chickenpox
waterskiën (het) [**vah**terski-uhn] waterskiing
watten (de) [**vat**tuh] cotton wool, (US) absorbent cotton
WC, w.c. (de) [vay-say] toilet, rest room
we [vuh] we

wedstrijd (de) [**vet**strīt] match
weekkaart (de) [**vay**k-kahrt] weekly ticket
weer (het) [vayr] weather
wees voorzichtig! [vays vohrzikhtikh] be careful!
weet: ik weet het niet [vayt uht neet] I don't know
ik weet het nog [nokh] I remember
weet jij het nog? [yī] do you remember?
weg (de) [vekh] road
is het ver weg? [vair] is it far away?
ze is weg [zuh] she's gone
wegafsluiting, weg afgesloten road closed
wegenkaart (de) [**vay**khuhkahrt] road map
wegenwacht (de) [**vay**khuhvakht] breakdown service
weggaan [**vekh**-khahn] go away
weggetje (het) [**vekh**et-yuh] lane
weggooien [**vekh**-khohyuh] to throw away
wegkruising junction
wegomlegging, wegomleiding diversion
wegongeluk (het) [**vekh**onkhelook] road accident
wegrestaurant roadside restaurant
wegvernauwing road narrows
wegwerpluiers (de) [**vekh**verplow-yers] disposable nappies/diapers
wegwijzer (de) [**vekh**vizer] signpost

weigering (de) [vīkhering] refusal

bij weigering knop indrukken press button in event of fault

wekken [vekkuh] to wake

wekker (de) [vekker] alarm clock

welke? [velkuh] which?; which one?; which ones?

welkom in ... welcome to ...

Wels [vels] Welsh

wenkbrauwpotlood (het) [venkbrow-potloht] eyebrow pencil

wereld (de) [vayrelt] world

werk (het) [vairk] work

werk in uitvoering roadworks

werkdagen workdays

werkeloos [vairkelohs] unemployed

wesp (de) [vesp] wasp

westelijk [vestelik] western

westen (het) [vestuh] west
in het westen in the west

wet (de) [vet] law

weten [vaytuh] to know

wie? [vee] who?
wie is daar? [dahr] who is it?

wiel (het) [veel] wheel

wij [vī] we (emphatic)

wijd [vīt] wide

wijkplattegrond district map

wijn (de) [vīn] wine

wil: ik wil ... I want ...
hij wil ... [hī] he wants ...
ik wil niet ... [neet] I don't want ...

wildpark nature reserve

wilt u ...? would you like ...?

wilt u alstublieft vooruit betalen please pay in advance

wind (de) [vint] wind

windsurfplank (de) [vint-soorfplank] sailboard

winderig [vinderikh] windy

windmolen (de) [vintmohluh] windmill

windsurfen (het) [vintsoorfuh] sailboarding, windsurfing

winkel (de) [vinkel] shop

winkelcentrum (het) [vinkel-sentroom] shopping centre

winkelen: gaan winkelen [khahn vinkeluh] to go shopping

winkelwagen (de) [vinkel-vahkhuh], winkelwagentje (het) [vinkel-vahkhent-yuh] trolley, (US) cart

winteruitverkoop winter sale

wisselautomaat money-changing machine

wisselen [visseluh] to change (money)

wisselgeld (het) [vissel-khelt] change, small change

wisselkantoor (het) [visselkantohr] bureau de change

wisselkoers (de) [visselkoors] exchange rate

wist: dat wist ik niet [vist] I didn't know that

wit [vit] white

woensdag [voonsdakh] Wednesday

wol (de) [vol] wool

wolk (de) [volk] cloud

woon: waar woon je? [vahr vohn

yuh] where do you live?

ik woon in ... I live in ...

woonboot (de) [vohnboht] barge, houseboat

woonerf residential area with ramps to slow down traffic

woonplaats domicile

woord (het) [vohrt] word

Z

zacht [zakht] soft; mild

zachte berm soft verge

zachte lenzen (de) [zakhtuh] soft lenses

zadel (het) [zahdel] saddle

zak (de) pocket

zakdoek (de) [zakdook] handkerchief

zaken business

zakkenroller (de) pickpocket

zaklantaarn (de) [zaklantahrn] torch, flashlight

zakmes (het) penknife

zalf (de) ointment

zand (het) [zant] sand

zanger/zangeres (de) singer (man/woman)

zaterdag [zahterdakh] Saturday

zaterdags en op zon- en feestdagen on Saturdays, Sundays and public holidays

ze [zuh] she; they; her

dat is ze that's her

zee [zay] sea

aan zee [ahn] by the sea(side)

zeep (de) [zayp] soap

zeer [zayr] sore

het doet zeer [doot] it's sore

zeggen [zekhhuh] to say

zeil [zil] sail

zeilen (het) to sail; sailing

zeker [zayker] sure; certainly

zeldzaam [zeltzahm] rare, uncommon

zelfbediening (de) [zelfbedeening] self-service

zelfde: het zelfde [zelfduh] the same

zelfs even

zelfs als ... even if ...

zet uw motor af switch off your engine

zetmeel starch

zetten to put

zie bodem/deksel see bottom/cap

ziek [zeek] ill, sick

ziekenhuis (het) [zeekuh-hows] hospital

ziekenwagen (de) [zeekuh-vahkhuh] ambulance

ziekte (de) [zeektuh] disease

zien [zeuh] to see

zij [zi] she; they (emphatic)

zijde (de) [ziduh] silk

zijkant side

zijn [zin] to be; are; his

zijn er ...? are there ...?

zijstraat (de) [zistraht] side street

zilver (het) [zilver] silver

zin (de) sentence; meaning; liking

het heeft geen zin [hayt khayn] there's no point

heb je zin in een ijsje? would you like an ice cream?

zingen to sing

zitplaats (de) [zitplahts] seat

zitten to sit

zn. son

z.o. south-east

zo so

zo ... mogelijk as ... as possible

zo groot als as big as

zo meteen [metayn] in a minute

zoeken [zookuh] to look for, to search

zoet [zoot] sweet

zolen en hakken heelbar, shoe repairs

zomer (de) [sohmer] summer

's zomers in the summer

zomeruitverkoop summer sale

zon (de) sun

zondag [zondakh] Sunday

zonder without

zonder badkamer [batkahmer] without bathroom

zonder bon wordt niet geruild no goods exchanged without a receipt

zonder douche without shower

zonder pension no meals

zonder toevoeging van conserveringsmiddelen contains no preservatives

zonnebrand (de) [zonnebrant] sunburn

zonnebrandcrème (de) [zonnebrant-krem] suntan lotion

zonnebrandolie (de) [zonnebrant-ohlee] suntan oil

zonnebril (de) [zonnebril] sunglasses

zonnen to sunbathe

zonneschijn (de) [zonneskhïn] sunshine

zonnesteek (de) [zonnestayk] sunstroke

zonnig [zonnikh] sunny

zonsondergang (de) [zonsonderkhang] sunset

zonsopgang (de) [zonsopkhang] dawn

zool (de) [zohl] sole

zoon (de) [zohn] son

zorgen (de) [zorkhuh] worries

ik maak me zorgen [mahk muh] I'm worried

zorgen voor [zorkhuh vohr] to look after

zou u ... kunnen? [zow oo ... koonnuh] could you ...?

z.o.z. please turn over

zo-zo average, so-so

z.s.m. as soon as possible

zuidelijk [zowdelik] southern

zuiden (het) [zowduh] south

in het zuiden in the south

zuidenwind (de) southerly wind

zuiderling (de) [zowderling] southerner

Zuid-Holland South Holland

zuidoosten (het) [zowt-ohstuh] southeast

zuidwesten (het) [zowt-vestuh] southwest

zuipen [zowpuh] to booze

zuivelproduct (het) [zow-vel-prohdookt] dairy product

Zi

zuivere scheerwol pure wool
zus (de) [zoos] sister
zuur [zoor] sour
zwaar [zvahr] badly; heavy
zwager (de) [zvahkher] brother-
 in-law
zwak [zvak] weak
zwanger [zvanger] pregnant
zwart [zvart] black
Zweden [zvayduh] Sweden
Zweeds [zvayts] Swedish
zwembad (het) [zvembat]
 swimming pool
zwembroek (de) [zvembrook]
 swimming trunks
zwemmen [zvemmuh] to swim
zwemmen verboden no
 swimming
zwempak (het) [zvempak]
 swimming costume
zwemvest (het) [zvemvest] life
 jacket
Zwitsers [zvitsers] Swiss

Menu
Reader:
Food

Essential Terms

bread het brood [broht]

butter de boter

cup de kop

dessert het nagerecht [nah-KHereKHt]

fish de vis

fork de vork

glass het (drink)glas

knife het mes

main course het hoofdgerecht [hohft-KHereKHt]

meat het vlees [vlays]

menu het menu [menoo], de kaart [kahrt]

pepper de peper [payper]

plate het bord

salad de salade [salahduh]

salt het zout [zowt]

set menu het vaste menu [vastuh menoo]

soup de soep [soop]

spoon de lepel [laypel]

starter het voorgerecht [vohrKHereKHt]

table de tafel [tahfel]

another ..., please nog een ..., alstublieft [noKH uhn - alstoobleeft]

excuse me! (to call waiter/waitress) pardon!

could I have the bill, please? kan ik afrekenen, alstublieft?

aalbessen [ahlbessuh] (black, red or white) currants

aardappelen [ahrdappeluh] potatoes

aardappelpuree [ahrdappelpooray] mashed potatoes

aardbeien [ahrdbī- uh] strawberries

abrikoos [abrikohs] apricot

abrikozencompote [abrikohzuh-kompot] apricot compote

abrikozenjam [abrikohzuh-jam] apricot jam

abrikozenvlaai [abrikohzuh-vlī] apricot flan

ajam [ahyam] chicken (Indonesian)

ajuin [ahyown] onion

amandelen [ahmandeluh] almonds

amandelkoekjes [ahmandelkook-yuhs] crispy biscuits/cookies with almonds or soft almond-paste filling

amerikaanse biefstuk [amayrikahnsuh beefstook] hamburger with a fried egg

ananas pineapple

andijvie [andīvee] endive

andijvie a la crème [krem] cooked endives in cream sauce

anijs [anīs] aniseed

ansjovis [anshohvis] anchovies

appel apple

appelcompote apple compote, stewed apples

appelflap apple turnover

appelgebak [appel-кнebak] apple and cinnamon tart or cake

appelgelei [appelJelī] apple jelly

appelmoes [appelmoos] apple sauce; puréed apples

appelpannenkoek [appel-pannuhkook] apple pancake

appelstroop [appelstrohp] kind of treacle made with apples, used as a sandwich spread

appelstrudel [appel-stroodel] apple strudel

appeltaart (met slagroom) [appeltahrt (met slaкнrohm)] apple cake (with whipped cream)

Ardennerham Ardennes ham (smoked)

artisjok [artishok] artichoke

asperges [asperJes] asparagus

atjar tampoer [at-yar tampoor] mixed pickles (Indonesian)

au jus [ow yoos] in gravy

augurken [ow-кнoorkuh] gherkins

azijn [ahzīn] vinegar

baars [bahrs] bass

babi [bahbi] pork (Indonesian)

bak- en braadvet [brahtvet] cooking fat

baklappen frying steak

balkenbrij [balkuhbrī] white pudding

bami noodle dish with meat and vegetables (Indonesian)

bamivlees [bahmivlays] diced pork, served with Indonesian bami dish (Indonesian) banaan [banahn] banana

banketbakkersroom [banket-bakkers-rohm] confectioner's custard

banketletter [banketletter] puff pastry with almond paste filling

basilicum [basilikoom] basil

bearnaise saus [bayarnaysuh sows] hollandaise sauce with tarragon vinegar, chopped tarragon or chervil

belegen kaas [belayKHuh kahs] mature cheese

berliner [berleener] doughnut filled with custard

beschuit [besKHowt] crispbread

bevat ...% meervoudig (on)verzadigde vetzuren contains ... % poly(un)saturates

bevat geen kleurstof no artificial colouring

biefstuk (hollandse) [beefstook (hollandsuh)] steak

biefstuk van de haas [duh hahs] fillet steak

biefstuk van de lende [lenduh] sirloin steak, rump steak

bieslook [beeslohk] chives

bieten [beetuh], bietjes [beet-yuhs] beetroot

bijgerecht [bī-KHereKHt] side dish

bitterballen [bitterballuh] hot, savoury forcemeat for cocktail snacks

bitterkoekjespudding [bitter-kookyuhs-poodding] milk pudding containing almond

macaroons

blauwgekookte forel [blow-KHekohktuh] poached trout

bleekselderij [blayk-selderī] celery

blinde vinken [blinduh finkuh] rolled slice of veal stuffed with minced meat

bloedworst [blootvorst] black pudding, blood sausage

bloemkool [bloomkohl] cauliflower

boerenmeisjes [booruh-mīshuhs] apricots in brandy

boerenham [booruhham] smoked ham

boerenkaas [booruhkahs] farmhouse cheese

boerenkool [booruhkohl] kale

boerenleverworst [booruhlayvervorst] coarse liver sausage

boerenmetworst [booruhmetvorst] coarse sausage

boerenomelet [booronommelet] omelette with potatoes and bacon

boheemse saus [bohhaymsuh sows] béchamel sauce with mayonnaise

bokking smoked herring

bonen [bohnuh] beans

bonensla [bohnuhsla] bean salad

borrelnootjes [borrelnoht-yuhs] cocktail nuts

borst breast

bosbessen bilberries

bot flounder

boter [bohter] butter

198

boterham [**boh**terham] slice of bread and butter; open sandwich

boterham met ... ... sandwich

boterham met kaas [**kahs**] cheese sandwich

boterhamworst [**boh**terhamvorst] sliced sausage used on sandwiches

boterletter puff pastry with almond paste filling

bouillon stock, consommé

braadlappen [**braht**lappuh] frying steak

braadworst [**braht**vorst] sausage for frying

bramen [**brah**muh] blackberries, brambles

brasem bream

brood [broht] bread

broodje [broht-yuh] roll; sandwich

bruinbrood [br**ow**nbroht] brown bread

bruine bonen [br**ow**nuh **boh**nuh] brown beans resembling kidney beans

bruine bonensoep [br**ow**nuh **boh**nuhsoop] brown bean soup

bruine suiker [**sow**ker] brown sugar

caramelpudding [karamel-p**oo**dding] caramel custard

casselerrib [**kas**seler-rip] salted, boiled ribs of pork

champignons [shampin-yons] mushrooms

champignonsoep [shampin-yonsoop] mushroom soup

chantillysaus [shantih**yee**-sows] mayonnaise and whipped cream sauce

Chinese fondue [shin**ay**suh fond**oo**] Chinese fondue – individual portions of vegetables or meat dipped in boiling stock

Chinese kool [kohl] Chinese leaf

chips [ships] crisps, (US) potato chips

chocolade hagelslag [shokol**ah**duh hah**KH**elslaKH] chocolate vermicelli

chocolade vlokken [fl**ok**kuh] chocolate flakes

chocoladepasta [shokol**ah**duh-pasta] chocolate spread

chocoladevla [shokol**ah**duh-vla] kind of chocolate custard

citroen [sitr**oon**] lemon

citroenvla [sitr**oon**vla] kind of lemon custard

compote [komp**ot**] compote, stewed fruit

contrefilet [kontrefi**lay**] rump steak

courgette courgette, zucchini

croquot [kroh**ket**] croquette

croquetje [kroh**ket**-yuh] small croquette

dadels [**dah**dels] dates

daging [**dah**ging] beef (Indonesian)

dagschotel [da**KH**-s**KH**ohtel] dish of the day

dame blanche [dahm blansh] ice

cream with chocolate sauce
doperwten [dop-airtuh] garden peas
dragon [drahKHon] tarragon
drie in de pan [dree in duh pan] small pancakes with currants and raisins
droogkokende rijst [drohKKH-kohkenduh rīst] instant rice
drop Dutch liquorice
druiven [drowvuh] grapes
duitse biefstuk [dowtsuh beefstook] minced beef and onion hamburgers

Edammer (kaas) [kahs] Edam (cheese)
eend [aynt] duck
eendenei [aynduh-ī] duck egg
ei, eieren [ī, ī-uhruh] egg, eggs
eierkoeken [ī-uhrkookuh] flat, round sponge cakes
eisbein [īsbīn] pickled upper leg of pork
erwt(en) [airt(uh)] pea(s)
erwtensoep [airtuhsoop] thick pea soup
erwtensoep met spek thick pea soup with bacon
erwtensoep met worst [vorst] thick pea soup with sausage

fazant [fahzant] pheasant
fijngehakt [fīnKHehakt] finely minced
filet americain [filay amayrikan] tartar steak
filosoof [filosohf] stew with meat and potatoes

forel [fohrel] trout
frambozen [frambohzuh] raspberries
fricandeau [frikandoh] lean pork or veal
friet(en) [freet(uh)] chips, French fries
frietsaus [freetsows] mayonnaise to put on French fries
frikadel [freekahdel] deep-fried sausage made from minced meat
frites [freet] chips, French fries

gado gado vegetables in peanut sauce (Indonesian)
ganzenlever [KHanzuhlayver] goose liver
garnalen [KHarnahluh] prawns; shrimps
garnalencocktail [KHarnahluh-koktayl] prawn cocktail
garnalensaus [KHarnahluh-sows] shrimp sauce
gebak [KHebak] fancy pastries or cakes
gebakjes [KHebak-yuhs] small, fancy pastries or cakes
gebakken [KHebakkuh] fried
gebakken aardappelen [ahrtappeluh] fried potatoes
gebakken ei met spek [ī] fried egg with bacon
gebakken mosselen fried mussels
gebakken paling [pahling] fried eel
gebakken uitjes [owt-yuhs]

fried onions

gebonden [KHebonduh] thickened

gebraden [KHebrahduh] roast

gebraden eend [aynt] roast duck

gebraden gehakt [KHehakt] roast meatloaf

gedroogd [KHedrohKHt] dried

gefileerd [KHefilayrt] filleted

geglaceerde kastanjes [KHeKHlasayrduh kastan-yuhs] glazed chestnuts

gegrild [KHeKHrilt] grilled

gehakt [KHehakt] minced meat

gehaktbal [KHehaktbal] meatball

gekookt [KHekohkt] boiled

gekruid [KHekrowt] seasoned with herbs or spices

gele erwten [KHayluh airtuh] yellow split peas

gelei [Jeli] jelly

gemarineerd [KHemarinayrt] marinated

gemarineerd rundvlees [roontvlays] marinated beef

gemarineerde runderlappen [KHemarinayrduh roonderlappuh] marinated braising steak

gember [KHember] ginger

gemberkoek [KHemberkook] gingerbread

gemberpoeder [KHember-pooder] ground ginger

gemengde noten [KHemeng-duh] mixed nuts

gepocheerd [KHeposhayrt] poached

gepocheerde eieren

[KHeposhayrduh ī-uhruh] poached eggs

gepocheerde vis poached fish

gepofte kastanjes [KHepoftuh kastan-yuhs] roast chestnuts

geraspt [KHeraspt] grated

gerecht [KHereKHt] dish

gerookt [KHerohkt] smoked

gerookte bokking [KHerohktuh] smoked herring

gerookte paling [pahling] smoked eel

gerookte zalm smoked salmon

geroosterd [KHerohstert] grilled

geroosterd brood [broht] toast

gerst [KHairst] barley

gesmoord [KHesmohrt] braised

gestampte muisjes [KHestamptuh mowshuhs] powdered aniseed eaten on bread

gestoofd [KHestohft] stewed

gestoofde andijvie [KHestohfduh andīvee] steamed endive

gevulde kalfsborst [KHevoolduh kalfsborst] stuffed breast of veal

gevulde koek [kook] pastry with almond paste filling

gevulde omelet met groene kruiden [KHroonuh krowduh] stuffed omelette with green herbs

goreng fried (Indonesian)

Goudse kaas [KHOWtsuh kahs] Gouda cheese

goulash goulash

griet [KHreet] brill

groene haring [KHroonuh]

lightly salted young herring

groene saus [sows] mayonnaise with fresh herbs

groenten [KHroontuh] vegetables

groentesoep [KHroontesoop] vegetable soup

grof gesneden bladspinazie [KHrof KHesnayduh blatspinahzee] coarsely chopped leaf spinach

gula djawa Javanese brown sugar (Indonesian)

haas [hahs] hare

haasbiefstuk [hahsbeefstook] fillet steak

hachée [hahshay] stew of diced meat, onions, vinegar and cloves

halfvolle melk [half-volluh] skimmed milk

halfvolle yoghurt [yoKHhoort] skimmed milk yoghurt

halvarine [halvareenuh] half butter, half margarine

hamlappen pork steak from the fat part of the pig's heel

handappelen eating apples

handperen [hantpayruh] dessert pears

hangop [hangop] buttermilk dessert

hardgekookt ei [hardKHekohkt i] hard-boiled egg

haring herring

haring met uitjes [owt-yuhs] herring with chopped onions

haringsalade [hahringsaladuh] herring salad

havermout [hahvermowt], havermoutse pap [hahvermowtsuh] porridge made with milk

hazelnoten [hahzelnotuh] hazelnuts

hazenpastei [hahzuhpasti] hare pâté

hazenpeper [hahzuhpayper] jugged hare

hazenrug [hahzuhrooKH] saddle of hare

heilbot [hilbot] halibut

hertenvlees [hairtuhvlays] venison

hete bliksem [haytuh] potatoes and apples mashed together

hollandse biefstuk [hollandsuh beefstook] thick slice of frying steak

hollandse saus [sows] hollandaise sauce

hom soft roe

honing [[hohning] honey

honingkoek [hohningkook] type of gingerbread made with honey

hoofdgerecht(en) [hohfdKHereKHt(uh)] main course(s)

hopjesvla [hopyesvla] kind of caramel custard

houtsnip [howtsnip] woodcock

hutspot [hootspot] hotpot with potatoes, onions and carrots

huzarensalade [hoozahruhsaladuh], huzarensla [hoozahruhslah] potato salad with beetroot, gherkins, meat, mayonnaise and hard-boiled eggs

ijs [īs] ice cream

ikan fish (Indonesian)

ikan terie [**tay**ree] very small dried fish (Indonesian)

in het zuur [zoor] pickled

jachtschotel [**ya**KHt-sKHohtel] oven dish with meat, potatoes, apples and onions

janhagel [yanha**h**KHel] crumbly biscuit/cookie sprinkled with tiny bits of sugar

jeneverbessen [yen**ay**ver-bessuh] juniper berries

jong [yong] young

jonge kaas [**y**onguh kahs] immature cheese

kaas [kahs] cheese

kaas 20+ low-fat cheese

kaas 40+ full fat cheese

kaascroissant [**kah**skrwassan] cheese croissant

kaaskoekje [**kah**skook-yuh] cheese biscuit

kaassaus [kahs-**s**OWs] cheese sauce

kaassoesje [kahs-**s**ooshuh] cheese puff

kabeljauw [kabel-y**OW**] cod

kadetje [ka**h**det-yuh] soft roll

kalfsfricassee [kalfs-frikassay] veal fricassee

kalfsbiefstuk [kalfs-beefstook] fillet of veal

kalfsgehakt [kalfs-KHehakt] minced veal

kalfslappen veal slices

kalfslever [kalfs-layver] calf's liver

kalfsleverworst [kalfs-layvervorst] veal liver sausage

kalfsniertjes [kalfs-neert-yuhs] calf's kidneys

kalfsoester [kalfs-ooster] escalope of veal

kalfsschnitzel [kalfs-shnitzel] veal schnitzel

kalfstong calf's tongue

kalfsvlees [kalfsvlays] veal

kalkoen [kalkoon] turkey

kandijsuiker [kandī-sowker] crystallized sugar (used in coffee)

kaneel [kanayl] cinnamon

kapucijners [kapoosīners] marrowfat peas

karbonade [karbonahduh] chop; small piece of meat from the back, shoulder, rib or loin of a calf, lamb, sheep or pig

karnemelk [karnemelk] buttermilk

karnemelkse pap [karnemelksuh pap] buttermilk porridge

karper carp

kastanjepuree [kastanye-pooray] puréed chestnuts

kastanjepudding [kastanye-pooddng] chestnut pudding

kastanjes [kastanyes] chestnuts

katjang [kat-yang] pulses; peanuts (Indonesian)

katjang idjoe [it-yoo] small green peas (Indonesian)

kerrie [kerree] curry

kerriesaus [kerreesOWs] curry
sauce

kerriesoep [kerreesoop] curry
soup

kersen cherries

kersenvlaai [kersuhvlī] cherry
pie

kervel [kervel] chervil

kervelsoep [kervelsoop] chervil
soup

ketjap asin [ket-yap] salty soy
sauce (Indonesian)

ketjap manis sweet soy sauce
(Indonesian)

ketoembar [kaytoombar]
coriander seeds (Indonesian)

keukenstroop [kurkuhstrohp]
golden syrup

kievitsei [keeveets-ī] plover's
egg

kikkerbillen [kikkerbilluh],
kikkerbilletjes [kikkerbillet-yuhs]
frogs' legs

kinderijsje [kinder-īshuh] small
ice cream

kinderportie [kinderporsee]
children's portion

kindersurprise [kinder-
soorpreesuh] children's dessert

kip chicken

kip aan het spit [ahn] spit-
roasted chicken

kippenlever [kippuhlayver]
chicken-liver

kippensoep [kippuhsoop]
chicken soup

klapper coconut

klapstuk [klapstook] piece of
beef from the rib

klaverhoning [klahverhoning]
clover honey

knäckebrood [k-nekkebroht]
crispbread

knakworst [k-nakvorst]
Frankfurter

knoflook [k-noflohk] garlic

knolselderij [k-nolselderī]
celeriac

koekjes [kook-yuhs] biscuits,
cookies

koenjit [koon-yit] spice
(Indonesian)

koffietafel [koffeetafel] cold
buffet lunch, sometimes
including soup

kogelbiefstuk [kohKHel-beefstook]
thick end of rump

kokosnoot [kohkosnoht]
coconut

komijnekaas [kohmīnekahs]
cheese with cumin seeds

komkommer cucumber

konijn [kohnīn] rabbit

koninginnesoep
[kohninginnesoop] cream of
chicken soup

kool [kohl] cabbage

koolraap [kohlrahp] swede

koolvis [kohlvis] coalfish

korst crust

kotelet chop, cutlet

koud [kowt] cold

krabbetjes [krabbet-yuhs] spare
ribs

kreeft [krayft] lobster

kreeftensoep [krayftuhsoop]
lobster soup

krenten currants

krentenbrood [krentuhbroht] currant loaf

kroepoek [kroopook] prawn crackers

kroket(ten) croquette(s) of spiced minced meat covered with breadcrumbs and deep-fried

krop sla [krop slah] (head of) lettuce

kropsla [kropslah] cabbage lettuce

kroten [krohtuh], **krootjes** [krohtyuhs] beetroot

kruiden [krowduh] spices; herbs

kruidenboter [krowduhbohter] herb butter

kruidonkaas [krowduhkahs] herb cheese

kruidnagel [krowt-nahkHel] clove

kruisbessen [krowsbessuh] gooseberries

kuikenvleugels [kowkuh-vlurkHels] chicken wings

kuikenbouten [kowkuhbowtuh] chicken legs

kuit [kowt] hard roe

kwark [kvark] quark, low-fat soft white cheese

kwarktaart [kvarktahrt] cheesecake

kwartel [kvartel] quail

lamsborst breast of lamb

lamsbout [lamsbowt] leg of lamb

lamskotelet lamb chop

lamslapje [lamslap-yuh] escalope of lamb

lamslappen lamb slices

lamsragout [lams-rahkHoo] diced lamb in a thick white sauce

lamsschouder [lams-sкHOWder] shoulder of lamb

lamstong lamb's tongue

lamsvlees [lamsvlays] lamb

laurierblad [lOWreerblat] bayleaf

Leerdammer [layrdammer] nutty-tasting cheese with holes

Leidse kaas [līdsuh kahs] Gouda cheese with cumin seeds

lekkerbekjes [lekkerbek-yuhs] deep-fried whiting fillets in batter

lever [layver] liver

leverworst [layvervorst] liver sausage

Limburgse vlaai [lImbOOrkHsuh vlī] fruit flan from Limburg

linzen lentils

loempia [loompia] spring roll (Indonesian)

lombok hot red peppers (Indonesian)

maaltijd [mahltīt] meal

maaltijdsoep [mahltīdsoop] thick meat and vegetable soup, served as a meal in itself

Maasdammer [mahsdammer] strong, creamy cheese with holes

Maaslander [mahslander] type of cheese

maatjesharing [maht-

yuhshahring] young herring
maderasaus [mahdayra-sOWs]
brown sauce with madeira
mager [mahKHer] low fat; lean
magere melk [mahKKeruh]
skimmed milk
maiskolf [mīskolf] corn on the
cob
maiskorrels [mīskorrels] sweet
corn
makreel [mahkrayl] mackerel
marsepein [marsepīn] marzipan
meloen [meloon] melon
menu van de dag [men00 van
duh daKH] today's menu
mergpijpjes [merKHpīp-yuhs]
marrowbone
metworst [metvorst] pork
sausage
mie [mee] thin Chinese
noodles
mierik [meerik] horseradish
mihoon [mihoon] very fine
Chinese rice noodles
moerbeien [moorbī-uh]
mulberries
moes [moos] puréed fruit
moesappelen [moosappeluh]
cooking apples
mosselen [mosseluh] mussels
mosselensoep [mosseluhsoop]
mussel soup
mosterd [mostert] mustard
mousseline saus [mousseleenuh
sOWs] hollandaise sauce with
whipped cream and lemon
juice
munt [m00nt] mint

nagerecht(en) [nahKHereKHt(uh)]
dessert(s)
nasi [nassee] rice (Indonesian)
nasi goreng [gohreng] fried
rice dish with meat and
vegetables (Indonesian)
nasi rames various spicy
dishes served with rice
(Indonesian)
nasivlees [nasseevlays] diced
pork
natrium-arme kaas [nahtri-00m-
armuh kahs] low-salt cheese
nekkarbonaden neck-end
chops
nieren [neeruh] kidneys
nieuwe haring [new-uh] herring
caught early in the season
noedels [noodels] noodles
nootmuskaat [nohtm00skaht]
nutmeg
oesters [oosters] oysters
olie [ohlee] oil
oliebol [ohleebol] deep-fried,
ball-shaped cake containing
currants or raisins, sprinkled
with icing sugar
olijfolie [ohlīf-ohlee] olive oil
olijven [ohlīvuh] olives
ongepelde rijst [ongepelduh rīst]
brown rice
ongezoet [ongezoot]
unsweetened
ontbijt [ontbīt] breakfast
ontbijtkoek [ontbītkook] type of
gingerbread
ontbijtspek [ontbītspek] streaky
bacon
opzij [opzī] on the side; as a

side dish

ossestaart [ossestahrt] oxtail

ossestaartsoep [ossestahrtsoop] oxtail soup

ossetong [ossetong] ox tongue

oud [owt] old, mature

oude kaas [owduh kahs] well-matured cheese

paardenrookvlees [pahrduhrohkvlays] smoked horsemeat

paling eel

paling in het groen [KHroon] eel in sorrel sauce and herbs

palingworst [pahlingvorst] type of sausage

paneermeel [pahnayrmayl] breadcrumbs

panggang grilled (Indonesian)

pannenkoek [pannuhkook] pancake

pannenkoek met stroop [strohp] pancake with syrup

paprika (rode/groene/gele) [rohduh/KHroonuh/KHayluh] pepper (red/green/yellow)

parijzer worst [parīzer vorst] type of sausage

pastei [pastī] vol-au-vent; pie

pasteitje [pastīt-yuh] small vol-au-vent

pastinaak [pastinahk] parsnip

patat (friet) [freet] chips, French fries

patates frites [patat freet] chips, French fries

patrijs [patrīs] partridge

pedis [paydis] hot and spicy

(Indonesian)

peer [payr] pear

peper [payper] pepper

peperkorrels peppercorns

pepermunt [paypermoont] peppermint

pepersaus [payper-sows] creamy white sauce with crushed peppercorns

perencompote [payruhkompot] pear compote

perenmoes [payruhmoos] puréed pears

perenstroop [payruhstrohp] kind of treacle made from pears, used as sandwich spread

perzikon [perzikkuh] peaches

peterselie [paytersaylee] parsley

pinda's [pindahs] peanuts

pindakaas [pindahkahs] peanut butter

pisang banana (Indonesian)

plakje [plak-yuh] slice

plantaardig vot [plant-ahrdikHt] vegetable fat

plantaardige olie [plantahrdikHuh ohlee] vegetable oil

poffertjes [poffert-yuhs] small pancakes served with lots of butter and icing sugar

pommes frites [pom freet] French fries

pompelmoes [pompelmoos] grapefruit

pompoen [pompoon] pumpkin

poon [pohn] gurnard

postelein [postelīn] purslane

prei [prī] leek

preisoep [prī-soop] leek soup

pruimedant [prowmedant] type
of prune
pruimen [prowmuh] plums;
prunes
pruimenjam [prowmuh-jam]
plum jam

rabarber rhubarb
radijs [rahdīs] radish
rauw [row] raw
rauwkost [rowkost] raw
vegetables
ravigote saus [rahvigotuh
sows] vinaigrette made with
shallots, capers and herbs
ree(bok) [ray(bok)] roe(buck)
reebout [raybowt] haunch of
venison
reerug [rayrOOKH] saddle of
venison
regenboogforel [rayKHuhbohKH-
fohrel] rainbow trout
remoulade saus [remowlahduh
sows] mayonnaise with
anchovies
riblappen rib steak
rietsuikerstroop
[reetsowkerstrohp] treacle
rijst [rīst] rice
rijsttafel [rīsttafel] rice and/or
noodles served with a variety
of spicy side dishes and hot
sambal sauce (Dutch Indonesian)
rijstebrij [rīstebrī] rice pudding
rijstevlaai [rīstevlī] creamed
rice flan
rivierkreeft [riveerkrayft] crayfish
riviervis [riveervis] freshwater
fish

rode bessen [rohduh] red
currants
rode bessengelei [bessuhgelī]
red currant jelly
rode bieten [beetuh] beetroot
rode kool [kohl] red cabbage
roerei [roorī] scrambled eggs
rog [roKH] ray (fish)
roggebrood [roKHKHebroht]
ryebread
rolmops rollmops, pickled
herring
rookvlees [rohkvlays] thinly
sliced smoked beef
rookworst [rohkvorst] smoked
sausage
room [rohm] cream
roomboter [rohmboter] butter
roomijs [rohmīs] ice cream
roomijstaart [rohm-īstahrt] ice
cream gateau
roomsoes [rohmsoos] éclair
rosbief [rosbeef] roast beef
roti flat pancake-like bread
(Indonesian, Surinamese, Indian)
rozemarijn [rohzemarīn]
rosemary
rozijn(en) [rohzīn(uh)] raisin(s)
rug van de haas [rOOKH van duh
hahs] saddle of hare
rundergehakt [rOOnderkHehakt]
minced beef
runderlap [rOOnderlap] braising
steak
runderlever [rOOnder-layver] ox
liver
rundvlees [rOOndvlays] beef
Russische salade [rOOseesuh
salahduh] Russian salad

sajoer [sah-yoor] vegetable soup (Indonesian)

salami (met knoflook) [k-noflohk] salami (with garlic)

sambal very hot chilli sauce (Indonesian)

sardientjes [sardeent-yuhs] sardines

saté [satay] Indonesian kebab, usually spicy chicken or beef, served with peanut sauce

satésaus [sataysows] peanut sauce served to accompany meat broiled (grilled) on skewers

saucijs [sowsie] unsmoked sausage

saucijzenbroodje [sowsizuh-broht-yuh] sausage roll

saus [sows] sauce

savooiekool [savoh-uhkohl] Savoy cabbage

schaaldieren [sKHahldeeruh] shellfish

schapenvlees [sKHahpuhvlays] mutton

schar [sKHar] dab

scharreleieren [sKHarrel-ī-uhruh] free-range eggs

schartong [sKHartong] lemon sole

schelvis [sKHelvis] haddock

schenkel [sKHenkel] shin of beef

schildpadsoep [sKHildpatsoop] turtle soup

schnitzel [shnitzel] veal cutlet rolled in breadcrumbs

schol [sKHol] plaice

schorseneren [sKHorsenayruh] salsify

schouderham [sKHOWderham] shoulder of ham

schouderlappen [sKHOWderlappuh] shoulder steak

schuimomelet [sKHOWmomelet] omelette with stiffly beaten egg white

schuimgebak [sKHOWmKHebak] meringue

schuimpjes [sKHOWmp-yuhs] sweets made of stiffly beaten egg and sugar

selderij [selderī] celery

sereh [seray] lemon grass (Indonesian)

seroendeng [seroondeng] shredded coconut and peanuts fried with spices (Indonesian)

shoarma kebab

sinaasappel [sinahsappel] orange

sinaasappelsaus [sinahsappelsows] orange sauce

sjis kebab [shis kebap] shish kebab

sla lettuce; salad

slaatje [slaht-yuh] small salad with mayonnaise

slagroom [slaKHrohm] whipped cream

slagroomtaart [slaKHrohm-tahrt] whipped cream cake

slagroomwafels [slaKHrohm-vafels] waffles with whipped cream slakken snails

slaolie [slah-ohlee] salad oil

slasaus [slahsows] salad dressing

slavinken [slahvinkuh] minced pork or beef rolled in bacon

smeerkaas [smayrkahs] cheese spread

sneetje [snayt-yuh] slice

snelkookrijst [snelkohkrīst] quick-cook rice

snert thick pea soup

snijbonen [snībohnuh] string beans

snoekbaars [snookbahrs] perch

soep [soop] soup

soep Lady Curzon turtle soup finished with cream and a pinch of curry powder

soep van de dag [duh daкн] soup of the day

soepvlees [soopvlays] meat for soup

spaanse omelet [spahnsuh] Spanish omelette, omelette with vegetables

specerijen [spayserī-uh] spices

speculaas [spaykoolahs] cinnamon-flavoured biscuit/ cookie

spek streaky bacon

spekpannenkoek [spekpannuhkook] pancake with bacon

sperziebonen [spairzeebohnuh] French beans

spiegelei [speeкнelī] fried egg

spiering [speering] smelt

spijskaart [spīskahrt] menu

spinazie [spinahzee] spinach

spliterwten [splitertuh] split peas

spruiten [sprowtuh], spruitjes [sprowt-yuhs] Brussels sprouts

stamppot [stamppot] mashed potatoes mixed with vegetables

stokbrood [stokbroht] French bread

stokvis stockfish

stoofperen [stohfpayruh] cooking pears

stoofvlees [stohfvlays] stewing meat

stroopwafel [strohpvafel] wafer-type biscuit/cookie with syrup filling

studentenhaver [stoodentuhhahver] mixed nuts and raisins

sucadelappen [sookahdelappuh] stewing steak

suiker [sowker] sugar

sukade [sookahduh] candied peel

taart [tahrt] cake

tahoe [tahoo], tofoe [tohfoo] tofu, bean curd

tarbot turbot

tartaar [tartahr] raw minced steak, steak tartare

tarwebloem [tarvebloom] wheatflour

tarwebrood [tarvebroht] wheaten bread

taugé [towgay] bean sprouts

tempé [tempay] tempeh; kind of tofu

tijm [tīm] thyme

toeristenmenu [tooristuhmenoo] tourist menu

tomaat [tomaht] tomato

tomatensaus [tomahtuhsows] tomato sauce

tomatensoep (met gehaktballetjes) [tomahtuhsoop (met кнehaktballet-yuhs)] tomato soup (with meat balls)

tompoes [tompoos] vanilla slice

tong sole

tong in bakdeeg [bakdayкн] sole in batter

tongeworst [tongevorst] tongue sausage

tongrolletjes [tongrollet-yuhs] rolled fillets of sole

tonijn [tonīn] tuna

tosti toasted sandwich

trassi [trassi] condiment made with dried fish and shrimps (Indonesian)

tuinbonen [townbohnuh] broad beans

tuinkruiden [townkrowduh] garden herbs

ui(en) [ow(uh)] onion(s)

uiensoep [owuhnsoop] onion soup

uiringen [owringuh] onion rings

uitgebreide koffietafel [owtкнebrīduh koffeetafel] full buffet lunch, i.e. with soup and a dessert

uitsmijter [owtsmīter] one, two or three fried eggs on buttered bread, topped with either ham, cheese or roast beef

vanillevla [vanilluhvla] sort of vanilla custard

varkensbiefstuk [varkens-beefstook] fillet of pork

varkensfilet [varkens-filay] fillet of pork

varkenshaas [varkens-hahs] fillet of pork

varkenskrabbetjes [varkens-krabbet-yuhs] spare ribs

varkenslap [varkens-lap] pork chop; pork steak

varkenslever [varkens-layver] pig's liver

varkensnieron [varkens-noeruh] pig's kidneys

varkensnierstuk [varkens-neerstook] boned, rolled pork with kidney

varkensoester [varkens-ooster] pork escalope

varkenspoot [varkens-poht] leg of pork

varkenspootjes [varkens-poht-yuhs] pig's trotters

varkensrib [varkens-rip] pickled, smoked rib of pork

varkensrollade [varkens-rollahduh] rolled pork

varkensschnitzel [varkens-schnitzel] pork schnitzel

varkenstong [varkens-tong] pig's tongue

varkensvlees [varkens-vlays] pork

venkel [venkel] fennel

vermicellisoep [vermisellisoop] chicken noodle soup

vers(e) [vairs(uh)] fresh

verse worst [vorst] sausage

vet fat

vijgen [vīkHuh] figs

vis fish

viscroquetten [viskrokettuh] fish croquettes

vissoep [vissoop] fish soup

vla kind of custard, usually eaten cold

vlaai [vlī] fruit flan/pie

Vlaamse frites [vlahmsuh freet] chips; French fries

vlees [vlays] meat

vleet [vlayt] skate

vlierbessen [vleerbessuh] elderberries

volkorenbrood [volkohruhbroht] wholemeal bread

voorgerecht(en) [vohrkHerekHt(uh)] starter(s), appetizer(s)

voorn [vohrn] roach

vruchten [vrooкHtuh] fruit

vruchtensla [vrooкHtuhsla] fruit salad

wafel [vahfel] waffle; wafer

warm [varm] hot

waterkers [vahterkairs] watercress

Weens bakkippetje [vayns bakkippet-yuh] chicken coated in flour, egg yolk and bread crumbs and fried

wijting [vīting] whiting

witte bonen [vittuh bohnuh] haricot beans

witte suiker [vittuh sowker] white sugar

wittebrood [vittebroht] white bread

wittekool [vittekohl] white cabbage

worst [vorst] sausage

wortel [vortel] carrot

zachtgekookt eitje [zakHt-кHekohkt īt-yuh] soft-boiled egg

zalm salmon

zalmslaatje [zalmslaht-yuh] salmon salad

zandgebak [zantкHebak] shortcrust pastry

zandkoekje [zantkook-yuh] shortbread

zandtaart [zant-tahrt] shortcrust pastry

zeebanket [zaybanket] seafood

zeekreeft [zaykrayft] lobster

zeelt [zaylt] tench

zeepaling [zaypahling] eel

zeekraal [zaykrahl] glasswort, seaweed

zeetong [zaytong] Dover sole

zeevis [zayvis] salt-water fish

zeewolf [zayvolf] wolf fish

zigeunerschnitzel [zikhurner-shnitzel] schnitzel with garlic and paprika

zilveruitjes [zilverowt-yuhs] pickled onions

zoet [zoot] sweet

zoet-zuur [zoot-zoor] sweet-and-sour

zout [zowt] salt; salted

zoute haring [zOWtuh] salted
herring

zoutjes [zOWt-yuhs] salty
cocktail biscuits/cookies/
nuts

zoutwatervis [zOWt-vahtervis]
salt-water fish

zuivere bijenhoning [zOWveruh
bī-uhnhoning] pure honey

zult [zOOlt] brawn

zure haring [zOOruh] pickled
herring

zuurkool [zOOrkohl] sauerkraut

zuurkool met spek/worst
[vorst] sauerkraut with bacon/
sausage

zwarte bessen [zvartuh]
blackcurrants

zwarte kersenjam [kersuh-jam]
black cherry jam

zwarte peper [payper] black
pepper

zwezerik [zvayzerik] sweetbread

Menu Reader:
Drink

Essential Terms

beer het bier [beer]
bottle de fles
brandy de cognac
coffee de koffie [koffee]
cup de kop
  a cup of ..., please een kop ..., alstublieft [alstoobleeft]
fruit juice het vruchtensap [vrooKHtuhsap]
gin de gin
  (Dutch) de jenever [yenayver]
  a gin and tonic een gin en tonic [uhn]
glass het (drink)glas
  a glass of ... een glas ...
milk de melk
mineral water het spawater [spah-vahter]
orange juice het sinaasappelsap [seenahs-appelsap]
port de port
red wine de rode wijn [rohduh vīn]
rosé rosé [rosay]
soda (water) het sodawater [sohda-vahter]
soft drink het glas fris [KHlas]
sugar de suiker [sowker]
tea de thee [tay]
tonic (water) de tonic
vodka de wodka [vodka
water het water [vahter]
whisky de whisky
white wine de witte wijn [vittuh vīn]
wine de wijn [vīn]
wine list de wijnkaart [vīnkahrt]

another ..., please nog een ..., alstublieft [noKH uhn - alstoobleeft]

advocaat [advokaht] advocaat, eggnog

alcoholvrij [alkoholvrī] non-alcoholic

anijslikeur [anīslikur] anisette

anijsmelk [anīsmelk] aniseed-flavoured warm milk

appelsap apple juice

bessenjenever [bessuh-yenayver] blackcurrant-flavoured gin

bessensap redcurrant juice/blackcurrant juice

bier [beer] beer

bier van het vat draught beer

bittertje [bittert-yuh] gin with angostura

boerenjongens [booruh-yongens] brandy with raisins

borreltje [borrelt-yuh] straight gin

brandewijn [brandevin] brandy

cassis [kassis] blackcurrant fizzy soft drink

chocolademelk [shokolahdemelk] chocolate milk

chocomel [shohkomel] chocolate milk

citroenjenever [sitroon-yenayver] lemon-flavoured gin

citroensap [sitroonsap] lemon juice

citroenthee [sitroontay] lemon tea

cognac French brandy

donkerbier [donkerbeer] dark beer

dranken drinks (non-alcoholic)

drinkyoghurt drinking yoghurt

droog [drohкн] dry

elske [elskuh] strong spirit made from the leaves, berries and bark of alder bushes

frappé [trappay] yoghurt shake

frisdranken soft drinks

fruitsap [frowtsap] fruit juice

gedistilleerde dranken [кнedistillayrduh] spirits

gemalen koffie [кнemahluh koffee] ground coffee

halfdroog [half-drohкн] medium-dry

halfvolle melk [half-volluh melk] semi-skimmed milk

huiswijn [howevīn] house wine

jenever [yenayver] Dutch gin

jonge jenever [yonguh] young Dutch gin

jonge klare [yonguh klahruh] young Dutch gin

kamillethee [kamilluhtay] camomile tea

karnemelk [karnuhmelk] buttermilk

koffie [koffee] coffee

de koffie is klaar freshly made coffee (literally:

217

coffee's ready)
koffiemelk [koffeemelk]
evaporated milk for coffee
koffieroom [koffeerohm] creamy
milk for coffee
koffie verkeerd [verkayrt] coffee
with warm milk
kopstoot [kopstoht] beer with a
gin chaser
korenwijn [kohrenvīn] high-
quality, well-aged, mature
Dutch gin
kriek [kreek] dark beer
fermented with black
cherries
kruidenthee [krowdentay] herbal
tea
kwast [kvast] lemon squash

landwijn [landvīn] local/
regional wine
licht bier [liKHt beer] light beer
limonade [limonahduh]
lemonade

magere melk [mahKHeruh]
skimmed milk
melk milk
mousserend [moosayrent] fizzy,
sparkling
mousserende dranken
[moosayrenduh] fizzy drinks

oploskoffie [oploskoffee] instant
coffee
oude klare [owduh klahruh]
mature Dutch gin
pisang ambon banana liqueur

rode bessensap [rohduh] red
currant juice
rode port red/ruby port
wine
rode wijn [vīn] red wine

santen coconut milk
sap juice
sec sweet white wine made
from dried grapes
**sinaasappelsap [sinahs-
appelsap]** orange juice
sinas fizzy orange drink
spawater [spahvahter] mineral
water
spiritualiën [spiritͻoahli-uhn]
spirits
sterke drank [stairkuh] spirits

tafelwijn [tahfelvīn] table wine
thee [tay] tea
thee met citroen [sitroon]
lemon tea
**thee met melk en suiker
[sowker]** tea with milk and
sugar
tomatensap tomato juice
trappistenbier [trappistenbeer]
strong, dark beer

**vers citroen/sinaasappelsap
[vairs sitroon/sinahsappel-sap]**
fresh lemon juice/orange
juice
vieux [vyur] Dutch brandy
volle melk [volluh] pasteurised
milk
vruchtensap [vrooKHtensap] fruit
juice

warme chocolademelk [**varmuh shokolahdemelk**] hot chocolate
wijn [vīn] wine
wijnkaart [vīnkahrt] wine list
witte wijn [vittuh vīn] white wine

zeer oud [zayr owt] very old
zoet [zoot] sweet
zwarte bessensap [zvartuh] blackcurrant juice

How the
Language
Works

How the

Language

Works

Pronunciation

In this phrase book, the Dutch has been written in a system of imitated pronunciation so that it can be read as though it were English, bearing in mind the notes on pronunciation given below:

a	as in Petra
ah	a long 'a' as in cart
ay	as in may
e	as in get
g	always hard as in goat
ī	as the 'i' sound in might
J	like the 's' in pleasure
KH	like the 'ch' in the Scottish pronunciation of loch
o	as in pop
oo	as in soon
∞	like the 'ew' in few but without any 'y' sound, as in the French pronunciation of tu
ow	as in now, but pronounced much further forward in the mouth, with lips pursed as if to say 'oo'
uh	like the 'e' butter
y	as in yes

Letters given in bold type indicate the part of the word to be stressed.

Abbreviations

Notes

An asterisk (*) next to a word means that you should refer to the **How the Language Works** section for further information.

Nouns

Gender

Dutch nouns have one of two genders. They are either 'common gender' (that is, masculine or feminine) or neuter. Common gender nouns are usually treated as masculine unless they refer to something female (see 'It', page 233).

common gender
de **vriendin** [vreendin] the girlfriend
de **stad** [stat] the city
de **gast** [KHast] the guest

neuter
het **huis** [hows] the house
het **gezin** [KHezin] the family
het **boek** [book] the book

Diminutives, ending in -je, are always neuter:

het kleine boekje
  klīnuh **book**-yuh
  the little book

het meisje
  mīshuh
  the girl

Plurals

There are two plural endings: -en and -s.

The more common ending is -en (or –n if the word already ends in –e):

singular	plural	
trein	**treinen**	train(s)
trīn	trīnuh	
vriend	**vrienden**	friend(s)
freend	freenduh	
volwassene	**volwassenen**	adult(s)
volvassenuh	volvassenuh	

With some nouns, the spelling changes slightly in the plural: a double vowel may become single when another syllable is added, or a double consonant may be necessary to keep the vowel short, for example:

singular	plural	
boot	**boten**	boat(s)
boht	bohtuh	
straat	**straten**	street(s)
straht	strahtuh	
man	**mannen**	man (men)
man	mannuh	
kan	**kannen**	jug(s)
kan	kannuh	

With other nouns, there is a vowel change in the plural:

singular	plural	
stad	**steden**	town(s)
stat	stayduh	
museum	**musea**	museum(s)
moosay-um	moosay-a	
visum	**visa**	visa(s)
veesoom	veesah	

A few nouns need a connecting syllable between the singular form and **-en**:

singular	plural	
kind	**kinderen**	child (children)
kint	kinderuh	
ei	**eieren**	egg(s)
ī	ī-eruh	

A dieresis is added to the plural of nouns ending in a stressed –ie or –ee:

singular	plural	
calorie	**calorieën**	calorie(s)
kaloree	kaloree-uh	
idee	**ideeën**	idea(s)
eeday	eedayuh	
kopie	**kopieën**	copy (copies)
kohpee	kohpee-uh	
zee	**zeeën**	sea(s)
zay	zay-uh	

To form the plural of nouns ending in –el, -er, -em and -en, add –s. This plural ending is also used for foreign words, with an apostrophe when the word ends in a vowel. No apostrophe is necessary when the noun ends in -é, -ie or -e that sounds like [uh]:

singular	plural	
hotel	**hotels**	hotel(s)
kilometer	**kilometers**	kilometre(s)
kilomayter	kilomayters	
bodem	**bodems**	bottom(s)
bohdem	bohdems	
molen	**molens**	windmill(s)
mohlen	mohlens	
agenda	**agenda's**	diary (diaries)
ahKHendah	ahKHendahs	
taxi	**taxi's**	taxi(s)
taksee	taksees	
baby	**baby's**	baby (babies)
café	**cafés**	café(s)
kafay	kafays	
vakantie	**vakanties**	holiday(s)
vahkansee	vahkansees	
dame	**dames**	lady (ladies)
dahmuh	dahmes	

The plural of diminutives (words ending in –je) is also formed by adding –s:

meisje	**meisjes**	girl(s)
mīshuh	mīshuhs	
kopje	**kopjes**	cup(s)
kop-yuh	kop-yuhs	

Articles

The Definite Article

The form of the definite article ('the' in English) is as follows:

	singular	plural
common gender	de	de
neuter	het	de

Or to put it differently: all singular '**het** nouns' are neuter, all singular '**de** nouns' are common gender nouns.

In spoken language **het** is usually pronounced as [uht]; in written language it is sometimes abbreviated to '**t**:

> '**t kind**
> uht kint
> the child

In Dutch the definite article is retained in general statements, when in English it would be omitted. This is especially true for abstract and non-countable nouns:

> **het straatleven in Amsterdam is heel levendig**
> uht strahtlayvuh in Amsterdam is hayl layvendiKH
> streetlife in Amsterdam is very lively

The Indefinite Article

The indefinite article ('a' or 'an' in English) in the singular, for both genders, is **een**:

> **een huis** (neuter) **een tram** (common gender)
> uhn hows a tram
> a house

'Any' or 'some' is translated by **wat**, for example:

> **heb je wat wisselgeld?**
> hep yuh vat visselKHelt
> do you have any/some change?

Or it may be left out altogether:

heb je melk?
hep yuh
do you have any milk?

Adjectives

When adjectives precede the noun they refer to **–e** is added to the adjective (with the one exception below):

de volgende bus	**het laatste huis**
(common gender)	(neuter)
duh fol**k**Henduh b**oo**s	uht l**ah**tstuh hows
the next bus	the last house

een zonnige dag	**een oude vriend**
(common gender)	(common gender)
uhn z**o**nni**k**Huh da**k**H	uhn **ow**duh freent
a sunny day	an old friend

de geldige treinkaartjes	**de gezelligste momenten**
duh **k**Heldi**k**Huh tr**ī**nk**ah**rt-yuhs	duh **k**Hez**e**lli**k**Hstuh mom**e**nten
the valid train tickets	the most pleasant of times

An **–e** is not added to the adjective, if it precedes a **singular neuter noun** used with the indefinite article **een**:

een schitterend uitzicht	**een gezellig terras**
uhn s**k**H**i**tterent **ow**tzi**k**Ht	uhn **k**Hez**e**lli**k**H terr**a**s
a wonderful view	a pleasant terrace

een lekker broodje
uhn l**e**kker br**oh**t-yuh
a tasty sandwich

The **-e** is also omitted after the word for 'next':

volgend jaar
v**o**l**k**Hent yahr
next year

Adjectives are also unchanged if they come after the noun:

de bioscoop is druk   (de drukke bioscoop)
  duh bioskohp is drɔɔk
  the cinema is busy

Adjectives ending in **–en** do not change their ending:

dit is mijn eigen baggage
  muhn īкнen baкнahɹuh
  this is my own luggage

The spelling guidelines given in the section on plural nouns (page 224) also apply to adjectives. For example, a double vowel may become single when another syllable is added, or a double consonant may be necessary to keep the vowel short:

droog [drohкн] dry   **nat** wet

een droge dag   **een natte handdoek**
  uhn drohкнuh dakн   uhn nattuh hantdook
  a dry day   a wet towel

Comparatives and Superlatives

The comparative form of an adjective is used to say that something is bigger, better, more interesting etc than something else. In Dutch, as for a number of English adjectives, this is shown by adding **–er**:

leuk [lurk] nice   **vriendelijk** [vreendelik] friendly
leuker [lurker] nicer   **vriendelijker** [freendelīker] friendlier

The superlative form of an adjective is used to say that something is the biggest, the best, the most interesting etc of all. In Dutch, this is shown by adding **–st** to the adjective:

leuk [lurk] nice   **vriendelijk** [vreendelik] friendly

leukst [lurkst] nicest   **vriendelijkst** [vreendelikst] friendliest

Some very common adjectives have irregular comparatives and superlatives:

goed, beter, best   good, better, best
KHoot, **bay**ter, best

veel, meer, meest   much, more, most
fayl, mayr, mayst

weinig, minder, minst   little, less, least
vīniKH, **mi**nder, minst

The vowel changes as given in the section on plural nouns (page 224) also apply to comparatives and superlatives:

groot, groter, grootst   big, bigger, biggest
KHroht, KH**roh**ter, KHrohtst

laat, later, laatst   late, later, latest
laht, **lah**ter, lahtst

duur, duurder, duurst   expensive, more expensive,
dOOr, d**OO**rder, dOOrst   most expensive

To say 'more ... than', use **dan** after the comparison:

duurder dan deze   **dit is beter dan dat**
d**OO**rder dan **day**zuh   **bay**ter
more expensive than these this is better than that

To say 'as ... as' use **zo ... als** or even **... als**:

zo lief als een poesje **dit hotel is even duur als de andere**
leef als uhn **poo**shuh   **ay**ven dOOr als duh **a**nderuh
as sweet as a kitten   this hotel is just as expensive as the
                        other ones

But:

zo veel mogelijk   **zo vlug mogelijk**
fayl **moh**KHelik   flOOKH **moh**KHelik
as much as possible   as fast as possible

Possessive Adjectives

mijn (m'n)	[mīn (muhn)]	my
jouw (je)	[yow (yuh)]	your (sing, fam)
uw	[oo]	your (sing/pl, pol)
zijn (z'n)	[zīn (zuhn)]	his
haar	[hahr (uhr)]	her
ons/onze	[ons/onzuh]	our
jullie (je)	[yoollee (yuh)]	your (pl, fam)
hun	[hoon]	their

Mijn, jouw, zijn, haar, jullie are only used in speech for empha-sis. Otherwise the short forms are much more common. Jullie should be replaced by je when it is already clear that the plural is meant:

hebben jullie je kaartjes?	heb je mijn/m'n book gezien?
hebbuh yoollee yuh kahrt-yuhs	hep yuh muhn book KHezeen
have you got your tickets?	have you seen my book?

Note that like 't (short for 'het'), the written forms m'n and z'n are only used in informal texts. So even though mijn is usually pronounced [muhn], it is generally spelled 'mijn', not 'm'n'.

Only ons has different forms for common gender and neuter nouns:

onze kroeg is erg populair (common gender)
onzuh krookH is airKH popoolayr
our bar is very popular

ons eten is koud geworden (neuter)
ons ayten is koowt KHevorduh
our food has gone cold

Adverbs

In Dutch there is no distinction in form between adjectives and adverbs:

snel quick; quickly
mooi [moy] beautiful; beautifully

The comparative and superlative forms of the adjectives are also used adverbially:

sneller quicker, faster	snelst quickest, fastest
hij liep sneller dan zij	hij liep het snelst
hī leep sneller dan zī	hī leep uht snelst
he walked faster than her	he walked the fastest

Personal Pronouns

Subject Pronouns

ik	[ik]	I
jij (je)	[yī (yuh)]	you (sing, fam)
u	[oo]	you (sing/pl, pol)
hij	[hī]	he
zij (ze)	[zī (zuh)]	she
het ('t)	[het (uht)]	it
wij (we)	[vī (vuh)]	we
jullie	[yoollee]	you (pl, fam)
zij (ze)	[zī (zuh)]	they

The subject pronouns je (you), ze (she), we (we) and ze (they) are used when there is no particular emphasis on the pronoun:

ben je klaar?	ze is op het strand
yuh klahr	zuh is op uht strant
are you ready?	she is at the beach
we gaan met vakantie	ze zijn net weg
vuh кнahn met vahkansee	zuh zīn net veкн
we're going on holiday	they have just left

The subject pronouns jij (you), zij (she), wij (we) and zij (they) are used when emphasizing the pronoun:

jij hebt de afgelopen keer betaald
yī hebt duh **af**kHelohpEn kayr bet**ah**lt
you paid last time

zij wel, maar hij niet
zī vel mahr hī neet
she is, but he isn't

zij blijven thuis, maar wij gaan mee
zī bl**ī**vuh tows mahr vī KHahn may
they are staying at home, but we are coming

'It'

When translating 'it', use **het** for neuter nouns, but **hij** (he) or **die** (that) for common gender nouns:

waar is je tasje? – ben je het kwijt? (neuter)
vahr is yuh **ta**shuh – ben yuh uht kvīt
where is your bag? – have you lost it?

met welke bus gaan we? – heb je hem al gezien? (common gender)
met **vel**kuh bOOs kHahn vuh – hep yuh uhm al kHe**zee**n
which bus do we take? – have you seen it yet?

With prepositions (for example, 'on', 'through', 'by', 'with', 'from'), **er** is used to translate 'it':

zij was er door geschokeerd
zī vas er dohr kHeshok**ay**rt
she was shocked by it

ik weet er niets van
vayt er neets fan
I know nothing about it

hij wil er een fooi voor hebben
hī vil er uhn foy vohr **heb**buh
he wants to have a tip for it

The emphatic form is **daar**:

daar zullen we nog over nadenken
dahr z**OO**llen vuh noKH **oh**fer **nah**denken
we'll have to give that some extra thought

'You'

U is the polite formal word for 'you' (whether speaking to one person or more than one). U may be dying out among the younger generation, but must be still be used when dealing with business contacts and on formal occasions.

The familiar singular jij (je) is used when speaking to someone you know. The Dutch are quite relaxed about using je in public, as well as with family, friends and children. The familiar plural word for 'you' is jullie. In generalizations, 'you' is translated by je whatever the context.

kunt u mij de weg wijzen? (sing, pol)	je weet nooit
koont oo mī duh veKH vīzen	yuh vayt noyt
could you show me the way?	you never know

Use of 'Men'

Men can be used in the following ways:

men zegt ...	kan men hier auto's huren?
zeKHt	heer OWtos hooren
they say ...	can you hire cars here?

in het algemeen draagt men geen zwemgoed op straat
in uht alKHemayn drahKHt men KHayn zvemKHoot op straht
generally, people don't wear swimwear in the street

Direct/Indirect Object Pronouns

mij (me*)	[mī (muh)]	me; to me
jou (je*)	[yOW (yuh))]	you; to you (sing, fam)
u	[oo]	you; to you (sing/pl, pol)
hem ('m**)	[hem (uhm)]	him; to him
haar (ze*)	[hahr (zuh)]	her; to her
het ('t**)	[het (uht)]	it; to it
ons	[ons]	us; to us
jullie	[yoollee]	you; to you (pl, fam)
hen (ze*)	[hen (zuh)]	them; to them

* The form in brackets is used when the pronoun is unstressed.

** The form in brackets is more commonly heard in spoken Dutch.

ik zag hem	**ik gaf het boek aan hem**
ik zaKH hem/uhm	ik KHaf uht book ahn hem
I saw him	I gave the book to him
ik heb ze gezien	**ze heeft het aan me gegeven**
hep zuh KHezeen	zuh hayft uht ahn muh KHeKHayvuh
I have seen her/them	she gave it to me

Reflexive Pronouns

Dutch uses reflexive pronouns (myself, yourself etc) in some cases where English does not, for example:

ik voel me niet lekker	**je moet je haasten**
fool muh neet	yuh moot yuh hahstuh
I don't feel well	you must hurry

The pronouns used are:

me	[muh]	myself
je	[yuh]	yourself (fam); yourselves (fam)
zich	[ziKH]	yourself (pol); yourselves (pol); himself; herself; itself; themselves
ons	[ons]	ourselves

Possessive Pronouns

Possessive pronouns (mine, yours etc) are as follows:

de/het mijne	[de/uht mīnuh]	mine
de/het jouwe	[de/uht yowuh]	yours (sing, fam)
de/het uwe	[de/uht oowuh]	yours (sing/pl, pol)
de/het zijne	[de/uht zīnuh]	his; its
de/het hare	[de/uht hahruh]	hers
de/het onze	[de/uht onzuh]	ours
de/het hunne	[de/uht hunnuh]	theirs

dit is mijn tent, en dat is de jouwe
dit is mīn tent en dat is de y**ow**uh
this is my tent, and that is yours

But you have to say:

die/dat van jullie   [dee/dat van y**oo**llee]   yours (pl, fam)

In practice, the **mijne/jouwe** etc form is used interchangeably
with the **die/dat van** form, the latter requiring the emphatic
form of the object pronoun:

die/dat van mij	[dee/dat fan mī]	mine
die/dat van jou	[dee/dat fan y**ow**]	yours (sing, fam)
die/dat van u	[dee/dat fan **oo**]	yours (sing/pl, pol)
die/dat van hem	[dee/dat fan hem]	his
die/dat van haar	[dee/dat fan hahr]	hers
die/dat van ons	[dee/dat fan ons]	ours
die/dat van jullie	[dee/dat fan y**oo**llee]	yours (pl, fam)
die/dat van hen	[dee/dat fan hen]	theirs

For example:

jouw koffer is zwaar, maar de mijne/die van mij niet
   (common gender)
y**ow** k**o**ffer is zvahr mahr de mī**nuh**/dee van mī neet
your suitcase is heavy, but mine isn't

jouw jack is blauw, maar het hare/dat van haar is roze
   (neuter)
y**ow** yek is bl**ow** mahr uht h**ah**ruh/dat van hahr is r**o**zuh
your jacket is blue, but hers is pink

Verbs

The basic form of Dutch verbs (the infinitive) usually ends in
–en or –n. This is the form given in the English-Dutch section
of this book.

Present Tense

The present tense is formed by removing the infinitive ending (-en, -n) to obtain the verb stem, and then adding –t or –en as follows. Note that –t is not added if the stem already ends in –t, but it is added if the stem ends in -d. U takes the same ending as jij, whether it is singular or plural.

The spelling guidelines given in the section on plural nouns (page 224) also apply to verbs. For example, a double vowel may become single when another syllable is added, or a double consonant may be necessary to keep the vowel short.

gaan	praten	betalen	rijden
(to go)	(to talk)	(to pay)	(to ride, to drive)
кнahn	pratuh	betahluh	rīduh
Ik ga	Ik praat	Ik betaal	Ik rijd
кнah	praht	betahl	rīt
jij gaat	jij praat	jij betaalt	jij rijdt
(sing, fam)	(sing, fam)	(sing, fam)	(sing, fam)
кнaht	praht	betahlt	rīt
u gaat	u praat	u betaalt	u rijdt
(sing/pl, pol)	(sing/pl, pol)	(sing/pl, pol)	(sing/pl, pol)
hij gaat	hij praat	hij betaalt	hij rijdt
zij gaat	zij praat	zij betaalt	zij rijdt
wij gaan	wij praten	wij betalen	wij rijden
кнahn	prahten	betahlen	rīduh
jullie gaan	jullie praten	jullie betalen	jullie rijden
(pl, fam)	(pl, fam)	(pl, fam)	(pl, fam)
zij gaan	zij praten	zij betalen	zij rijden

Dutch words don't end in –v or –z; –f or –s are used to replace these letters when forming the present tense:

geloven to believe   **ik geloof, jij gelooft, wij geloven**
KHel**oh**vuh   ik KHel**oh**f, yī KHel**oh**ft, vī KHel**oh**vuh
leven to live   **ik leef, jij leeft, wij leven**
layvuh   ik layf, yī layft, vī **lay**vuh
schrijven to write   **ik schrijf, jij schrijft, wij schrijven**
sKHr**ī**vuh   ik sKHr**ī**f, yī sKHr**ī**ft, vī sKHr**ī**vuh
kiezen to choose   **ik kies, jij kiest, wij kiezen**
keezuh   ik kees, yī keest, vī **kee**zuh
lezen to read   **ik lees, jij leest, wij lezen**
layzuh   ik lays, yī layst, vī **lay**zuh

Some common verbs are irregular:

zijn to be		**zullen** will (for future)	
zīn		z**oo**lluh	
ik ben	I am	**ik zal**	I will
jij bent	you are	**jij zult (zal)**	you will
	(sing, fam)	z**oo**lt (zal)	(sing, fam)
u bent	you are	**u zult**	you will
	(sing/pl, pol)		(sing/pl, pol)
hij/zij/het is	he/she/it is	**hij/zij/het zal**	he/she/it will
wij zijn	we are	**wij zullen**	we will
jullie zijn	you are	**jullie zullen**	you will
	(pl, fam)		(pl, fam)
zij zijn	they are	**zij zullen**	they will

hebben to have		**kunnen** to be able to, can	
hebbuh		**koo**nnuh	
ik heb	I have	**ik kan**	I can
jij hebt	you have	**jij kunt (kan)**	you can
	(sing, fam)		(sing, fam)
u hebt	you have	**u kunt**	you can
	(sing/pl, pol)		(sing/pl, pol)
hij/zij/het heeft	he/she/it has	**hij/zij/het kan**	he/she/it can
hayft			
wij hebben	we have	**wij kunnen**	we can
jullie hebben	you have	**jullie kunnen**	you can
	(pl, fam)		(pl, fam)
zij hebben	they have	**zij kunnen**	they can

Past Tense – Weak Verbs

Dutch verbs are divided into 'strong' and 'weak' verbs according to the way in which they form the past tense and the past participle. Weak verbs form the past tense by adding –de and –den, or –te and –ten to the stem.

spelen to play
spayluh

ik speelde	I played
spaylduh	
jij speelde	you played (sing, fam)
u speelde	you played (sing/pl, pol)
hij/zij/het speelde	he/she/it played
wij speelden	we played
spaylduh	
jullie speelden	you played (pl, fam)
zij speelden	they played

wonen to live
vohnuh

ik woonde	I lived
vohnduh	
jij woonde	you lived (sing, fam)
u woonde	you lived (sing/pl, pol)
hij/zij/het woonde	he/she/it lived
wij woonden	we lived
vohnduh	
jullie woonden	you lived (pl, fam)
zij woonden	they lived

werken to work
vairkuh

ik werkte	I worked
vairktuh	
jij werkte	you worked (sing, fam)
u werkte	you worked (sing/pl, pol)
hij/zij/het werkte	he/she/it worked
wij werkten	we worked
vairktuh	
jullie werkten	you worked (pl, fam)
zij werkten	they worked

fietsen to cycle
feetsuh

ik fietste	I cycled
feetstuh	
jij fietste	you cycled (sing, fam)
u fietste	you cycled (sing/pl, pol)
hij/zij/het fietste	he/she cycled
wij fietsten	we cycled
feetstuh	
jullie fietsten	you cycled (pl, fam)
zij fietsten	they cycled

Perfect Tense – Weak Verbs

The perfect tense is formed by using the appropriate form of an auxiliary verb (the present tense of either **hebben** or **zijn**, see page 238) with the past participle. Weak verbs form the past participle by adding **ge-** and **–t** or **–d** to the stem:

> **wij hebben te lang gewacht**   (wachten)
> hebbuh te lang KHewaKHt
> we have waited too long

> **hij heeft altijd op kantoor gewerkt**   (werken)
> hī hayft altīt op kantohr KHewairkt
> he's always worked in an office

> **wij hebben door heel nederland gereisd** (reizen)
> vī hebbuh dohr hayl nayderlant KHerīst
> we travelled all over Holland

-d or -t?

To decide whether to spell the past participle with a **–d** or **–t**, take the first person singular of the simple past:

koken to cook	**zonnen** to sunbathe
ik kookte	**ik zonde**
ik heb gekookt	**ik heb gezond**

Past and Perfect Tenses – Strong Verbs

Strong verbs are verbs which change the vowel and pronunciation of the stem in the past and perfect tenses. In the past tense, nothing is added to the new stem in the singular, but **–en** is added in the plural:

blijven	[blīvuh]	to stay
ik bleef	[blayf]	I stayed
jij bleef		you stayed (sing, fam)
u bleef		you stayed (sing/pl, pol)
wij bleven	[blayvuh]	we stayed
jullie bleven		you stayed (pl fam)
zij bleven		they stayed
hij/zij/het bleef		he/she/it stayed

The past participle of strong verbs is formed by adding **ge-** and **–en** to the new stem, but where the first syllable of the stem is unstressed, no **ge-** is added.

Here is a list of common strong and irregular verbs:

infinitive		perfect tense, sg/pl	past participle
beginnen	begin	**begon, begonnen**	**begonnen**
beKHinnuh		beKHon, beKHonnuh	beKHonnuh
begrijpen	understand	**begreep, begrepen**	**begrepen**
beKHrīpuh		beKHrayp, beKHraypuh	beKHraypuh
bewegen	move	**bewoog, bewogen**	**bewogen**
bevayKHuh		bevohKH, bevohKHuh	bevohKHuh
bieden	offer	**bood, boden**	**geboden**
beeduh		bohd, bohduh	KHebohduh
bijten	bite	**beet, beten**	**gebeten**
bītuh		bayt, baytuh	KHobaytuh
blijken	seem	**bleek, bleken**	**gebleken**
blīkuh		blayk, blaykuh	KHeblaykuh
blijven	stay	**bleef, bleven**	**gebleven**
blīvuh		blayf, blayvuh	KHeblayvuh
brengen	bring	**bracht, brachten**	**gebracht**
brenguh		braKHt, braKHtuh	KHebraKHt
buigen	bend	**boog, bogen**	**gebogen**
bowKHuh		bohKH, bohKHuh	KHebohKHuh
denken	think	**dacht, dachton**	**gedacht**
denkuh		daKHt, daKHtuh	KHedaKHt
doen	do	**deed, deden**	**gedaan**
doon		dayt, dayduh	KHedahn
dragen	wear	**droeg, droegen**	**gedragen**
drahKHuh		drooKH, drooKHuh	KHodrohKHuh
drinken	drink	**dronk, dronken**	**gedronken**
drinkuh		dronk, dronkuh	KHedronkuh
eten	eat	**at, aten**	**gegeten**
aytuh		at, **ah**tuh	KHeKHaytuh
gaan	go	**ging, gingen**	**gegaan**
KHahn		KHing, KHiinguh	KHeKHahn

genezen	cure	genas, genazen	genezen
KHen**ay**zuh		KHenas, KHen**ah**zuh	KHen**ay**zuh
geven	give	gaf, gaven	gegeven
KH**ay**vuh		KHaf, KH**ah**vuh	KHeKH**ay**vuh
grijpen	grasp	greep, grepen	gegrepen
KHr**ī**puh		KHrayp, KHr**ay**puh	KHeKHr**ay**puh
hangen	hang	hing, hingen	gehangen
hanguh		hing, hinguh	KHehanguh
hebben	have	had, hadden	gehad
hebbuh		hat, hadduh	KHehat
helpen	help	hielp, hielpen	geholpen
helpuh		heelp, heelpuh	KHeh**o**lpuh
houden	hold	hield, hielden	gehouden
h**ow**duh		heelt, heelduh	KHeh**ow**duh
kiezen	choose	koos, kozen	gekozen
keezuh		kohs, k**oh**zuh	KHek**oh**zuh
kijken	look	keek, keken	gekeken
k**ī**kuh		kayk, k**ay**kuh	KHek**ay**kuh
klimmen	climb	klom, klommen	geklommen
kl**i**mmuh		klom, kl**o**mmuh	KHekl**o**mmuh
komen	come	kwam, kwamen	gekomen
k**oh**muh		kvam, kv**ah**muh	KHek**oh**muh
kopen	buy	kocht, kochten	gekocht
k**oh**puh		ko**KH**t, ko**KH**tuh	KHeko**KH**t
krijgen	get	kreeg, kregen	gekregen
kr**ī**KHuh		krayKH, kr**ay**KHuh	KHekr**ay**KHuh
kunnen	be able to	kon, konden	gekund
k**oo**nnuh		kon, k**o**nduh	KHek**oo**nt
laten	let, allow	liet, lieten	gelaten
l**ah**tuh		leet, l**ee**tuh	KHel**ah**tuh
lezen	read	las, lazen	gelezen
l**ay**zuh		las, l**ah**zuh	KHel**ay**zuh
liggen	lie	lag, lagen	gelegen
l**i**KHuh		laKH, l**ah**KHuh	KHel**ay**KHuh
lopen	run	liep, liepen	gelopen
l**oh**puh		leep, l**ee**puh	KHel**oh**puh

nemen	take	nam, namen	genomen
naymuh		nam, nahmuh	KHenohmuh
rijden	drive	reed, reden	gereden
rīduh		rayt, rayduh	KHKHerayduh
ruiken	smell	rook, roken	geroken
rowkuh		rohk, rohkuh	KHerohkuh
schieten	shoot	schoot, schoten	geschoten
sKHeetuh		sKHoht, sKHohtuh	KHesKHohtuh
schrijven	write	schreef, schreven	geschreven
sKHrīvuh		sKHrayf, sKHrayvuh	KHesKHrayvuh
slaan	beat	sloeg, sloegen	geslagen
slahn		slooKH, slooKHuh	KHeslahKHuh
slapen	sleep	sliep, sliepen	geslapen
slahpuh		sleep, sleepuh	KHeslahpuh
sluiten	close	sloot, sloten	gesloten
slowtuh		sloht, slohtuh	KHeslohtuh
spreken	speak	sprak, spraken	gesproken
spraykuh		sprak, sprahkuh	KHesprohkuh
staan	stand	stond, stonden	gestaan
stahn		stont, stonduh	KHestahn
stelen	steal	stal, stalen	gestolen
stayluh		stal, stahluh	KHestohluh
treffen	hit; meet	trof, troffen	getroffen
treffuh		trof, troffuh	KHetroffuh
trekken	pull	trok, trokken	getrokken
trekkuh		trok, trokkuh	KHetrokkuh
vallen	fall	viel, vielen	gevallen
valluh		veel, veeluh	KHevalluh
vangen	catch	ving, vingen	gevangen
vang uh		ving, ving uh	KHevang-uh
verbieden	forbid	verbood, verboden	verboden
verbeeduh		verboht, verbohduh	verbohduh
vergeten	forget	vergat, vergaten	vegeten
verKHaytuh		verKHat, verKHahtuh	verKHaytuh
verlaten	leave	verliet, verlieten	verlaten
verlahtuh		verleet, verleetuh	verlahtuh

verliezen	lose	**verloor, verloren**	**verloren**
verleezuh		verlohr, verlohruh	verlohruh
vinden	find	**vond, vonden**	**gevonden**
vinduh		vond, vonduh	KHevonduh
vliegen	fly	**vloog, vlogen**	**gevlogen**
vleeKHuh		vlohKH, vlohKHuh	KHevlohKHuh
vragen	ask	**vroeg, vroegen**	**gevraagd**
vrahKHuh		vrooKH, vrooKHuh	KHevrahKHt
vriezen	freeze	**vroor, vroren**	**gevroren**
vreezuh		vrohr, vrohruh	KHevrohruh
wegen	weigh	**woog, wogen**	**gewogen**
vayKHuh		vohKH, vohKHuh	KHevohKHuh
werpen	throw	**wierp, wierpen**	**geworpen**
vairpuh		veerp, veerpuh	KHevorpuh
weten	know	**wist, wisten**	**geweten**
vaytuh		vist, vistuh	KHevaytuh
wijzen	point out	**wees, wezen**	**gewezen**
vīzuh		vays, vayzuh	KHevayzuh
worden	become	**werd, werden**	**geworden**
vorduh		vaird, vairduh	KHevorduh
zeggen	say	**zei, zeiden**	**gezegd**
zeKHuh		zī, zīduh	KHezeKHt
zenden	send	**zond, zonden**	**gezonden**
zenduh		zont, zonduh	KHezonduh
zien	see	**zag, zagen**	**gezien**
zeen		zaKH, zahKHuh	KHezeen
zijn	be	**was, waren**	**geweest**
zīn		vas, vahruh	KHevayst
zitten	sit	**zat, zaten**	**gezeten**
zittuh		zat, zahtuh	KHezaytuh
zoeken	look for	**zocht, zochten**	**gezocht**
zookuh		zoKHt, zoKHtuh	KHezoKHt
zullen	will (future)	**zou, zouden**	–
zoolluh		zow, zowduh	
zwemmen	swim	**zwom, zwommen**	**gezwommen**
zvemmuh		zvom, zvommuh	KHezvommuh

'Zijn' or 'Hebben'?

In the perfect tense, the auxiliary verb used is either zijn or hebben. Transitive verbs, i.e. those which have a direct object, always take hebben:

ik heb het gedaan
hep uht KHedahn
I did it

hij heeft het gekocht
hī hayft uht KHekoKHt
he bought it

Intransitive verbs (those not taking a direct object) take hebben if they express a continuing action or condition, and zijn if they imply a change of state or condition. The verbs zijn, worden and blijven, however, always take zijn:

ik ben naar de bioscoop geweest
nahr duh bioskohp KHevayst
I have been to the cinema

ik heb lekker geslapen
ik hep lekker KHeslahpuh
I slept well

zij is nog nooit zo bruin geweest
zī is nokII noyt zo brOWn KHevayst
she has never been this tanned

deze dienst is veel beter geworden
dayzuh deenst is vayl bayter KHevorduh
this service has improved a lot

wij zijn in Amsterdam gebleven
vī zin in Amsterdam KHeblayvuh
we stayed in Amsterdam

Future Tense

The future tense is formed by using the auxiliary verb zullen (see page 238) plus the infinitive:

ik zal het doen
doon
I will do it

we zullen zien
vuh zOOllen zeen
we will see

The present is often used to express future ideas:

ik kom zo
I'll be right there

Imperatives

The imperative is used to express a command such as 'come here', 'let's go' etc. The stem of the verb is used as the imperative for the familiar **je** (sing) or **jullie** (pl) forms:

vraag het hem	ga zitten	kom hier!
frahKH	KHah zitten	heer
ask him	sit down	come here

But the verb 'to be' (**zijn**) is different:

wees niet te laat
vays neet tuh laht
don't be too late

With the polite **u** form, a **–t** is added to the verb stem:

gaat u zitten, mijnheer
KHaht oo zitten menayr
take a seat, sir

Negatives

Verbs are made negative by using the word **niet**:

ik rook niet	ik begreep het niet
rohk neet	beKHrayp uht neet
I don't smoke	I didn't understand

ik heb het niet gedaan	ik heb de trein niet gemist
hep uht neet KHedahn	ik hep duh trīn neet KHemist
I didn't do it	I haven't missed the train

'Not any' or 'none' is **geen**:

er gaan geen bussen om deze tijd
air KHahn KHayn boossuh om dayzuh tīt
there are no buses at this time

Questions

In questions, verb and pronoun are inverted:

heeft hij het gedaan?   **zullen we gaan?**
hayft hī uht кнed**ahn**   z**oo**llen vuh кнahn
has he done it?   shall we go?

kunnen we een andere kamer krijgen?
k**oo**nnuh vuh uhn **a**nderuh ka**h**mer krī̄кнen
can we have another room?

In questions using jij/je (you), the final –t is dropped from the auxiliary verb:

waar ben je geweest?
vahr ben yuh кнev**ay**st
where have you been?

Dates

Dates are expressed using ordinal numbers (see page 250):

één juli   **op één juli**
ayn y**oo**li   on the first of July
the first of July

twintig maart   **op twintig maart**
tvi**n**tiкн m**ah**rt   on the twentieth of March
the twentieth of March

Days

Sunday zondag [**zon**dakH]
Monday maandag [**mahn**dakH]
Tuesday dinsdag [**dins**dakH]
Wednesday woensdag [**voons**dakH]
Thursday donderdag [**don**derdakH]
Friday vrijdag [**vrī**dakH]
Saturday zaterdag [**zah**terdakH]

Months

January januari [yanooahri]
February februari [**fay**brooahri]
March maart [mahrt]
April april [ahpril]
May mei [mī]
June juni [**yoo**ni]
July juli [**yoo**li]
August augustus [OWKH**oo**stOOs]
September september
October oktober
November november
December december

Time

what time is it? hoe laat is het? [hoo laht is uht]
it's one o'clock het is één uur [ayn OOr]
it's ten o'clock het is tien uur [teen]
five past one vijf over één [vīf ohver ayn]
ten past two tien over twee [teen ohver tvay]
twenty past one** twintig over één [**tvin**tikH ohver ayn]
quarter past one kwart over één [kvahrt ohver ayn]
quarter past two kwart over twee [tvay]
half past one* half twee [hal-f]

half past two* half drie [dree]
ten to two tien voor twee [teen foor tvay]
twenty to ten twintig voor tien [tvintiKH]
quarter to two kwart voor twee [kvahrt]
quarter to ten kwart voor tien [teen]
at one o'clock om één uur [ayn ᴏᴏr]
at ten o'clock om tien uur [teen]
at half past ten* om half elf [hal-f]
14.00 twee uur [tvayᴏᴏr]
17.30 half zes [hal-f zes]
noon twaalf uur 's middags [tvahlf ᴏᴏr smiddaKHs]
midnight middernacht [middernaKHt]
am 's morgens [smorKHens]
pm 's middags [smiddaKHs]
an hour een uur [ᴏᴏr]
a minute een minuut [minᴏᴏt]
a second een seconde [sekonduh]
a quarter of an hour een kwartier [kvarteer]
half an hour een half uur [hal-f ᴏᴏr]
three quarters of an hour drie kwartier [dree kvarteer]

* The half hour always refers to the following hour rather than the previous one: 'half past one' is **half twee** (literally 'half two' meaning 'half before two').

** People also refer to the time in relation to the half hour: 1.20 can be either **twintig over een** 'twenty past one' or **tien voor half twee** 'ten to half past one'.

Note: to indicate that the word **een** means 'one', it may be given accents.

Numbers

0	nul	[nool]
1	een, één	[ayn]
2	twee	[tvay]
3	drie	[dree]
4	vier	[feer]
5	vijf	[vīf]
6	zes	
7	zeven	[zayvuh]
8	acht	[aКHt]
9	negen	[nayКHuh]
10	tien	[teen]
11	elf	
12	twaalf	[tvahlf]
13	dertien	[dairteen]
14	veertien	[vayrteen]
15	vijftien	[vīfteen]
16	zestien	[zesteen]
17	zeventien	[zayventeen]
18	achttien	[aКHteen]
19	negentien	[nayКHenteen]
20	twintig	[tvintiКH]
21	eenentwintig	[aynentvintiКH]
22	tweeëntwintig	[tvayentvintiКH]
30	dertig	[dairtiКH]
31	eenendertig	[aynendertiКH]
32	tweeëndertig	[tvayendairtiКH]
40	veertig	[vayrtiКH]
50	vijftig	[vīftiКH]
60	zestig	[zestiКH]
70	zeventig	[zayventiКH]
80	tachtig	[taКHtiКH]
90	negentig	[nayКHentiКH]
100	honderd	[hondert]
101	honderd een	[ayn]

110	honderd tien [teen]
200	twee honderd [tvay]
1,000	duizend [dowzend]
1,000,000	een miljoen [ayn milyoon]

Ordinals

1st	eerste [ayrstuh]
2nd	tweede [tvayduh]
3rd	derde [dairduh]
4th	vierde [veerduh]
5th	vijfde [vīfduh]
6th	zesde [zesduh]
7th	zevende [zoyvenduh]
8th	achste [aKHtstuh]
9th	negende [nayKHenduh]
10th	tiende [teenduh]

Conversion Tables

1 centimetre = 0.39 inches   1 inch = 2.54 cm

1 metre = 39.37 inches = 1.09 yards   1 foot = 30.48 cm

1 kilometre = 0.62 miles = 5/8 mile   1 yard = 0.91 m

1 mile = 1.61 km

km	1	2	3	4	5	10	20	30	40	50	100
miles	0.6	1.2	1.9	2.5	3.1	6.2	12.4	18.6	24.8	31.0	62.1

miles	1	2	3	4	5	10	20	30	40	50	100
km	1.6	3.2	4.8	6.4	8.0	16.1	32.2	48.3	64.4	80.5	161

1 gram = 0.035 ounces   1 kilo = 1000 g = 2.2 pounds

g	100	250	500
oz	3.5	8.75	17.5

1 oz = 28.35 g

1 lb = 0.45 kg

kg	0.5	1	2	3	4	5	6	7	8	9	10
lb	1.1	2.2	4.4	6.6	8.8	11.0	13.2	15.4	17.6	19.8	22.0

kg	20	30	40	50	60	70	80	90	100
lb	44	66	88	110	132	154	176	198	220

lb	0.5	1	2	3	4	5	6	7	8	9	10	20
kg	0.2	0.5	0.9	1.4	1.8	2.3	2.7	3.2	3.6	4.1	4.5	9.0

1 litre = 1.75 UK pints / 2.13 US pints

1 UK pint = 0.57 l   1 UK gallon = 4.55 l
1 US pint = 0.47 l   1 US gallon = 3.79 l

centigrade / Celsius $°C = (°F - 32) \times 5/9$

°C	-5	0	5	10	15	18	20	25	30	36.8	38
°F	23	32	41	50	59	64	68	77	86	98.4	100.4

Fahrenheit $°F = (°C \times 9/5) + 32$

°F	23	32	40	50	60	65	70	80	85	98.4	101
°C	-5	0	4	10	16	18	21	27	29	36.8	38.3